Moritz Schwencke

Die Akzeptanz von Firmenkundenportalen

GABLER EDITION WISSENSCHAFT

Moritz Schwencke

Die Akzeptanz von Firmenkundenportalen

Eine empirische Studie
der Einflussfaktoren

Mit einem Geleitwort von Prof. Corinne Faure, Ph. D.

GABLER EDITION WISSENSCHAFT

Bibliografische Information Der Deutschen Nationalbibliothek
Die Deutsche Nationalbibliothek verzeichnet diese Publikation in der
Deutschen Nationalbibliografie; detaillierte bibliografische Daten sind im Internet über
<http://dnb.d-nb.de> abrufbar.

Dissertation European Business School Oestrich-Winkel, 2007

1. Auflage 2008

Alle Rechte vorbehalten
© Betriebswirtschaftlicher Verlag Dr. Th. Gabler | GWV Fachverlage GmbH, Wiesbaden 2008

Lektorat: Frauke Schindler / Stefanie Brich

Der Gabler Verlag ist ein Unternehmen von Springer Science+Business Media.
www.gabler.de

Das Werk einschließlich aller seiner Teile ist urheberrechtlich geschützt. Jede Verwertung außerhalb der engen Grenzen des Urheberrechtsgesetzes ist ohne Zustimmung des Verlags unzulässig und strafbar. Das gilt insbesondere für Vervielfältigungen, Übersetzungen, Mikroverfilmungen und die Einspeicherung und Verarbeitung in elektronischen Systemen.

Die Wiedergabe von Gebrauchsnamen, Handelsnamen, Warenbezeichnungen usw. in diesem Werk berechtigt auch ohne besondere Kennzeichnung nicht zu der Annahme, dass solche Namen im Sinne der Warenzeichen- und Markenschutz-Gesetzgebung als frei zu betrachten wären und daher von jedermann benutzt werden dürften.

Umschlaggestaltung: Regine Zimmer, Dipl.-Designerin, Frankfurt/Main
Gedruckt auf säurefreiem und chlorfrei gebleichtem Papier
Printed in Germany

ISBN 978-3-8349-0846-9

Geleitwort

Die zunehmende Diffusion des Internets hat schon heute einen großen Einfluss auf das Leistungsangebot von Banken. Da das Produkt Finanzdienstleistung immateriell ist, eignet es sich sehr gut für den Absatz über das Internet: Dies gilt beispielsweise für den Abschluss von Krediten, die Abwicklung des Zahlungsverkehrs oder den Abruf einer Information zu einem Aktienkurs. Vor dem Hintergrund des hohen Potenzials, das Banken im Internet für die Optimierung und Weiterentwicklung ihres Geschäftssystems sehen, haben sie seit der Jahrtausendwende sehr umfangreich in die Etablierung und Weiterentwicklung ihrer Internetangebote investiert. Im Vordergrund standen dabei in vielen Fällen eher die technischen Möglichkeiten als die tatsächlichen Kundenbedürfnisse.

An diesem Punkt setzt die Dissertation von Moritz Schwencke an: Sie verfolgt das Ziel, die Einflussfaktoren der Nutzung von Firmenkundenportalen - also spezielle Internetangebote für gewerbliche Kunden von Banken - zu untersuchen. Diese Zielsetzung ist aus Marketingsicht sehr relevant, um die spezifischen Angebote verstärkt an den Bedürfnissen und Erwartungen der Kunden auszurichten. Darüber hinaus stellt die konsumentenseitige Analyse der Akzeptanz von Online-Medien gerade im Bereich des Internetbankings mit Firmenkunden ein bis dato wenig beachtetes Forschungsfeld dar.

Zu diesem äußerst interessanten Bereich der Marketingforschung legt der Autor eine sehr gute Arbeit vor. Die Dissertation beginnt mit der Formulierung klarer und ambitionierter Forschungszielsetzungen, denen sowohl aus wissenschaftlicher Sicht als auch aus der Perspektive der Unternehmenspraxis eine hohe Relevanz beizumessen ist. Auf der Grundlage einer umfassenden Bestandsaufnahme der bestehenden Literatur und Forschungsansätze entwickelt der Autor ein theoretisches Modell, anhand dessen er die latente endogene Variable Akzeptanz operationalisiert. Die sich anschließende Validierung der Mess- und Strukturmodelle anhand von empirischen Daten aus einer Befragung von über 1.700 Firmenkunden nimmt Moritz Schwencke anhand des multivariaten Verfahrens Kausalanalyse vor. Abgeschlossen wird die Arbeit mit der Ableitung wesentlicher Handlungsempfehlungen, die sich für die Unternehmenspraxis aus den Ergebnissen der Untersuchung ergeben.

Die Arbeit profitiert davon, dass der Autor auf mehrere Jahre Berufserfahrung in dem bearbeiteten Themenfeld zurückblicken kann. Aufgrund der Relevanz des Themas für die Praxis und die Wissenschaft ist der Arbeit insgesamt eine weite Verbreitung und damit hohe „Akzeptanz" zu wünschen.

Prof. Corinne Faure, Ph. D.

Vorwort

Inhalt dieser Arbeit ist eine Untersuchung über die anwenderseitigen Einflussfaktoren der Nutzung von Firmenkundenportalen, die durch Finanzdienstleister betrieben werden. Die Dissertation verfolgt das Ziel, wichtige wissenschaftliche und praxisrelevante Fragestellungen im Zusammenhang mit der Nutzung von Firmenkundenportalen gleichermaßen zu bearbeiten und zu beantworten. In dem theoretischen Teil der Arbeit wird ein Akzeptanzmodell auf der Grundlage bestehender Theorien und Modelle entwickelt und mittels der multivariaten Methode Kausalanalyse anhand von Primärdaten aus einer Befragung von über 1.700 Firmenkunden überprüft. In dem sich anschließenden praxisrelevanten Abschnitt werden verschiedene deskriptive Statistiken zum aktuellen Ausmaß der Portalnutzung diskutiert und konkrete Handlungsempfehlungen für die Anbieter solcher Portale abgeleitet.

Da ich auf den folgenden Seiten vertiefend auf die Inhalte eingehen werde, möchte ich an dieser Stelle die Gelegenheit nutzen, "Vielen Dank!" zu sagen.

Zunächst einmal danke ich meiner Professorin, Frau Prof. Corinne Faure, Ph. D., sehr herzlich, dass sie diese Arbeit in den vergangenen Jahren mit so viel Engagement und konstruktivem Feedback begleitet hat.

Meiner Familie und meinen Freunden bin ich sehr dankbar für die fortlaufende Unterstützung und den guten Zuspruch.

Auch den Entscheidungsträgern und Mitarbeitern der an der Datenerhebung beteiligten Unternehmen und Institute der S-Finanzgruppe möchte ich sehr herzlich danken - ganz besonders Herrn Markus Berg, Herrn Dr. Stefan Kampmann, Herrn Jörg Busatta und Herrn Dr. Axel Grote.

Dr. Moritz Schwencke

Inhaltsverzeichnis

Abbildungsverzeichnis XIII
Tabellenverzeichnis XV
Abkürzungsverzeichnis XVII

1. Einführung 1
   1.1. Problemstellung 1
   1.2. Zielsetzung und Methodik der Arbeit 5
      1.2.1. Zielsetzung 5
      1.2.2. Methodik 6
   1.3. Aufbau der Arbeit 8
2. **Begriffliche und inhaltliche Grundlagen** 11
   2.1. Die Internet-Ökonomie 11
      2.1.1. Electronic Business und Electronic Commerce 15
      2.1.2. Elektronische Marktplätze 17
         2.1.2.1. Aufgaben, Akteure und Transaktionsphasen 18
         2.1.2.2. Ausprägungsformen Elektronischer Marktplätze 20
         2.1.2.3. Vorteile aufgrund der Nutzung Elektronischer Marktplätze 23
      2.1.3. Internetportale 25
   2.2. Gegenstand und Besonderheiten von Finanzdienstleistungen 28
      2.2.1. Begriff der Finanzdienstleistung 28
      2.2.2. Eigenschaften von Finanzdienstleistungen 29
      2.2.3. Eignung von Finanzdienstleistungen für den Absatzkanal Internet 31
   2.3. Das Firmenkundengeschäft der Banken im Internetzeitalter 32
      2.3.1. Skizzierung des Marktumfeldes im Firmenkundengeschäft .. 32
      2.3.2. Firmenkundenportale als spezifisches Internetangebot für Firmenkunden 35
         2.3.2.1. Begriff und Entwicklung der Firmenkundenportale 35
         2.3.2.2. Zielsetzungen der Firmenkundenportale aus Anbietersicht 38
         2.3.2.3. Anforderungen an Firmenkundenportale aus Kundensicht 40
      2.3.3. Firmenkundenportale im Multikanal-System 43
3. **Theoretische und empirische Grundlagen** 45

3.1. Akzeptanztheorie als theoretischer Bezugsrahmen 45
   3.1.1. Abgrenzung zentraler Begriffe der Akzeptanzforschung 45
   3.1.2. Entwicklung und Modelle der Akzeptanzforschung 49
      3.1.2.1. Übersicht wesentlicher Modelle der Akzeptanzforschung 50
      3.1.2.2. Input-Modelle 52
      3.1.2.3. Input-Output-Modelle 54
      3.1.2.4. Kritische Würdigung der Modelle 56
3.2. TAM als Modell der nutzungsorientierten Akzeptanzforschung 59
   3.2.1. Modellentwicklung und -weiterentwicklung 59
   3.2.2. Übersicht bisheriger TAM-Forschungen nach IT-Anwendungen 61
   3.2.3. Kritische Würdigung des TAM 64
3.3. Übersicht zum gegenwärtigen Ausmaß der Internetakzeptanz in Unternehmen 67
   3.3.1. Stand der Internetnutzung durch Unternehmen 67
   3.3.2. Nutzung von Internetbanking-Anwendungen durch Unternehmen 69
3.4. Ableitung des Modells zur Messung und Erklärung der Akzeptanz von Firmenkundenportalen 72
   3.4.1. Herleitung der Einflussfaktoren 73
      3.4.1.1. Einflussfaktoren der Variablen Wahrgenommener Nutzen 73
      3.4.1.2. Einflussfaktoren der Variablen Wahrgenommene Nutzungsfreundlichkeit 77
      3.4.1.3. Einflussfaktoren der Variablen Nutzungseinstellung 81
   3.4.2. Darstellung des entwickelten Gesamtmodells 83

4. Empirische Analyse der Akzeptanz von Firmenkundenportalen 85
4.1. Forschungsdesign und Methodik 85
   4.1.1. Datenerhebung und Datenbasis 85
   4.1.2. Statistische Auswertungsmethoden und Softwareunterstützung 91
   4.1.3. Methodische Grundlagen der Kausalanalyse 96
   4.1.4. Anforderungen an die Reliabilität und Validität von Kausalmodellen 100
   4.1.5. Kriterien zur Beurteilung der Messmodelle 102
   4.1.6. Vorgehensweise zur Operationalisierung der Konstrukte 113
   4.1.7. Beurteilung der Strukturmodelle 117
4.2. Modell zur Bestimmung der Akzeptanz von Firmenkundenportalen 119
   4.2.1. Übersicht über die Teilmodelle und das Gesamtmodell 119

4.2.2. Erstes Teilmodell zu den Einflussfaktoren der Dimension des
Wahrgenommenen Nutzens 120

4.2.2.1. Operationalisierung der Messmodelle der latenten Variablen 120

4.2.2.2. Kausalmodell zu den Einflussfaktoren der Dimension
Wahrgenommener Nutzen 131

4.2.3. Zweites Teilmodell zu den Einflussfaktoren der Dimension der
Wahrgenommenen Nutzungsfreundlichkeit 134

4.2.3.1. Operationalisierung der Messmodelle der latenten Variablen 134

4.2.3.2. Kausalmodell zu den Einflussfaktoren der Dimension
Wahrgenommene Nutzungsfreundlichkeit 145

4.2.4. Drittes Teilmodell zum Einfluss des Faktors Vertrauen auf die
Nutzungseinstellung 148

4.2.4.1. Operationalisierung der Messmodelle der latenten Variablen 148

4.2.4.2. Kausalmodell zum Einfluss der Variablen Vertrauen auf die Variable
Nutzungseinstellung 151

4.2.5. Gesamtmodell zur Akzeptanz von Firmenkundenportalen 153

4.3. Deskriptive Befragungsergebnisse zur Akzeptanz von
Firmenkundenportalen 160

4.4. Zusammenfassung der empirischen Untersuchungsergebnisse 166

5. Implikationen für Wissenschaft und Praxis 169

5.1. Implikationen für die Wissenschaft 169

5.2. Implikationen für die Praxis 171

6. Zusammenfassung und Fazit 175

Anhang 179

Anhang 1: Fragebogen zur Erhebung der empirischen Daten 179

Anhang 2: An Datenerhebung beteiligte Sparkassen 186

Anhang 3: Screenshot der Internetseite des Forschungsprojektes 186

Anhang 4: AMOS-Export des ersten Messmodells 187

Anhang 5: AMOS-Export des zweiten Messmodells 188

Anhang 6: AMOS-Export des dritten Messmodells 189

Anhang 7: AMOS-Export des Gesamtmodells 190

Anhang 8: AMOS-Export des reduzierten Gesamtmodells 191

Anhang 9: Messmodell des reduzierten Gesamtmodells 192

Literaturverzeichnis **193**

Abbildungsverzeichnis

Abbildung 1: Aufbau der Arbeit 10

Abbildung 2: Transformation zur Internet-Ökonomie 15

Abbildung 3: Transaktionsphasen digitalisierbarer Produkte / Dienstleistungen 20

Abbildung 4: Konstituierende Merkmale von Firmenkundenportalen 36

Abbildung 5: Potenziale von Firmenkundenportalen aus Sicht der Banken 40

Abbildung 6: Produktbezogene Adoptionsfaktoren 47

Abbildung 7: Systematisierung von Modellen / Studien der Akzeptanzforschung 52

Abbildung 8: Input-Modelle von EIDENMÜLLER und ALLERBECK / HELMREICH 53

Abbildung 9: Input-Output-Modelle von WALLAU und DAVIS 55

Abbildung 10: Anforderungen und Erfüllung der Anforderungen durch das TAM 58

Abbildung 11: Phasen der bisherigen TAM-Forschung 61

Abbildung 12: Übersicht der Kritik am TAM 65

Abbildung 13: Einsatzgebiete des Internets in Unternehmen im Jahr 2005 68

Abbildung 14: Nutzung des Internetbankings von Unternehmen 71

Abbildung 15: Grundlagen der Modellentwicklung 72

Abbildung 16: Darstellung des abgeleiteten Akzeptanzmodells 83

Abbildung 17: Position, Geschlecht und Alter der Befragten 89

Abbildung 18: Größe und Rechtsform der befragten Unternehmen 90

Abbildung 19: Abgrenzung reflektiver und formativer Indikatorvariablen 95

Abbildung 20: Beispielhafte Darstellung eines vollständigen Kausalmodells 97

Abbildung 21: Gütekriterien und deren Anspruchsniveaus 113

Abbildung 22: Untersuchungsstufen zur Operationalisierung der Konstrukte 116

Abbildung 23: Teilmodelle und Gesamtmodell im Ablauf der Untersuchung 119

Abbildung 24: Kausalmodell des ersten Teilmodells 131

Abbildung 25: Kausalmodell des zweiten Teilmodells 145

Abbildung 26: Kausalmodell des dritten Teilmodells 151

Abbildung 27: Kausalmodell des Gesamtmodells 153

Abbildung 28: Kausalmodell des reduzierten Gesamtmodells 157

Abbildung 29: Aktuelle und zukünftige Nutzung 161

Abbildung 30: Nutzungsverhalten der Unternehmen 162

Abbildung 31: Schulung und Information der Anwender 163

Abbildung 32: Mittels Firmenkundenportalen durchgeführte Finanzgeschäfte ... 164

Abbildung 33: Gewünschte Weiterentwicklung des Leistungsspektrums 165
Abbildung 34: Aus dem Modell abzuleitende Handlungsempfehlungen (I / II) 172
Abbildung 35: Aus dem Modell abzuleitende Handlungsempfehlungen (II / II) 172
Abbildung 36: Ergebnisse aus der Berechnung des Gesamtmodells 177

Tabellenverzeichnis

Tabelle 1: Empirische TAM-Forschungen über Computer, Software, u.a. 62
Tabelle 2: Empirische TAM-Forschungen über E-Commerce, Intranet, u.a. 63
Tabelle 3: Empirische TAM-Forschungen über Internet und Internetbanking 64
Tabelle 4: Veröffentlichungen zum Internetbanking von Firmenkunden 70
Tabelle 5: Branchenzugehörigkeit der befragten Unternehmen 91
Tabelle 6: Indikatoren der exogenen Variablen des ersten Teilmodells 121
Tabelle 7: Untersuchungsstufe A des ersten Teilmodells 123
Tabelle 8: Untersuchungsstufe B des Faktors Personalisierung 124
Tabelle 9: Untersuchungsstufe B des Faktors Endergebnisqualität 125
Tabelle 10: Untersuchungsstufe B des Faktors Leistungsangebot 126
Tabelle 11: Untersuchungsstufe C1 des ersten Teilmodells 127
Tabelle 12: Untersuchungsstufen C2 und C3 des ersten Teilmodells 128
Tabelle 13: Indikatoren der endogenen Variablen des ersten Teilmodells 129
Tabelle 14: Untersuchungsstufe B der Variablen Wahrgenommener Nutzen 130
Tabelle 15: Messmodell des ersten Teilmodells 133
Tabelle 16: Indikatoren der exogenen Variablen des zweiten Teilmodells 134
Tabelle 17: Untersuchungsstufe A des zweiten Teilmodells 135
Tabelle 18: Untersuchungsstufe B des Faktors Benutzerführung 137
Tabelle 19: Untersuchungsstufe B des Faktors Training 138
Tabelle 20: Untersuchungsstufe B des Faktors Management Unterstützung 139
Tabelle 21: Untersuchungsstufe B des Faktors Interneterfahrung 140
Tabelle 22: Untersuchungsstufe C1 des zweiten Teilmodells 141
Tabelle 23: Untersuchungsstufen C2 und C3 des zweiten Teilmodells 142
Tabelle 24: Indikatoren der endogenen Variablen des zweiten Teilmodells 143
Tabelle 25: Untersuchungsstufe B der Wahrg. Nutzungsfreundlichkeit 144
Tabelle 26: Messmodell des zweiten Teilmodells 147
Tabelle 27: Indikatoren der exogenen Variablen Vertrauen 148
Tabelle 28: Untersuchungsstufe B des Faktors Vertrauen 149
Tabelle 29: Indikatoren der endogenen Variablen Nutzungseinstellung 149
Tabelle 30: Untersuchungsstufe B der Variablen Nutzungseinstellung 150
Tabelle 31: Messmodell des dritten Teilmodells 152

Tabelle 32: Messmodell des Gesamtmodells 156

Tabelle 33: Empirischer Befund in Bezug auf die Forschungshypothesen 168

Abkürzungsverzeichnis

AGFI	Adjusted Goodness-of-Fit-Index
AMOS	Analysis of Moment Structures
ARPA	Advanced Research Projects Agency
bspw.	Beispielsweise
BTX	Bildschirmtext
bzgl.	Bezüglich
bzw.	Beziehungsweise
CD	Compact Disc
CD-ROM	Compact Disc Read-Only Memory
DEV	Durchschnittlich erfasste Varianz
df	degrees of freedom (Freiheitsgrade)
E-Business	Electronic Business
E-Commerce	Electronic Commerce
EDI	Electronic Data Interchange
EQS	Equation Based Strutural Program
et al.	et alii (und andere)
E-Trade	Electronic Trade
f	folgende
ff	fortfolgende
GFI	Goodness-of-Fit-Index
GLS	Generalized Least Squares
Hrsg.	Herausgeber
hrsg.	herausgegeben
HTML	Hypertext Markup Language
IOS	Interorganizational Information Systems
IP	Internet Protocol
IT	Informationstechnologie
Jg.	Jahrgang
KMO-Kriterium	Kaiser-Meyer-Olkin-Kriterium
LISREL	Linear Structural Relations
LVPLS	Latent Variables Partial Least Squares
MIS	Management Information Systems

ML	Maximum Likelyhood
MSA	Measure of Sampling Adequacy
n	Bedeutung: Größe der zugrunde liegenden Stichprobe
NFI	Normed-Fit-Index
No.	Nummer
Nr.	Nummer
p.	Seite
POS	Point of Sale
pp.	Seiten
RMR	Root-Mean-Square-Residual
S.	Seite
SmartPLS	Smart Partial Least Squares
SPSS	Statistical Package for the Social Sciences
TAM	Technology Acceptance Model
TCP	Transmission Control Protocol
TPB	Theory of Planned Behavior
TRA	Theory of Reasoned Action
u.a.	und andere / unter anderem
USA	United States of America
vgl.	vergleiche
Vol.	Volume
WLS	Weighted Least Squares
WWW	World Wide Web
z.B.	zum Beispiel

1. Einführung

1.1. Problemstellung

Zu Beginn des 21. Jahrhunderts steht die Wirtschaft vor grundlegenden Veränderungen, deren Katalysator vor allem die Innovationen im Bereich der Informations- und Kommunikationstechnologien sind. So führen die neuen technologischen Möglichkeiten sowie die schnelle Diffusion des Internets[1] dazu, dass sich zahlreiche Sektoren der Wirtschaft veränderten Wettbewerbsbedingungen ausgesetzt sehen, da traditionelle Wertschöpfungsprozesse und -ketten aufgebrochen werden.[2]

Besonders tief greifend ist der durch die neuen Informations- und Kommunikationstechnologien ausgelöste Veränderungsprozess im Sektor der Finanzdienstleister.[3] Dies liegt insbesondere am immateriellen Charakter der Finanzdienstleistungen, der diese besonders gut geeignet macht für den - alle Transaktionsphasen umfassenden - Vertrieb über elektronische Netzwerke.[4] Folglich wird das Potenzial für Online abgesetzte Finanzdienstleistungen als besonders hoch eingeschätzt.[5]

---

[1] Im Folgenden soll unter dem Begriff Internet der nicht-proprietäre Verbund dezentraler Rechnernetze verstanden werden, die über gemeinsame und einheitliche Protokolle (TCP / IP) miteinander kommunizieren und Inhalte anhand des Protokolls HTML im WWW darstellen; vgl. hierzu HAGEL, J.; BERGSMA, E. E.; DHEER, S. (1996), S. 57 und detaillierter PEPELS, W. (2002), S. 1ff. Zur Entwicklungsgeschichte des Internets vgl. HAHN, H. (2001), S. 19. Zur Entwicklung und Diffusion des Internets und der ersten Internetangebote (Online-Dienste) in Deutschland vgl. PETERS, K.; CLEMENT, M. (1998), S. 20ff. Zur Entwicklung der Internetpräsenzen deutscher Unternehmen vgl. SILBERER, G.; RENGELSHAUSEN, O. (2000), S. 275ff.

[2] Vgl. ZERDICK, A.; PICOT, A.; SCHRAPE, K. et al. (2001), S. 17; ÖSTERLE, H. (2001), S. 18; HERMANNS, A.; SAUTER, M. (1999), S. 18; WIRTZ, B. W. (2001a), S. 26ff. Einige Autoren sprechen in diesem Zusammenhang auch von „Neuen Spielregeln"; vgl. hierzu KELLY, K. (1997), S. 140; KELLY, K. (1999), S. 2ff; ZERDICK, A.; PICOT, A.; SCHRAPE, K. et al. (2001), S. 157.

[3] Vgl. PICOT, A.; NEUBURGER, R. (2000), S. 15ff; BÜSCHGEN, H. E. (1998b), S. 4ff; BARTMANN, D.; SEIFERT, F.; MEHLAU, J. I. et al. (2000), S. 9ff.

[4] Vgl. LAMBERTI, H. (2000), S. 627; EBHARDT, N. (2003), S. 4; PULM, J. (1998), S. 26. Für eine detaillierte Darstellung und Definition von immateriellen Informationsgütern vgl. SPECHT, M. (2001), S. 62ff.

[5] BARTMANN schätzt, dass im Jahr 2010 im Retailsegment zirka 30 bis 40 Prozent der Transaktionen über das Internet abgewickelt werden; vgl. BARTMANN, D. (2001), S. 30. Auch andere Autoren gehen von einem hohen Potenzial aus; vgl. PENZEL, H. (2001), S. 23; ÖSTERLE, H. (1999), S. 33.

Da die Verlagerung von traditionell erbrachten Finanzdienstleistungen auf Online Kanäle für die Anbieterseite u.a. zu einer signifikanten Reduktion der Transaktionskosten führt[6] und viele Kunden mittlerweile ein Online-Angebot erwarten,[7] haben Banken[8] seit 1997 sehr umfassend in den Auf- und Ausbau ihrer Internetangebote investiert und diese in den Markt eingeführt.[9] Während sich hierbei das Gros der Banken zunächst mit der Entwicklung von Internetangeboten für ihre Privatkunden beschäftigte, wurde erst mit zeitlicher Verzögerung mit der Entwicklung von spezifischen Angeboten für Firmenkunden[10] begonnen.[11] Ein Geschäftsbereich, der vor allem aufgrund der traditionellen Margenschwäche von möglichen Effizienzsteigerungen und verbessertem Cross-Selling profitieren würde.[12]

Die Nutzung der entwickelten Internetangebote durch die Firmenkunden wirkt auf den ersten Blick, als sei sie bereits in einem fortgeschrittenen Stadium: Schätzungen für die Jahre 2003 und 2004 gehen davon aus, dass zwischen 25 und 50 Prozent der Firmenkunden die Internetangebote ihrer Banken nutzen bzw. über ein Online-Konto

---

6   Vgl. BENJAMIN, R.; WIGAND, R. (1995), S. 62ff; BAKOS, Y. (1998), S. 1ff; GARICANO, L.; KAPLAN, S. N. (2000), S. 3ff; PICOT, A.; BORTENLÄNGER, C.; RÖHRL, H. (1997), S. 109ff. In Bezug auf Finanzdienstleistungen gehen beispielsweise PICOT et al. davon aus, dass durch die Verlagerung von Transaktionen aus der Filiale in das Internet die Kosten um bis zu 75 Prozent reduziert werden können; vgl. PICOT, A.; BÖHME, M. (1996), S. 335. OESTERLE schätzt die entsprechende Kostenreduktion mit 75 bis 99 Prozent etwas höher ein; vgl. ÖSTERLE, H. (1999), S. 33.

7   Vgl. JOHANNSEN, C.; DEIBERT, T. (2001), S. 670; BARTMANN, D.; SEIFERT, F.; MEHLAU, J. I. et al. (2000), S. 13.

8   Der Begriff Banken soll im Rahmen dieser Arbeit sowohl Banken als auch Sparkassen und genossenschaftliche Institute umfassen. Auch mit dem Begriff Finanzdienstleister sind in dieser Arbeit die drei zuvor genannten Säulen des Bankensystems in der Bundesrepublik Deutschland gemeint.

9   Eine detaillierte Darstellung der Entwicklungsphasen der Internetangebote von Finanzdienstleistern, die um 1997 das Stadium von Testanwendungen in die Richtung von kommerziellen Anwendungen verlassen haben, findet sich bei WAGNER, P. (1999), S. 75ff; STOCKMANN, C. (1998b), S. 95ff; HÄCKER, J. (1998), S. 43ff; LOCAREK-JUNGE, H. (1998), S. 313ff und PULM, J. (1998), S. 27f. In Bezug auf die getätigten Investitionen schätzt BARTMANN, dass allein die vier deutschen Großbanken im Jahr 2001 zirka 1 Mrd. Euro in die Umsetzung ihrer E-Commerce-Strategien investiert haben; vgl. hierzu BARTMANN, D. (2001), S. 30.

10 Zur Definition der Begriffe Firmenkunden und Firmenkundengeschäft vgl. Abschnitt 2.3.1. dieser Arbeit auf S. 32ff.

11 Vgl. DAMBMANN, W. (2001), S. 200.

12 Vgl. EBHARDT, N. (2003), S. 1.

verfügen.[13] Diese Zahlen geben jedoch ein verfälschtes Bild der Nutzung wieder, da weniger als die Hälfte der Online-Konten regelmäßig genutzt wird.[14] Darüber hinaus beschränkt sich die Nutzung im Wesentlichen auf einige wenige Standardangebote, insbesondere die Abwicklung des Zahlungsverkehrs.[15]

Wie die obigen Ausführungen zeigen, ist das von vielen Experten erwartete Potenzial des Internetbankings im Firmenkundengeschäft bei weitem nicht ausgeschöpft. Die Gründe hierfür sind vielschichtig. Exemplarisch seien die folgenden genannt:

- Ein systematisches, strategisch und konsequent an den Anforderungen der Nutzer orientiertes Vorgehen bei der Konzipierung und Implementierung der Internetangebote von Banken ist eher die Ausnahme als die Regel.[16]
- Eine Vielzahl der angebotenen Finanzprodukte ist nicht onlinefähig, so dass im Internet kein verbindlicher Produktabschluss getätigt werden kann.[17] Ferner ist auf Seiten der Anbieter unklar, welches Produkt-Leistungsspektrum angeboten werden soll.[18]
- Weniger als die Hälfte der Deutschen ist der Auffassung, dass Internetbanking sicher ist.[19]

So diagnostizieren HEYDEMANN und SEIDEL eine mangelnde Akzeptanz von Firmenkundenportalen,[20] und eine Befragung von Firmenkunden ergibt, dass 75 Prozent der befragten Unternehmen eine Ausweitung ihres Geschäftsvolumens mit ihrer Haus-

---

13 In 2003 nutzten etwa 25 Prozent der Firmenkunden der Commerzbank das Firmenkundenportal „companydirect"; vgl. LEBERT, R. (2002). BARTMANN hingegen schätzt, dass 2004 bereits die Hälfte der Firmenkunden die Online-Angebote für Firmenkunden nutzen; vgl. BARTMANN, D. (2001), S. 40.
14 Vgl. WÜBKER, G.; HARDOCK, P. (2002), S. 376. Die beiden Autoren beziehen sich auf die Aussagen von Branchenexperten, ohne zwischen Konten von Privat- und Firmenkunden zu unterscheiden.
15 Vgl. JOHANNSEN, C.; DEIBERT, T. (2001), S. 670; PULM, J. (1998), S. 26.
16 Vgl. ähnlich HEYDEMANN, N.; SEIDEL, G. (2001), S. 695. Die oben dargestellte Einschätzung haben die Autoren im Hinblick auf Firmenkundenportale getroffen.
17 Vgl. DUHNKRACK, T. (2001a), S. 34; JOHANNSEN, C.; DEIBERT, T. (2001), S. 670.
18 Vgl. HEYDEMANN, N.; SEIDEL, G. (2001), S. 692.
19 Vgl. o. V. (2004c), S. 9.
20 Vgl. HEYDEMANN, N.; SEIDEL, G. (2001), S. 692.

bank vornehmen würden, wenn diese ein attraktiveres Internetangebot bereitstellen würde.[21]

Da die aktive und umfängliche Nutzung der entwickelten Internetangebote eine zentrale Stellgröße für ein profitables und somit erfolgreiches Firmenkundengeschäft von Banken ist,[22] kommt dem klaren Verständnis der Faktoren, die auf Seiten der Firmenkunden zu einer fortlaufenden Nutzung der Firmenkundenportale[23] führen, ein hoher Stellenwert zu. Nur wenn die Verantwortlichen der Banken klare Vorstellungen über die Einflussfaktoren der Online-Akzeptanz haben, können entsprechende Angebote entwickelt und erfolgreich im Markt eingeführt werden.[24]

Im deutschsprachigen Raum haben sich bisher jedoch nur wenige Arbeiten mit den Besonderheiten des Konsumentenverhaltens im Kontext von Online-Medien auseinander gesetzt: „Eine fundierte Analyse der Auswirkungen des Internets auf die Art und Weise der Inanspruchnahme von Bankleistungen und deren Kundenakzeptanz wurde kaum vorgenommen."[25] Da sich auch nur wenige wissenschaftliche Veröffentlichungen mit dem Firmenkundengeschäft von Banken im Internet-Zeitalter beschäftigten,[26] verfolgt die vorliegende Arbeit das Ziel, die sich in diesem Bereich auftuende Forschungslücke zu schließen.

---

21 Vgl. WERNER, J. (2002), S. 511; KRABICHLER, T. (2003), S. 18.

22 Vgl. KRABICHLER, T. (2003), S. 17ff. KRABICHLER geht beispielsweise davon aus, dass ein wesentlicher Erfolgsfaktor der in den Vereinigten Staaten beheimateten Bank Wells Fargo in dem Einsatz ihres Firmenkundenportals liegt; vgl. hierzu KRABICHLER, T. (2005), S. 38f.

23 Unter einem Firmenkundenportal sind die von den Banken, Sparkassen und genossenschaftlichen Instituten speziell für ihre Firmenkunden entwickelten Internetangebote zu verstehen; vgl. hierzu auch Kapitel 2.3.2. auf S. 35ff.

24 Vgl. CHAU, P. Y. K.; LAI, V. S. K. (2003), S. 124.

25 DEPLAZES, C. (2002), ohne Seitenangabe (im Vorwort). Vgl. hierzu allgemein in Bezug auf die Online-Akzeptanz auch BETZ, J. (2003), S. 4. Im Gegensatz zur deutschsprachigen Forschung haben sich im englischen Sprachraum eine Reihe von Veröffentlichungen mit der Forschung über die konsumentenseitige Akzeptanz des Internetbankings befasst; vgl. hierzu beispielsweise CHAN, S.-C.; LU, M. (2004); CHAU, P. Y. K.; LAI, V. S. K. (2003); SUH, B.; HAN, I. (2002); SUKKAR, A. A.; HASAN, H. (2005); WANG, Y.-S.; WANG, Y.-M.; LIN, H. et al. (2003).

26 Vgl. PICOT, A.; NEUBURGER, R. (2000), S. 16. SCHIERENBECK konstatiert in diesem Zusammenhang, dass das Internetbanking primär aus der Perspektive des Privatkundengeschäfts diskutiert wird; vgl. hierzu SCHIERENBECK, H. (2001), S. 208. Auch die im Rahmen dieser Arbeit durchgeführte Bestandsaufnahme über empirische Veröffentlichungen zum Thema Internetbanking mit Firmenkunden kommt zu dem Ergebnis, dass keine abgesicherten empirischen Erkenntnisse über die Nutzung des Internetbankings durch Firmenkunden vorliegen; vgl. hierzu auch die Tabelle 4 auf S. 70.

1.2. Zielsetzung und Methodik der Arbeit

1.2.1. Zielsetzung

Ausgehend von der zuvor dargestellten Problemstellung verfolgt die vorliegende Arbeit das übergeordnete Ziel, einen Beitrag zum besseren Verständnis der Einflussfaktoren zu liefern, die die fortlaufende Nutzung von Firmenkundenportalen durch Firmenkunden bedingen.

Vor diesem Hintergrund ergeben sich die folgenden Teilziele der Arbeit:
1. Entwicklung eines theoretischen Modells, das die Einflussfaktoren der Nutzung von Firmenkundenportalen durch Firmenkunden beschreibt und das latente Konstrukt Akzeptanz messbar macht;
2. Empirisch-quantitative Überprüfung des entwickelten Modells anhand eines geeigneten statistischen Verfahrens;
3. Messung des gegenwärtigen Ausmaßes der Akzeptanz von Firmenkundenportalen und
4. Ableitung von konkreten Handlungsempfehlungen und Implikationen für die Praxis, die den Portalanbietern erlauben, die Online-Akzeptanz ihrer Firmenkundenportale zu steigern.

Im Hinblick auf ihre Relevanz verfolgen somit die Teilziele 1. und 2. in erster Linie wissenschaftliche Zielsetzungen, während die Ziele 3. und 4. vor allem aus Sicht der Praxis von Bedeutung sind.

Der thematische Fokus dieser Arbeit liegt auf der Akzeptanz von bankeigenen Internetangeboten, die speziell für Firmenkunden entwickelt wurden. Hierunter sind spezifische Internetauftritte oder Teilbereiche von Internetseiten zu verstehen, die von privaten Banken, Sparkassen oder genossenschaftlichen Instituten bereitgestellt werden.

Die vorgenommene Eingrenzung ist insbesondere aus forschungsökonomischer Sicht notwendig, um den Aufwand der empirischen Untersuchung in handhabbaren Grenzen zu halten. Auch wenn die Ergebnisse dieser Arbeit somit keine Allgemeingültigkeit für die Online-Akzeptanz im Business-to-Business-Bereich haben können, ist von einer gewissen Übertragbarkeit auf andere Sektoren auszugehen.[27]

1.2.2. Methodik

Die im Rahmen dieser Arbeit gewählte Forschungsmethodik basiert auf der maßgeblich durch POPPER geprägten Erkenntnistheorie.[28] Der von ihm vertretene kritische Rationalismus spricht sich gegen eine auf Singularschlüssen (Induktion) basierende Forschung aus.[29] Vielmehr wird der Erkenntnisgewinn anhand eines deduktiven Vorgehens angestrebt, in dessen Verlauf Hypothesen zunächst formuliert, dann operationalisiert und abschließend empirisch überprüft werden. Hypothesen werden hierbei zwar falsifiziert, nicht jedoch bestätigt. Eine nicht abgelehnte Hypothese hat folglich keine definitive, sondern lediglich eine vorübergehende Gültigkeit.[30] Kritiker einer strengen Auslegung des kritischen Rationalismus merken jedoch an, dass der Test eines einzigen und rein deduktiv abgeleiteten Modells im streng konfirmatorischen Sinne realitätsfremd ist und der Komplexität der Zusammenhänge in der Sozialwissenschaft nicht gerecht wird.[31] Folglich kann und sollte von einer rein deduktiv konfirmatorischen Vorgehensweise in der Form abgewichen werden können, dass beispielsweise die Feinanpassung eines Modells im Rahmen des Forschungsprozesses toleriert wird.

---

27 Vgl. ähnlich BETZ, J. (2003), S. 5; in seiner Arbeit über die Akzeptanz des E-Commerce in der Automobilwirtschaft geht auch BETZ davon aus, dass wesentliche Erkenntnisse auf andere Branchen mit vergleichbaren Kaufprozessen übertragbar sind.

28 Vgl. POPPER, K. R. (1966), S. 27ff; POPPER, K. R. (1976), S. 3ff; POPPER, K. R. (1979), S. 3ff.

29 Vgl. POPPER, K. R. (1966), S. 27f; POPPER, K. R. (1976), S. 3f.

30 Vgl. POPPER, K. R. (1976), S. 8. Die vorübergehende Gültigkeit erläutert POPPER wie folgt: „Die positive Entscheidung kann das System immer nur vorläufig stützen; es kann durch spätere negative Entscheidungen immer wieder umgestoßen werden. Solang [!] ein System eingehenden und strengen deduktiven Nachprüfungen standhält und durch die fortschreitende Entwicklung der Wissenschaft nicht überholt wird, sagen wir, dass es sich bewährt."; POPPER, K. R. (1976), S. 8.

31 Vgl. CASPAR, M. (2002), S. 211; HOMBURG, C. (1995), S. 60ff; PRÄHLER, K. (1986), S. 139ff; HUNT, S. D. (1991), S. 291. Vertreter des Scientific Realism merken an, dass es beispielsweise in der Marketingwissenschaft um die Erklärung menschlichen Verhaltens geht; ein Phänomen, das naturgemäß unvorhersehbar und in seinen Ausprägungen äußerst divers und uneinheitlich ist; vgl. ZINKHAN, M. G.; HIRSCHHEIM, R. (1992), S. 83ff. PETER bringt den seitens des Scientific Realism angestrebten Erkenntnisgewinn wie folgt auf den Punkt: „Scientific realism argues that truth is the appropriate goal for marketing theory and research and that science can come to know the real world, though not with certainty."; PETER, J. P. (1992), S. 72.

Innerhalb des hiermit gesetzten Rahmens bedient sich die Arbeit zweier zu unterscheidender methodischer Vorgehensweisen:

- Zunächst wird ein qualitativ-exploratives Vorgehen gewählt, um anhand einer Bestandsaufnahme der vorhandenen Forschungsarbeiten das theoretische Modell zur Erklärung der Online-Akzeptanz von Firmenkundenportalen zu entwickeln. Hierbei obliegt es dem Verfasser, die Erkenntnisse aus verschiedenen Wissenschafts- und Anwendungsbereichen kritisch auf ihre Übertragbarkeit auf den Kontext dieser Arbeit zu überprüfen und in ein übergreifendes Hypothesensystem zu integrieren.

- In dem sich anschließenden quantitativ-konfirmatorischen Teil der Arbeit werden die zuvor postulierten Wirkungszusammenhänge (Hypothesen) empirisch überprüft. Als Datenbasis hierfür dienen Primärdaten, die im Rahmen einer Befragung von Firmenkunden zu erheben sind.

Gemäß der von FRITZ vorgenommenen Klassifikation empirischer Forschungsdesigns sind neben den explorativen bzw. konfirmatorischen Zielsetzungen der Untersuchung weiterhin die Arten der angestrebten Aussagen zu unterscheiden.[32] Ausgehend von der im Kapitel 1.2.1. definierten Zielsetzung sind das Forschungsdesign und die Methodik folglich so angelegt, dass neben deskriptiven Erkenntnissen auch explikative und instrumentelle Aussagen zum Erkenntnisobjekt ermöglicht werden.

---

32 Vgl. FRITZ, W. (1995), S. 59f; HOMBURG, C. (1995), S. 53.

1.3. Aufbau der Arbeit

Der Aufbau dieser Arbeit orientiert sich an der logischen Abfolge der zur Verfolgung der oben dargestellten Zielsetzung notwendigen Arbeitsschritte. Die Arbeit umfasst sechs Kapitel.

Das **erste Kapitel** führt in die Problemstellung, die Zielsetzung und das methodische Vorgehen dieser Arbeit ein. Es schließt mit dem in diesem Abschnitt behandelten Aufbau der Arbeit.

Kapitel 2 widmet sich wesentlichen begrifflichen und inhaltlichen Grundlagen, die für das Verständnis notwendig sind. Nach kurzer Darstellung ausgewählter Charakteristika des Electronic Business wird durch die Erarbeitung der konstitutiven Merkmale von Finanzdienstleistungen deutlich, warum diese besonders für die Transaktion über das Internet geeignet sind. Anschließend erfolgt eine inhaltliche Einführung in das Spannungsfeld, in welchem sich Banken und ihr Firmenkundengeschäft im Internetzeitalter befinden. So wird zunächst ein kurzer Überblick über den gegenwärtigen Stand des Firmenkundengeschäfts gegeben und sodann auf die Bedeutung des Internets für die weitere Entwicklung des Geschäftsfeldes eingegangen. Abgeschlossen wird das Kapitel mit einer Darstellung der bisherigen Entwicklungslinien von Firmenkundenportalen und mit der Erarbeitung wesentlicher Motive, die aus Sicht der Banken für eine Entwicklung solcher Portale sprechen.

Im **dritten Kapitel** werden zunächst begriffliche und theoretische Grundlagen der Akzeptanztheorie als theoretischer Bezugsrahmen dieser Arbeit behandelt. Im Anschluss an die Darstellung bisheriger Modelle erfolgt die Auswahl einer geeigneten theoretischen Basis, die neben der Verfolgung der definierten Forschungszielsetzungen gewährleistet, dass bestehende Forschungsergebnisse zur Akzeptanzmessung von Informationssystemen in dieser Arbeit berücksichtigt werden. Hierbei handelt es sich um das von DAVIS entwickelte Technology Acceptance Model, das seit 1986 von einer Vielzahl von Autoren weiterentwickelt und auf verschiedenste Informationssysteme und Technologien übertragen wurde.[33] Anhand der vertiefenden Bestandsauf-

---

[33] Vgl. DAVIS, F. D. (1989); DAVIS, F. D.; BAGOZZI, R. P.; WARSHAW, P. R. (1989); VENKATESH, V.; DAVIS, F. D. (2000). Seitdem DAVIS das Modell 1986 entwickelt hat, ist es vielfach getestet und durch Anpassung und Ergänzungen auf eine Vielzahl von Informationssysteme

nahme und Diskussion gegenwärtiger Erkenntnisse zur Nutzung von Internet- und Internetbanking-Anwendungen wird nachfolgend ein umfassendes Hypothesensystem und Erklärungsmodell zur Akzeptanz von Firmenkundenportalen entwickelt. Abgeschlossen wird das dritte Kapitel mit einer gesamthaften Darstellung des zu prüfenden Hypothesensystems bzw. Erklärungsmodells.

Kapitel 4 behandelt den empirischen Teil dieser Arbeit. Zunächst wird die gewählte Methodik zur Fragebogenentwicklung und Datenerhebung dargestellt. Anschließend erfolgen eine Charakterisierung der Stichprobe sowie eine Prüfung der Stichprobe auf Repräsentativität für die Grundgesamtheit. Im empirischen Hauptteil der Arbeit werden zunächst drei Teilmodelle anhand der empirischen Daten überprüft, bevor das gesamte Erklärungsmodell zur Akzeptanz von Firmenkundenportalen anhand der empirischen Daten simultan überprüft wird. Das vierte Kapitel wird durch eine Darstellung deskriptiver Ergebnisse der Unternehmensbefragung und einer Zusammenfassung der gesamten empirischen Ergebnisse der Arbeit abgeschlossen.

Kapitel 5 behandelt die Implikationen dieser Arbeit für Praxis und Wissenschaft und skizziert weitere Ansatzpunkte für die Forschung in diesem Bereich.

Die Arbeit schließt mit dem **sechsten Kapitel**, das die wesentlichen Ergebnisse noch einmal zusammenfasst.

Die folgende Abbildung 1 fasst den soeben beschriebenen Aufbau der Arbeit zusammen:

---

und Technologien übertragen worden; vgl. beispielsweise CHEN, L.; TAN, J. (2004); HONG, W.; THONG, J. Y. L.; WONG, W. et al. (2001); GENTRY, L.; CALANTONE, R. (2002).

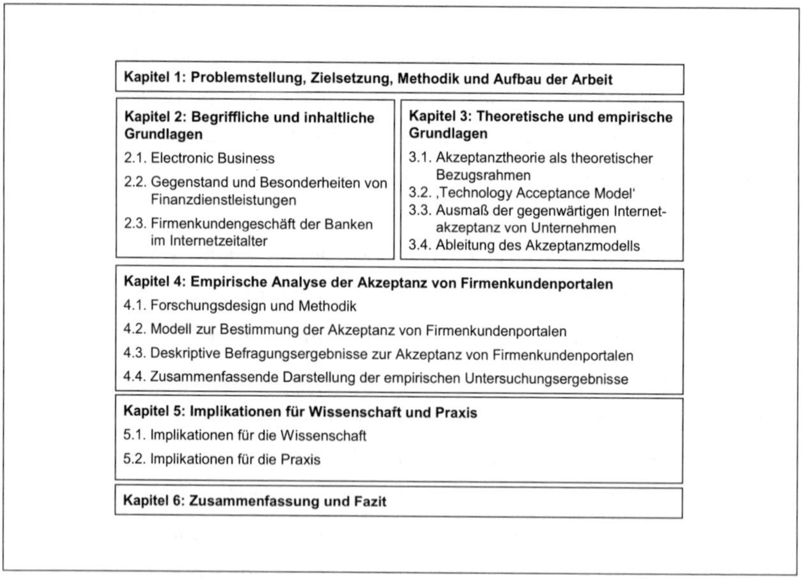

Kapitel 1: Problemstellung, Zielsetzung, Methodik und Aufbau der Arbeit	
Kapitel 2: Begriffliche und inhaltliche Grundlagen 2.1. Electronic Business 2.2. Gegenstand und Besonderheiten von Finanzdienstleistungen 2.3. Firmenkundengeschäft der Banken im Internetzeitalter	**Kapitel 3: Theoretische und empirische Grundlagen** 3.1. Akzeptanztheorie als theoretischer Bezugsrahmen 3.2. ‚Technology Acceptance Model' 3.3. Ausmaß der gegenwärtigen Internetakzeptanz von Unternehmen 3.4. Ableitung des Akzeptanzmodells
Kapitel 4: Empirische Analyse der Akzeptanz von Firmenkundenportalen 4.1. Forschungsdesign und Methodik 4.2. Modell zur Bestimmung der Akzeptanz von Firmenkundenportalen 4.3. Deskriptive Befragungsergebnisse zur Akzeptanz von Firmenkundenportalen 4.4. Zusammenfassende Darstellung der empirischen Untersuchungsergebnisse	
Kapitel 5: Implikationen für Wissenschaft und Praxis 5.1. Implikationen für die Wissenschaft 5.2. Implikationen für die Praxis	
Kapitel 6: Zusammenfassung und Fazit	

Abbildung 1: Aufbau der Arbeit[34]

---

34 Eigene Darstellung.

2. Begriffliche und inhaltliche Grundlagen

Neben den begrifflichen Grundlagen, die einem einheitlichen Verständnis der verwendeten Termini dienen sollen, schafft das zweite Kapitel auch eine Basis für das inhaltliche Verständnis der für diese Arbeit wichtigen Themenbereiche der Internet-Ökonomie, der Finanzdienstleistungen sowie der Firmenkundenportale.

2.1. Die Internet-Ökonomie

Dass das Internet einen äußerst starken Einfluss auf das Wirtschaftsleben hat und auch zukünftig weiterhin haben wird, verdeutlichen die Schöpfungen von Begriffen wie Internet-Ökonomie.[35] Aus wirtschaftlicher Sicht ist das dem Internet zukommende Veränderungspotenzial kaum zu unterschätzen, wie die folgende Einschätzung von PICOT und NEUBURGER verdeutlicht: „Das Internet hat das Potenzial, sämtliche Geschäftsabläufe innerhalb und zwischen Unternehmen zu verändern, zu rationalisieren, zu verbessern und ganz innovativ zu gestalten."[36]

Im Folgenden soll in knapper Form auf diejenigen Voraussetzungen und die Veränderungen der Internet-Ökonomie eingegangen werden, die für das Verständnis der in dieser Arbeit diskutierten Sachverhalte von Bedeutung sind.[37]

Die Entstehung der Internet-Ökonomie ist von unkoordinierten und sich parallel vollziehenden Entwicklungen geprägt worden:[38] Eine wichtige Voraussetzung ist zu-

---

35 Weitere, häufig synonym verwendete Begriffe sind beispielsweise die Termini Digital Economy oder New Economy; vgl. HAERTSCH, P. (2000), S. 13; ALT, R.; FLEISCH, E.; ÖSTERLE, H. (2001), S. 2.

36 PICOT, A.; NEUBURGER, R. (2001), S. 38. Eine Vielzahl weiterer Autoren geht ebenfalls von umfassenden Veränderungen der wirtschaftlichen Strukturen und Abläufe aus; vgl. beispielsweise HERMANNS, A.; SAUTER, M. (2001), S. 18; TAPSCOTT, D.; TICOLL, D.; LOWY, A. (2001), S.15ff; BLIEMEL, F.; FASSOTT, G.; THEOBALD, A. (2000), S. 1ff.

37 Eine vertiefte Diskussion der Entwicklung zur Internet-Ökonomie und den damit verbundenen ökonomischen Konsequenzen findet sich u.a. in den folgenden Beiträgen: ZERDICK, A.; PICOT, A.; SCHRAPE, K. et al. (2001), S. 146ff; PICOT, A.; NEUBURGER, R. (2001), S. 23 ff; WIRTZ, B. W. (2001a), S. 18ff; MALONE, T. W.; YATES, J.; BENJAMIN, R. I. (1989), S. 166ff; RAYPORT, J. F.; SVIOKLA, J. J. (1994), S. 141ff; RAYPORT, J. F.; SVIOKLA, J. J. (1995), S. 75ff; SHAPIRO, C.; VARIAN, H. R. (1999), S. 1ff; CHOI, S.; STAHL, D. O.; WHINSTON, A. B. (1997), S. 2ff; TAPSCOTT, D.; TICOLL, D.; LOWY, A. (2001), S. 15ff; HAGEL, J.; SINGER, M. (1999b), S. 147ff; BERNSTEIN, P. L. (1998), S. 159ff; HAMEL, G.; SAMPLER, J. (1998), S. 80ff; PORTER, M. E.; MILLAR, V. E. (1985), S. 149ff; PORTER, M. E. (2001), S. 63ff.

nächst die sich in schneller Geschwindigkeit vollziehende Leistungsexplosion der Informations- und Kommunikationstechnologien bei gleichzeitiger Kostenstagnation bzw. -senkung.[39] Durch diese Leistungssteigerungen sind die Kosten für die Generierung, Verarbeitung und Speicherung von Daten und Informationen im Zeitverlauf kontinuierlich gesunken.[40] Während sich zeitlich parallel die Internet-Technologie als offener Standard mit der nutzerfreundlichen Oberfläche World Wide Web durchsetzte,[41] nahm die Anzahl der Nutzer des Mediums und der Internet-Hosts seit etwa 1995 exponentiell zu.[42] Da nunmehr Informationen kostengünstiger verarbeitet und den Nutzern des Internets zugänglich gemacht werden konnten, nahm aus ökonomischer Sicht die Bedeutung der Information als Produktionsfaktor und als zu vermarktendes Informationsgut zu.[43]

Zwei Wirkungsbereiche der oben beschriebenen Entwicklungen sind im Rahmen dieser Arbeit und mit einem speziellen Blick auf Finanzdienstleister besonders interessant: Die Veränderung von Organisations- und Ablaufformen innerhalb und zwischen Unternehmen sowie eine festzustellende Intensivierung des Wettbewerbs.

Zunächst einmal ist zu beobachten, dass eine Vielzahl ehemals physischer Abläufe bei gleichzeitiger Reduktion der Transaktionskosten nunmehr im virtuellen Raum des

---

38 Vgl. ZERDICK, A.; PICOT, A.; SCHRAPE, K. et al. (2001), S. 147.
39 Vgl. PICOT, A.; NEUBURGER, R. (2001), S. 27. Dieser Sachverhalt wird durch das von dem Intel-Gründer geprägte „Moor'sche Gesetz" beschrieben, demzufolge sich die Leistungsfähigkeit eines Computerchips bei gleich bleibendem Preis etwa alle 18 Monate verdoppelt. Dieser Zeithorizont dürfte sich zwischenzeitlich weiter verkürzt haben.
40 Vgl. HERMANNS, A.; FLEGEL, V. (1992), S. 919; SHAPIRO, C.; VARIAN, H. R. (1999), S. 11. Zum Prozess der Entstehung von Informationen aus Daten vgl. SCHUBERT, P. (1999), S. 17.
41 Vgl. PEPELS, W. (2002), S. 1ff; HAHN, H. (2001), S. 19ff. Die Geburtsstunde des Internets, das aus einem militärischen Projekt entwickelt wurde (ARPA), wird bei HAHN auf das Jahr 1969 datiert.
42 Vgl. KELLY, K. (1997), S. 140ff.
43 Vgl. hierzu WEIBER, R.; KOLLMANN, T. (1998), S. 607; HAGEL, J.; RAYPORT, J. F. (1997), S. 53ff; HAGEL, J.; SINGER, M. (1999a), S. 1ff; EVANS, P. B.; WURSTER, T. S. (1997), S. 72; VARIAN, H. R. (1998), S. 3ff; SHAPIRO, C.; VARIAN, H. R. (1998), S. 106ff; SHAPIRO, C.; VARIAN, H. R. (1999), S. 11ff. Die folgende Einschätzung von RAYPORT et al. verdeutlicht die Bedeutung von Informationen als Produktionsfaktor: „To create value with information, managers must look to the marketspace.[...] the value-adding processes that companies must employ to turn raw information into new marketspace services and products are unique to the information world."; RAYPORT, J. F.; SVIOKLA, J. J. (1995), S. 76.

Internets erbracht wird.[44] Beispielsweise nutzen heute viele Kunden von Banken die Möglichkeit, ihren Kontostand im Internet abzufragen.[45] Aus Sicht der Banken muss diese Dienstleistung also nicht mehr am Telefon oder über Kontoauszugsdrucker erbracht werden. Auch die Organisation von Abläufen innerhalb der Unternehmen wird verändert, da diese aufgrund der neuen technologischen Möglichkeiten häufig besser durch spezialisierte Anbieter wahrgenommen, also aus dem jeweiligen Unternehmen ausgelagert werden können (move to the market).[46] Dass ein Unternehmen seine Unternehmensgrenzen öffnet und nur noch einen Teilbereich der durch die Kunden nachgefragten Leistung in Eigenregie erbringt, wird als Virtualisierung von Unternehmen bezeichnet.[47] Die Übertragung der Zahlungsverkehrsabwicklung von der HypoVereinsbank auf die Postbank ist hierfür ein konkretes Beispiel aus dem Jahr 2006.[48]

Die Entwicklungen zur Internet-Ökonomie haben darüber hinaus aus Sicht der Finanzdienstleister auch zu einer Intensivierung des Wettbewerbs geführt.[49] Durch umfassenden Zugang zu Informationen bei gleichzeitig reduziertem Aufwand für die Informationssuche[50] erhöht sich aus Nachfragesicht die Markttransparenz signifikant.[51]

---

44 Vgl. BODENDORF, F. (2000), S. 164; HAGEL, J. (2002), S. 30; HACK, S. (2001), S. 98ff; KALAKOTA, R.; ROBINSON, M. (1999), S. 32ff; REUS, P.; PRINZ, M. (1996), S. 42ff; REUS, P. (1998), S. 57ff; ENGLERT, R.; ROSENDAHL, T. (2000), S. 320ff.

45 MEFFERT et al. bezeichnen die verstärkte Einbindung des Kunden im Rahmen der Leistungserstellung aus Sicht der Banken als Externalisierung; vgl. MEFFERT, H.; BRUHN, M. (2003), S. 54.

46 Vgl. MALONE, T. W.; YATES, J.; BENJAMIN, R. I. (1989), S. 166; PICOT, A.; BORTENLÄNGER, C.; RÖHRL, H. (1997), S. 110. Eine entsprechende Auslagerung von nicht strategischen Aufgabenbereichen und eine verstärkte Spezialisierung, z.B. als Vertriebs- oder Produktionsbank, wird für den Sektor der Finanzdienstleistungen von zahlreichen Autoren gefordert; vgl. hierzu BÜSCHGEN, H. E. (1998b), S. 17; HEINTZELER, F. (2001), S. 247; PICOT, A.; NEUBURGER, R. (2000), S. 77ff.

47 Vgl. DAVIDOW, W. H.; MALONE, M. S. (1992), S. 5ff; WAGNER, G. (1999), S. 2ff; ASCHENBACH, F. (2000), S. 14ff. Im englischen Sprachraum wird dieser Sachverhalt häufig auch als „unbundling" beschrieben; vgl. hierzu HAGEL, J.; SINGER, M. (1999b), S. 154.

48 Im November 2006 hat die HypoVereinsbank als dritte deutsche Großbank die Auslagerung des Zahlungsverkehrs auf die Postbank vertraglich vereinbart. Zuvor hatten bereits die Deutsche Bank und die Dresdner Bank die Abwicklung ihres Zahlungsverkehrs auf die Postbank übertragen; vgl. o. V. (2006d), S. 30.

49 Vgl. LAMBERTI, H.; VOLLAND, C. (2000), S. 444; STERMANN, D. (1998), S. 20; SCHMID, R. E.; BACH, V. (1999), S. 3ff.

50 Vgl. ähnlich BANDULET, M.; MORASCH, K. (2001), S. 109; BAKOS, J. Y. (1997), S. 1678ff; VARIAN, H. R. (1999), S. 4; EVANS, P.; WURSTER, T. S. (1999), S. 86.

Für die Anbieterseite führt dies in der Konsequenz zu einer deutlichen Verschärfung des Preiswettbewerbs.[52]

Ein weiterer Aspekt des verschärften Wettbewerbs betrifft den Markteintritt neuer Wettbewerber. Da physische Marktgrenzen in der Internetwirtschaft an Bedeutung verlieren, können beispielsweise Anbieter aus dem Ausland ihre Produkte und Dienstleistungen auf dem deutschen Markt anbieten, ohne auf diesem physisch präsent zu sein.[53] Auch in Bezug auf die etablierten Wertschöpfungsketten besteht die Gefahr, dass neue Wettbewerber in den Markt eintreten und einzelne Zwischenstufen aus der etablierten Wertschöpfungskette eliminieren.[54] Ein konkretes Beispiel für diesen als Disintermediation[55] bezeichneten Vorgang, der u.a. durch neue Entwicklungen in der Informations- und Kommunikationstechnologie ermöglicht wird, ist beispielsweise die Abwicklung des Zahlungsverkehrs über die Mobilfunkanbieter.[56]

Die nachfolgende Abbildung fasst die zuvor skizzierten Entwicklungen und die Auswirkungen für die Wirtschaftssubjekte zusammen:

---

51 Vgl. BRYNJOLFSSON, E.; SMITH, M. D. (2000), S. 563; BAKOS, Y. (1998), S. 1; WIRTZ, B. W.; LIHOTZKY, N. (2001), S. 162ff. Mehrere Autoren merken in diesem Kontext an, dass sich die Markttransparenz des elektronischen Marktes dem idealtypischen Marktmodell in der Mikroökonomik annähert.

52 Vgl. GALIC, R. (2002), S. 109; WAGNER, P. (1999), S. 29; DOLAN, R. J.; MOON, J. (1999), S. 1. Eine empirische Untersuchung über die Preise homogener Güter (Bücher und CDs) in den Vereinigten Staaten zeigte, dass das Preisniveau im Internet im Vergleich mit dem stationären Vertrieb um zirka 10 Prozent niedriger lag; vgl. BRYNJOLFSSON, E.; SMITH, M. D. (2000), S. 563ff.

53 Vgl. ähnlich HAERTSCH, P. (2000), S. 10.

54 Vgl. TOMCZAK, T.; SCHÖGEL, M.; BIRKHOFER, B. (2000), S. 226; VOIGT, K.; THIELL, M.; WEBER, R. (2000), S. 109; BOWERS, T.; SINGER, M. (1996), S. 79ff; BROUSSEAU, E. (2002), S. 355ff.

55 Der Begriff Disintermediation beschreibt die Verdrängung mindestens eines Intermediärs aus einer etablierten Wertschöpfungskette; vgl. LABIN, J. (2001), S. 1; WIRTZ, B. W. (2001a), S. 386ff.

56 Vgl. SCHULTE, H.; DEGEL, J. (2001b), S. 20.

Wesentliche Entwicklungen, die die Transformation zur Internet-Ökonomie ermöglichen	Wesentliche makro- und mikroökonomische Veränderungen in der Internet-Ökonomie
Technologische Entwicklungen • Leistungsexplosion und Standardisierung der Informations- und Kommunikationsnetze: Verdoppelung der Leistungsstärke zirka alle 18 Monate (Moor'sches Gesetz) • Kostengünstige Generierung, Bearbeitung und Speicherung digitalisierter Informationen • Durchsetzung und Etablierung der Internettechnologie als offener Standard; fortschreitende Vernetzung von Rechner-Netzwerken auf Basis dieser Standards in explosionsartiger Geschwindigkeit • Sinkende Kosten und starkes Wachstum der Internetzugänge ab 1995 **Ökonomische Entwicklungen** • Die Bedeutung des Produktionsfaktors Information nimmt im Vergleich zu den Faktoren Kapital und Arbeit signifikant zu	**Veränderte Organisations- und Ablaufformen** • Zunehmende Verlagerung von physischen Abläufen in den ‚virtuellen Raum' und hierdurch deutliche Senkung der Transaktionskosten • Digitalisierung von Abläufen und Produkten ermöglicht neue, virtuelle Organisations- und Koordinationsformen (move to the market) • Zunehmende Spezialisierung in der Arbeitsteilung durch virtuelle Organisationen **Verschärfung des Wettbewerbs** • Erhöhte Markttransparenz auf Seiten der Nachfrager durch umfassenden Zugang zu Informationen bei gleichzeitiger Reduzierung der Suchkosten • Reduzierte Bedeutung physischer Marktgrenzen • Aufbrechen traditioneller Wertschöpfungsketten durch neue Wettbewerber (Disintermediation) • Etablierung neuer Geschäftsmodelle

Abbildung 2: Transformation zur Internet-Ökonomie[57]

2.1.1. Electronic Business und Electronic Commerce

Trotz der intensiven Verwendung der Begriffe Electronic Business und Electronic Commerce in wissenschaftlichen und praxisgeleiteten Veröffentlichungen hat sich noch keine allgemein akzeptierte Definition durchgesetzt, so dass heute ein breites Spektrum verschiedener Definitionsansätze vorliegt.[58] Ein wesentliches Unterscheidungsmerkmal der verwendeten Definitionen stellt das zugrunde liegende Verständnis der technologischen Basis dar: Während ein weiter gefasstes Verständnis dieser Begriffe das Adjektiv electronic direkt als „elektronisch" übersetzt, versteht die weniger weit gefasste Definition ein „elektronisch auf Basis der Internet-Technologien" hierunter.[59] Da die Begriffe Electronic Business (E-Business) und Electronic Com-

---

[57] Eigene Darstellung; inhaltlich angelehnt an ZERDICK, A.; PICOT, A.; SCHRAPE, K. et al. (2001), S. 146ff; PICOT, A.; NEUBURGER, R. (2001), S. 25ff; SHAPIRO, C.; VARIAN, H. R. (1999), S. 10f; WEIBER, R.; MCLACHLAN, C. (2000), S. 119ff; BENJAMIN, R.; WIGAND, R. (1995), S. 62ff; BAKOS, J. Y. (1997), S. 1678ff; BRYNJOLFSSON, E.; SMITH, M. D. (2000), S. 563ff.

[58] Vgl. ALBERS, S.; CLEMENT, M.; PETERS, K. et al. (1999), S. 10. Für eine Auflistung verschiedener E-Commerce-Definitionen vgl. HERMANNS, A.; SAUTER, M. (1999), S. 17. Alternative Belegungen des Begriffs E-Business finden sich bei MÜLLER-GROTE, D. (2001), S. 15f.

[59] Dem weiter gefassten Begriffsverständnis zufolge wäre beispielsweise der Einsatz von EDI (Electronic Data Interchange) im Rahmen von IOS (Interorganizational Information Systems) eine

merce (E-Commerce) im Regelfall im Internet-Kontext verwendet werden und darüber hinaus die Internet-Technologie diejenige Technologie darstellt, auf Basis derer heute der überwiegende Teil des elektronischen Geschäfts abgewickelt wird, soll im Rahmen dieser Arbeit ein vergleichsweise enges Begriffsverständnis gewählt werden. Diesem zufolge beschreibt der Terminus Electronic die elektronischen Verbindungen auf Basis der Internet-Technologie.[60]

Auch die häufig synonym verwendeten Bezeichnungen E-Business und E-Commerce sollten unterschieden werden: Während E-Business im Regelfall elektronische Geschäftsbeziehungen generell beschreibt, sind unter E-Commerce Aktivitäten und Prozesse zu verstehen, die sich zwischen Handelspartnern abspielen.[61] Entsprechend wird im Rahmen dieser Arbeit und in Anlehnung an die Firma IBM die folgende Definition für den Begriff E-Business zugrunde gelegt: „The transformation of key business processes through the use of Internet technologies."[62]

Im Gegensatz zum E-Business, das ebenfalls die Koordinationsmechanismen Hierarchie umfasst, bezieht sich die Bezeichnung E-Commerce auf beschaffungs- oder absatzseitige Transaktionen, die über den Markt koordiniert werden. In diesem Sinne wird nachfolgend unter Electronic Commerce „[...] die digitale Anbahnung, Aushandlung und Abwicklung von Transaktionen zwischen Wirtschaftssubjekten [...]"[63] auf Basis von Internet-Technologien verstanden.

Form des Electronic Business. Auch die Nutzung von Bankautomaten für die Geld-Auszahlung müsste als ein solcher Vorgang verstanden werden.

60 Vgl. ähnlich TIMMERS, P. (1998), S. 3; SCHEFFLER, W.; VOIGT, K.; THIELL, M. et al. (2000), S. 5. Eine Definition, die anstatt der Internet-Technologien lediglich das Internet umfasst, würde E-Business-Anwendungen, die auf Intranet- und Extranet-Anwendungen basieren, nicht berücksichtigen; vgl. hierzu HORN, T. (1999), S. 261ff.
61 Vgl. MÜLLER-GROTE, D. (2001), S. 15.
62 Zitiert nach MÜLLER-GROTE, D. (2001), S. 15.
63 Vgl. CLEMENT, M.; PETERS, K.; PREIß, F. J. (1998), S. 50.

2.1.2. Elektronische Marktplätze

Elektronische Märkte sind kein neues Phänomen, sondern haben schon vor der Entstehung des Internets eine gewisse Bedeutung erreicht (z.b. Wertpapier-Börsen oder IOS).[64] Da die frühe Form der Elektronischen Marktplätze auf proprietären Systemen basierte, geschlossene Standards nutzte und für die Anwender mit hohen Investitionen verbunden war, blieb ihre Bedeutung überschaubar. Mit der sich durchsetzenden Internet-Technologie gewannen dann auch Elektronische Märkte stark an Bedeutung.[65]

Zentrale Aufgabe von Elektronischen Märkten ist die möglichst effiziente Umsetzung spezifischer Transaktionsbedürfnisse.[66] Im Gegensatz zu klassischen stationären Märkten sind Elektronische Märkte dadurch gekennzeichnet, dass eine Vielzahl marktimmanenter Ineffizienzen auf ihnen weniger stark ausgeprägt ist.[67] So kommen beispielsweise BRYNJOLFSSON und SMITH im Rahmen einer empirischen Untersuchung zu dem Ergebnis, dass die Preisfindung als Ausgleich zwischen Angebot und Nachfrage im Internet effizienter funktioniert.[68] Somit kommt der Elektronische Markt dem idealtypischen, neo-klassischen Marktmodell und seinen zugrunde liegenden Effizienz-Prämissen näher.[69]

---

64 Vgl. MALONE, T. W.; YATES, J.; BENJAMIN, R. I. (1989), S. 166ff; BAKOS, J. Y. (1991), S. 32; BAKOS, J. Y.; NAULT, B. R. (1997), S. 321.

65 Gemäß der begrifflichen Eingrenzung des E-Business und des E-Commerce versteht diese Arbeit Elektronische Marktplätze als Märkte, die auf Internet-Technologien basieren.

66 Vgl. KOLLMANN, T. (1999), S. 30; KOLLMANN, T. (2001), S. 49; PETERS, R. (2002), S. 14.

67 Vgl. BAKOS, J. Y. (1997), S. 1676ff.

68 Vgl. BRYNJOLFSSON, E.; SMITH, M. D. (2000), S. 563ff.

69 Die erhöhte Markttransparenz führt dazu, dass es Konsumenten ermöglicht wird, mit vertretbarem Suchaufwand den Anbieter mit den niedrigsten Preisen zu finden. Der dadurch entstehende Wettbewerbsdruck auf die Preise der Anbieter hat zur Folge, dass die Konsumentenrente steigt, während die Produzentenrente sinkt; vgl. hierzu ZERDICK, A.; PICOT, A.; SCHRAPE, K. et al. (2001), S. 231 und MARKILLIE, P. (2004a), S. 5. Dies entspricht dem neo-klassischen Marktmodell, demzufolge der Wettbewerb auf polypolistischen Märkten die Produzentenrente im idealtypischen Fall auf Null reduziert. MARKILLIE formuliert in diesem Zusammenhang treffend: „This market [Der Elektronische Markt, Anmerkung des Verfassers] has the potential to become as perfect as it gets."; MARKILLIE, P. (2004a), S. 5.

2.1.2.1. Aufgaben, Akteure und Transaktionsphasen

Entsprechend der zuvor getroffenen Definition des Electronic Commerce ist ein wesentliches Charakteristikum eines Elektronischen Marktes, dass die einzelnen Phasen einer Transaktion zwischen Akteuren partiell oder vollständig durch Internet-Technologien unterstützt bzw. abgewickelt werden.

In Bezug auf die Akteure, die auf dem Elektronischen Markt untereinander Geschäfte abwickeln, sind drei Gruppen zu unterscheiden:
- Konsumenten (Consumer),
- Unternehmen (Business) und
- Öffentliche Institutionen (Administration / Public Services).[70]

Treten diese Gruppen auf den Elektronischen Märkten sowohl als Anbieter als auch als Nachfrager auf, können insgesamt neun verschiedene Transaktionstypen unterschieden werden. Von diesen kommt den Business-to-Consumer- und den Business-to-Business-Transaktionen im Hinblick auf ihre Volumina die größte volkswirtschaftliche Bedeutung zu, wobei letztere im Fokus dieser Arbeit stehen.

Die zwischen den Akteuren stattfindenden Austauschbeziehungen lassen sich in unterschiedliche Phasen einteilen. Diese Differenzierung ist sinnvoll, da die mögliche Unterstützung der einzelnen Phasen auf den Elektronischen Märkten in Abhängigkeit der Produkt- bzw. Dienstleistungseigenschaften variiert. Demnach unterscheidet SPECHT entsprechend der logischen und zeitlichen Abläufe einer Markttransaktion insgesamt fünf Phasen:[71]

1. Vorbereitungsphase,
2. Anbahnungsphase,

---

70 Vgl. HERMANNS, A.; SAUTER, M. (1999), S. 23. WIRTZ erweitert die sich ergebenden neun Transaktionstypen um die Intra-Business- und Intra-Administration-Transaktionen; vgl. WIRTZ, B. W. (2001b), S. 446. Entsprechend des Begriffsverständnisses in dieser Arbeit würde es sich aber in diesen Fällen um E-Business-Transaktionen handeln.

71 Vgl. SPECHT, M. (2001), S. 12. Das Transaktionsphasenmodell entwickelte SPECHT auf Basis der Arbeiten von MEYER, P. W. (1973) und MEYER, A.; ERTL, R. (1998). Andere Autoren unterscheiden lediglich zwischen vier bzw. drei Phasen einer Markttransaktion; vgl. SCHMID, B. F. (2000), S. 185; MERZ, M. (1999), S. 35 und BODENDORF, F. (2000), S. 159. Im Rahmen dieser Arbeit bietet sich ein fünf Phasen umfassendes Modell an, da auch die Nutzungsphase berücksichtigt werden soll.

3. Abschlussphase,
4. Realisierungsphase und
5. Nutzungsphase.

In Abhängigkeit der spezifischen Produkt- bzw. Dienstleistungseigenschaften lassen sich die einzelnen Marktphasen vollständig oder nur partiell auf Elektronischen Marktplätzen abwickeln: Handelt es sich - wie etwa bei Finanzdienstleistungen - um digitale bzw. digitalisierbare Güter oder Dienstleistungen, die in ungebundener Form vorliegen bzw. erstellt werden, können alle Marktphasen vollständig über einen Elektronischen Marktplatz abgewickelt werden.[72] Im Gegensatz hierzu muss bei Gütern, die sich nicht vollständig digitalisieren lassen, zumindest die Realisierungs- und ggf. die Nutzungsphase in materialisierter Form erfolgen, was naturgemäß im Widerspruch zu einer Durchführung über das Internet steht und somit einen Medienbruch mit sich bringt.[73]

Die folgende Abbildung zeigt die fünf Transaktionsphasen in ihrer chronologischen Abfolge und stellt die Online-Unterstützung in Abhängigkeit der Digitalisierbarkeit der Produkte und Dienstleistungen dar:

---

[72] Vgl. allgemein LUXEM, R. (1999), S. 13 und in Bezug auf Finanzdienstleistungen REICHARDT, C. (2000), S. 76, BANDULET, M.; MORASCH, K. (2001), S. 109ff und REUS, P.; PRINZ, M. (1996), S. 26f.
[73] Vgl. BANDULET, M.; MORASCH, K. (2001), S. 109ff.

Produkt / Dienstleistung	Transaktionsphase				
	Vorbereitung	Anbahnung	Abschluss	Realisierung	Nutzung
Digitalisierbar	Online	Online	Online	Online	Online
Nicht vollständig digitalisierbar	Online	Online	Online	Offline	Offline / Online

Abbildung 3: Transaktionsphasen digitalisierbarer Produkte / Dienstleistungen[74]

2.1.2.2. Ausprägungsformen Elektronischer Marktplätze

Mit dem Beginn der zunehmenden kommerziellen Nutzung des Internets wurden mehrere Tausend Elektronische Marktplätze mit sehr unterschiedlichen Zielsetzungen und Ausrichtungen aufgebaut, obgleich - naturgemäß - zu dem damaligen Zeitpunkt noch nicht absehbar war, welches zukünftig die Erfolg versprechenden Geschäftsmodelle sein würden.[75] Mittlerweile ist eine Vielzahl der häufig durch Wagniskapital finanzierten und durch Start-up-Unternehmen aufgebauten Marktplätze wieder verschwunden.[76]

Da sich in der Literatur bisher kein Ansatz zur systematischen Strukturierung der Elektronischen Marktplätze durchgesetzt hat,[77] wird im Folgenden auf ausgewählte

---

74 Darstellung in Anlehnung an SPECHT, M. (2001), S. 14.
75 Vgl. ähnlich RAMSDELL, G. (2000), S. 174f; KAPLAN, S.; SAWHNEY, M. (2000), S. 97ff.
76 Vgl. MORAN, N. (2002), S. 13; o. V. (2001c), S. 67.
77 Vgl. MORGENTHAL, J. P. (2001), S. 30; KAPLAN, S.; SAWHNEY, M. (2000), S. 98. Aufgrund der Vielzahl unterschiedlicher Modelle und Ausprägungsformen von Elektronischen Marktplätzen kommentieren KAPLAN et al. das „Chaos" wie folgt: „[...] it's increasingly difficult to make sense of

Ausprägungsformen mit dem Ziel eingegangen, eine für diese Arbeit sinnvolle Typologie und Abgrenzung zu entwickeln, die auch für den Untersuchungsgegenstand der Firmenkundenportale anwendbar ist.

Als erstes Differenzierungskriterium sollen die Akteure dienen, die den Elektronischen Marktplatz für die Abwicklung ihrer Transaktionen nutzen.[78] Von den dargestellten neun Transaktionstypen kommt dem Business-to-Business-Bereich bezüglich der Marktvolumina die größte praktische Bedeutung zu;[79] darüber hinaus bildet er die Grundlage für das im Rahmen dieser Arbeit untersuchte Akzeptanzphänomen.

Ein weiteres Kriterium, das der Abgrenzung von Typen verschiedener Elektronischer Marktplätze dienen soll, stellen die Eigentumsverhältnisse dar.[80] Sofern der Marktplatz von einem Unternehmen geführt wird, das gleichzeitig als dominanter Anbieter oder Nachfrager auf dem Marktplatz auftritt, wird häufig von einem privaten bzw. geschlossenen Marktplatz / Exchange oder bilateral E-Trade gesprochen.[81] Da der Betreiber eines solchen Marktplatzes neben der Strategie auch über die Integration möglicher Wettbewerber entscheidet, liegt es nahe, dass viele private Marktplätze monopolistische Strukturen aufweisen.[82]

---

the landscape." Vergleichsweise übersichtliche Typologien von Elektronischen Business-to-Business-Marktplätzen finden sich bei KAPLAN, S.; SAWHNEY, M. (2000), S. 98ff, DAI, Q.; KAUFFMANN, R. J. (2002), S. 53, KERRIGAN, R.; ROEGNER, E. V.; SWINFORD, D. D. et al. (2001), S. 51 und BAUMGARTNER, T.; KAJÜTER, H.; VAN, A. (2001), S. 39.

78 Vgl. HERMANNS, A.; SAUTER, M. (1999), S. 23.

79 Vgl. WIRTZ, B. W. (2001b), S. 448.

80 Vgl. HOFFMAN, W.; KEEDY, J.; ROBERTS, K. (2002), S. 99; IKSAL, C.; GASSNER, M. (2001), S. 53ff.

81 Vgl. FOX, P. (2001), S. 24; YOUNG, E. (2002), S. 78ff; HOFFMAN, W.; KEEDY, J.; ROBERTS, K. (2002), S. 99.

82 Sofern der Anbieter eines solchen Marktplatzes (absatzorientiertes Modell) die Macht hat, seine Kunden zur Nutzung desselben zu bewegen, hat er lediglich Interesse daran, komplementäre, jedoch keine konkurrierenden Produkte von Wettbewerbern auf dem Marktplatz anzubieten. Dieser Marktplatz würde folglich ein Angebotsmonopol darstellen; einen Markt also, auf dem viele potentielle Abnehmer lediglich auf einen Anbieter treffen; vgl. hierzu auch das Beispiel des Unternehmens Cisco Systems bei BERRYMAN, B.; HARRINGTON, L. F.; LAYTON-RODIN, D. et al. (1998), S. 130. Analog würde auf einem privaten Marktplatz (mit dem Fokus auf Procurement / Einkauf) lediglich ein Einkäufer einer Vielzahl von Anbietern gegenüberstehen (Nachfragemonopol); vgl. hierzu das Beispiel der Firma Amtrak bei SEMINERIO, M. (2000), S. 62. Da der Zugang zu diesen Marktplätzen nicht allen Unternehmen offen steht, werden private Marktplätze häufig auch als geschlossene Marktplätze bezeichnet; vgl. BANNAN, K. J. (2001), S. 146; RODIN, R.

Weitere in der Praxis anzutreffende Betreibermodelle basieren zum einen auf dem Zusammenschluss etablierter Industriekonzerne (z.B. CoVisint in der Automobilindustrie)[83] bzw. auf der Neugründung eines Start-up-Unternehmens (z.B. GoIndustry).[84]

Die Marktorientierung stellt ein weiteres Differenzierungsmerkmal dar. Hier sind entsprechend der Zielsetzung der dominanten Marktteilnehmer die Grundausrichtungen Einkaufs- und Absatzorientierung zu unterscheiden. Beispielsweise verfolgen viele Marktplätze das Ziel, den Einkauf ihrer Betreiber zu unterstützen (z.B. CoVisint) während andere Marktplätze dem Absatz eines Anbieters dienen (z.B. Dell). Im dritten Fall würden sich Angebots- und Nachfrageseite gleichberechtigt gegenüberstehen.[85]

Als viertes Differenzierungsmerkmal ist der inhaltliche Fokus anzusehen: Positioniert sich der Marktplatz als Anlaufpunkt für spezifische Bedürfnisse (z.B. Finanzen), wird in diesem Fall von einem vertikalen Marktplatz gesprochen. Entsprechend handelt es sich um einen horizontalen Marktplatz, wenn die vom Marktplatz abgedeckten Leistungen ein branchenübergreifendes, breites Spektrum umfassen.[86]

Weitere Differenzierungsmerkmale von Elektronischen Marktplätzen sind in der Frage über mögliche Voraussetzungen für die Nutzung und bezüglich der angestrebten Hebel für die Wertschöpfung zu sehen. So gilt beispielsweise für viele Marktplätze, deren angestrebte Wertschöpfung im Bereich der Information und Transaktion liegt, dass die Funktionalitäten oder Informationen nur genutzt werden können, wenn der Nutzer ein Kunde des betreffenden Anbieters ist.

Eine zusammenfassende Darstellung der hiermit behandelten sechs Differenzierungskriterien von Elektronischen Marktplätzen findet sich in der Abbildung 4 auf

---

(2001), S. 54. Eine weitere zutreffende Bezeichnung ist bilateral E-Trade; vgl. BAUMGARTNER, T.; KAJÜTER, H.; VAN, A. (2001), S. 37.

83 Vgl. BERRYMAN, B.; HECK, S. (2001), S. 19.
84 Vgl. LAWRENZ, O.; NENNINGER, M. (2001), S. 22.
85 Vgl. ähnlich KOLLMANN, T. (2000b), S. 133. KOLLMANN nutzt für die Beschreibung dieses Sachverhaltes die Begriffe Elektronische Anbieterhierarchie, Elektronische Nachfragehierarchie und Elektronischer Markt.
86 Vgl. SCHNEIDER, D.; SCHNETKAMP, G. (2001), S. 102ff; LABIN, J. (2001), S. 12f.

Seite 36. Abschließend soll unterstrichen werden, dass die genannten sechs Kriterien nicht bei jedem Marktplatz in voller Trennschärfe erfüllt sind. Beispielsweise existieren hybride Formen mit offenen und geschlossenen Bereichen.[87]

2.1.2.3. Vorteile aufgrund der Nutzung Elektronischer Marktplätze

Die Gründe, die aus Sicht der Marktteilnehmer für die Nutzung eines Marktplatzes sprechen, sind in hohem Maße von dem jeweiligen Markplatztypus abhängig. Zum Beispiel kann bei angebotsmonopolistischen privaten Marktplätzen der häufig angeführte Vorteil einer hohen Markttransparenz aus Sicht des Nachfragers keine Motivation für die Nutzung desselben darstellen: Da es auf dem Marktplatz lediglich einen dominanten Anbieter gibt, kann auf diesem Teil-Markt keine den Gesamtmarkt abdeckende Transparenz herbeigeführt werden. Dieses Beispiel veranschaulicht, dass keine allgemeingültigen Vorteilsargumentationen möglich sind, sondern dass am konkreten Einzelfall sehr differenziert argumentiert werden muss. Daher werden nachfolgend spezifische Vorteile aufgeführt, die sich aus der für diese Arbeit relevanten Nutzung von angebotsmonopolistischen privaten Marktplätzen für die Angebots- und Nachfrageseite ergeben.

Aus Sicht des Betreibers eines solchen Marktplatzes können sich unter anderem die folgenden potentiellen Vorteile bieten:

- Reduktion der Transaktionskosten;[88]
- Zugang zu neuen Kundengruppen;[89]
- Verstärkte Bindung bestehender Kunden durch intensivierte Zusammenarbeit (Collaboration)[90] und Aufbau von Wechselbarrieren (Switching Costs / Lock in);[91]

---

87 Vgl. SHAH, J. B. (2001), ohne Seitenangabe. NUNES et al. sehen die Tendenz zur Integration verschiedener Marktmodelle zu einem „all-in-one market"; vgl. NUNES, P.; WILSON, D.; KAMBIL, A. (2000), S. 3.

88 Vgl. SCHMID, B. F. (2000), S. 188; KERRIGAN, R.; ROEGNER, E. V.; SWINFORD, D. D. et al. (2001), S. 45. Laut HOFFMANN et al. hat ein solcher Marktplatz bei der Firma Dow Chemical zu einer Reduktion der Transaktionskosten von 95 Prozent geführt; vgl. HOFFMAN, W.; KEEDY, J.; ROBERTS, K. (2002), S. 99.

89 Vgl. KAPLAN, S.; SAWHNEY, M. (2000), S. 98; BAUMGARTNER, T.; KAJÜTER, H.; VAN, A. (2001), S. 37.

90 Vgl. NENNINGER, M.; LAWRENZ, O. (2001), S. 46; HOFFMAN, W.; KEEDY, J.; ROBERTS, K. (2002), S. 98.

- Automatisierte Generierung von Informationen über die Kunden und über deren Kauf- bzw. Nutzungsverhalten;[92]
- Schaffung bzw. Integration komplementärer Produkte und Dienstleistungen durch Bundling;[93]
- Schnelle Anpassung der Preissetzung an die gegebene Nachfragesituation.[94]

Aus Nachfragesicht können von der Nutzung eines solchen Marktplatzes die folgenden potentiellen Vorteile erwartet werden:

- Zeitlich unbegrenzte Verfügbarkeit;[95]
- Reduktion der Transaktionskosten;[96]
- Verbesserte Qualität der Zusammenarbeit und der Transaktionsabwicklung (insbesondere in Bezug auf die Geschwindigkeit und die Fehlerfreiheit);[97]
- Umfassendes Leistungsangebot aus einer Hand durch neue, personalisierte Angebote.[98]

---

91 Vgl. BAUMGARTNER, T.; KAJÜTER, H.; VAN, A. (2001), S. 37; BRAUNSTEIN, S. (2001), S. 2.

92 Vgl. MOON, J.; KIM, Y. (2001), S. 7. Informationen über die Kunden sind besonders wichtig, um auf Basis von Internet-Technologien und im Rahmen einer Customer-Relationship-Management-Strategie individualisierte Angebote erstellen und unterbreiten zu können; vgl. hierzu ähnlich PILLER, F.; DEKING, I.; MEIER, R. (2001), S. 137ff; HAGEL, J.; RAYPORT, J. F. (1997), S. 53; ROEMER, M. (1998), S: 296; SCHMID, R.; BACH, V.; ÖSTERLE, H. (2000), S. 16.

93 Vgl. LABIN, J. (2001), 28. Das Bundling beschreibt eine Strategieoption der Internet-Ökonomie, derzufolge Informationsgüter verschiedener Lieferanten / Produzenten zu einem umfassenden Informationsprodukt zusammengefasst und vertrieben werden. Im Sektor der Finanzdienstleistungen könnte dies beispielsweise die Aggregation und der Verkauf von Finanzdaten und -Analysen sein; vgl. hierzu BAKOS, Y.; BRYNJOLFSSON, E. (1999), S. 1613ff; BAKOS, Y.; BRYNJOLFSSON, E. (2000), S. 63ff; STOCKMANN, C. (1998a), S. 98ff. Die Firma Yahoo! ist vermutlich das Internet-Unternehmen, das die Bundling-Strategie (beispielsweise in Bezug auf das Angebot von Finanz-Informationen) bisher am konsequentesten und erfolgreichsten umgesetzt hat.

94 Vgl. DOLAN, R. J.; MOON, J. (1999), S. 1; BRYNJOLFSSON, E.; SMITH, M. D. (2000), S. 568ff.

95 Vgl. o. V. (2001b), S. 3.

96 Vgl. BAKOS, J. Y. (1997), S. 1676ff; SCHMID, B. F. (2000), S. 188.

97 Vgl. AGRAWAL, M. K.; PAK, M. H. (2001), S. 22; HOFFMAN, W.; KEEDY, J.; ROBERTS, K. (2002), S. 98. In Bezug auf eine effiziente Zusammenarbeit bringen HOFFMANN et al. den Mehrwert eines solchen Marktplatzes wie folgt auf den Punkt: „Like EDI networks, private exchanges reduce the time and cost of interaction, but they also improve on EDI by enabling partners to share documents, drawings, spreadsheets, and product designs in standard formats and in real time, thereby facilitating closer collaboration."; HOFFMAN, W.; KEEDY, J.; ROBERTS, K. (2002), S. 98.

98 Vgl. BAUMGARTNER, T.; KAJÜTER, H.; VAN, A. (2001), S. 37f.

2.1.3. Internetportale

Seit etwa 1996 wird im Internet-Kontext der Begriff Portal zur Beschreibung von Internetseiten verwendet, die sich für ihre Nutzerschaft als Eingangstor bzw. gateway zum Internet positionieren,[99] indem sie die Fülle von Informationen und Diensten sinnvoll bündeln und strukturieren.[100] So bestand das ursprüngliche Angebot von Yahoo! - einem Pionier unter den Portalen - darin, im unstrukturierten Internet ein breites Spektrum thematisch geordneter Linklisten zur Erleichterung der Navigation bereitzustellen.[101]

Eine einheitliche Definition des Begriffs Portal hat sich bisher nicht durchgesetzt.[102] Vielmehr hat sich eine Fülle neuer Wortschöpfungen mit nicht überschneidungsfreien Begriffsverständnissen herausgebildet.[103] Auch wenn einige Autoren den Begriff Portal sehr weit fassen und darunter fast uneingeschränkt jede Internetseite verstehen,[104] lassen sich Portale durch eine Auswahl besonderer konstituierender Merkmale und Eigenschaften näher eingrenzen und beschreiben:

- Portale bündeln - zumeist im eigenen Namen - Informations-, Interaktions- und Transaktionsangebote, die sie nicht gesamthaft eigenständig erstellen, son-

---

99 Vgl. PEPPERS, D.; ROGERS, M. (2001), S. 282ff.

100 Vgl. SCHMID, R. (2001), S. 14.

101 Vgl. OGASA, G. (2002), S. 22; CUNNINGHAM, M. J. (2001), S. 21; MARKILLIE, P. (2004b), S. 12.

102 Vgl. SCHMID, R. (2001), S. 15.

103 Abwandlungen und Konkretisierungen des Portalbegriffes sind beispielsweise die Bezeichnungen Prozessportal (vgl. GRIMM, S.; VOLK, L. (2005), S. 381 und SCHMID, R. E.; BACH, V. (1999), S. 17), Dienstleisterportal (vgl. HOLSTE, A. (2003), S. 13), Financial Portal (vgl. SCHIFRIN, M.; BERENTSON, B.; LEITZES, A. et al. (1999), S. 32 und MERRICK-BAKKEN, P. (2005), S. 38), Finanzportal (vgl. VON AMMON, R.; PAUSCH, M.; SCHIMMER, M. (2005), S. 357, WIMMER, A. (2000), S. 17 und OBERHOFF, M. (2001), S. 194), Enterprise Portal (vgl. ROSE, J. G. (2003), S. 64), Corporate Portal (vgl. BENBYA, H.; PASSIANTE, G.; AISSA BELBALY, N. (2004), S. 201), Broadband / Narrowband Portal (vgl. DEPREZ, F.; ROSENGREN, J.; SOMAN, V. (2002), S. 93), Fachportal (vgl. SCHNEIDER, D.; SCHNETKAMP, G. (2001), S. 147), Branchenportal (vgl. VON HAGEN, F.; CHRISTOPHERS, J. (2002), S. 193) und natürlich Firmenkundenportal (vgl. u.a. KRABICHLER, T. (2003), S. 16, DUHNKRACK, T. (2001a), S. 34 und DAMBMANN, W. (2001), S. 200).

104 „Portals are sites that provide general Internet capabilities and serve as a gateway to additional information."; vgl. HANSON, W. (2000) zitiert nach LEE, S.; ZUFRYDEN, F.; DRÈZE, X. (2003), S. 39.

dern von verschiedenen spezialisierten Anbietern beziehen.[105] Somit bilden sie eine einheitliche Oberfläche für unterschiedliche Datenformate und Systemplattformen.[106]

- In Bezug auf ihre Inhalte richten sich die Portale an den Interessen und Bedürfnissen der von ihnen verfolgten Zielgruppe aus. Umfasst dieses Angebot ein breites Spektrum, wird von horizontalen Portalen gesprochen, während ein fokussiertes Portal (z.b. auf eine Branche oder das Thema Finanzen) als vertikales Portal bezeichnet wird.[107]

- Mittels einer konsequenten Ausrichtung an den spezifischen Bedürfnissen der Kunden und der Integration der hierfür notwendigen Leistungen streben Portale ein umfassendes Lösungsangebot für die Bedürfnisse ihrer Nutzer anhand übergreifender Prozesse an.[108]

Die genannten Merkmale verdeutlichen, dass eine Abgrenzung zwischen Portalen und Elektronischen Märkten in der Realität und vor dem Hintergrund der Entwicklungen im Internet häufig schwierig ist,[109] so dass viele Autoren beide Begriffe als Synonyme verwenden und somit Portale auch als Elektronische Märkte bezeichnen.[110]

---

[105] Vgl. ähnlich WIRTZ, B. W.; LIHOTZKY, N. (2001), S. 163. Die Integration verschiedener Inhalte und Dienste wird auch als Bundling oder Content / Transaction Aggregation bezeichnet; vgl. hierzu BAKOS, Y.; BRYNJOLFSSON, E. (2000), S. 64 und AGRAWAL, V.; ARJONA, L. D.; LEMMENS, R. (2001), S. 39.

[106] Vgl. SCHMID, R. (2001), S. 15 und GROTH, T. (2005), S. 92.

[107] Vgl. WIEDEMANN, G. (2001), S. 221; CLARKE, I.; FLAHERTY, T. B. (2003), S. 16; AMOR, D. (2002), S. 46; MARIYAPPA, T. (2001), S. 23; RAYPORT, J.; WIRTZ, B. (2001), S. 30.

[108] Vgl. SCHMID, R.; BACH, V.; ÖSTERLE, H. (2000), S. 3ff.

[109] Um 1996 waren erste Portale wie Yahoo!, Excite oder AOL reine Content Aggregatoren und haben sich seither zu E-Commerce-Anbietern weiterentwickelt, so dass sie ebenfalls als elektronischer Marktplatz bezeichnet werden können. Analog haben die zunächst primär auf die Abwicklung von Transaktionen ausgerichteten Marktplätze ihr Content-Angebot kontinuierlich ausgeweitet, um sich für ihre Zielgruppe als umfassender Anbieter für Informationen und Transaktionen zu positionieren. Somit streben auch sie einen Portal-Status nach dem ursprünglichen Begriffsverständnis an.

[110] Vgl. VON HAGEN, F.; CHRISTOPHERS, J. (2002), S. 196; SCHNEIDER, D.; SCHNETKAMP, G. (2001), S. 147; TIRSCHWELL, P. M. (2003), S. 40.

Während im Business-to-Consumer-Bereich einige große Portale wie Yahoo!, AOL oder MSN eine marktführende Position etabliert haben,[111] gewinnt im Business-to-Business-Bereich das Corporate oder Enterprise Portal zunehmend an Bedeutung.[112] Unter diesem Begriff sollten - unabhängig von ggf. unterschiedlichen technischen Plattformen - alle Portale eines Unternehmens verstanden werden. Das Corporate Portal umfasst also sowohl das firmeninterne Portal (Intranet / Business-to-Employee-Portal) als auch die Portale, die beschaffungs- und absatzseitig in den Geschäftsbeziehungen eingesetzt werden.

---

111 Besonders wichtig für die Etablierung der Businss-to-Consumer-Portale sind aus Wettbewerbssicht die positiven Netzwerkeffekte, die sich u.a. aufgrund ihrer Größe ergeben; vgl. hierzu detailliert RAYPORT, J.; WIRTZ, B. (2001), S. 30.

112 Vgl. MCDONOUGH, B. (2004), S. 16.

2.2. Gegenstand und Besonderheiten von Finanzdienstleistungen

2.2.1. Begriff der Finanzdienstleistung

Für die absatzfähigen Leistungsergebnisse des Produktionsprozesses einer Bank werden in der wissenschaftlichen und praxisgeleiteten Literatur zahlreiche Begriffe synonym verwendet,[113] wobei sich bis dato keiner dieser Begriffe durchgesetzt hat.[114] Im Rahmen dieser Arbeit soll in Anlehnung an ASCHENBACH eine weit gefasste Definition des Begriffs Finanzdienstleistung gelten, da zu erwarten ist, dass das klassische Angebotsspektrum einer Bank durch die sich durch neue Technologien ergebenden Diversifikationsmöglichkeiten eine Ausweitung erfahren wird.[115] Entsprechend soll im Folgenden unter einer Finanzdienstleistung eine Dienstleistung verstanden werden, die zur Befriedigung finanzwirtschaftlicher Bedürfnisse durch eine Bank erbracht und gegenüber Endkunden vermarktet wird.[116] Nach ROMETSCH kann innerhalb des Leistungsangebotes einer Bank anhand eines sinkenden Standardisierungsgrades weiter in Basisdienstleistungen, Standarddienstleistungen und Spezialdienstleistungen unterschieden werden.[117]

---

113 Häufig synonym oder bedeutungsverwandte Begriffe sind beispielsweise die Termini Bankleistung (vgl. BÜSCHGEN, H. E. (1998a), S. 307 und STRAUB, E. (1990), S. 32), Bankprodukt (vgl. KREUZER, M. (1996), S. 7), Bankgeschäft (vgl. PRIEWASSER, E. (1998), S. 346 und KERSCHER, B. A. (1998), S. 53), Bankmarktleistung (vgl. GREBE, M. (1998), S. 13), Bankdienstleistung (vgl. HEITMÜLLER, H.-M. (1991), S. 195 und WEGERT, S. (2000), S. 11) oder Finanzdienstleistung (vgl. ASCHENBACH, F. (2000), S. 7 und BITZ, M. (2000), 1ff).

114 Vgl. WAGNER, P. (1999), S. 15; PICOT, A.; NEUBURGER, R. (2000), S. 42; GREBE, M. (1998), S. 13.

115 Vgl. MEYER ZU SELHAUSEN, H. (1992), S. 864ff; KRCMAR, H. (1997), S. 89; BARTMANN, D.; WÖRNER, G. (1997), S. 222; SCHULTE, H.; DEGEL, J. (2001b), S. 28; DAUM, W.; SCHULTE, H.; DEGEL, J. (1998), S. 31; STOCKMANN, C. (1998b), S. 147ff.

116 Vgl. ähnlich ASCHENBACH, F. (2000), S. 7.

117 Vgl. ROMETSCH, S. (1996a), S. 588ff; ROMETSCH, S. (1997), S. 643ff.

2.2.2. Eigenschaften von Finanzdienstleistungen

Insbesondere aufgrund ihrer Zugehörigkeit zu der Güterkategorie Dienstleistungen[118] weisen Finanzdienstleistungen eine Reihe besonderer Merkmale auf, die sowohl ihre Produktion als auch deren Vermarktung in einem hohen Maße beeinflussen. Wesentliche konstitutive Merkmale von Finanzdienstleistungen sind:

- Ihre Immaterialität,
- die Integration externer Faktoren in den Dienstleistungserstellungsprozess,
- ihr hoher Grad an Standardisierung,
- ihre Erklärungsbedürftigkeit,
- ihre Vertrauensempfindlichkeit,
- die Abdeckung eines abgeleiteten Bedarfs,
- ihre Nichtlagerungs-, Nichtspeicherungs- und Nichttransportfähigkeit, sowie
- die Gestaltung durch Vertrag.[119]

Auf die ersten beiden der oben aufgeführten Eigenschaften, die nicht selbsterklärend sind bzw. eine besondere Bedeutung für die Themenstellung dieser Arbeit haben, soll an dieser Stelle kurz eingegangen werden:

Die Finanzdienstleistung als ein Ergebnis einer bankbetrieblichen Faktorkombination kann zwar unter Einsatz materieller Produktionsfaktoren erstellt werden (z.B. durch die Verwendung von Formularen),[120] ist aber in ihrem Endergebnis nicht materialisiert und manifestiert sich somit nicht in Form von physisch vorhandenen Substanzen oder Gütern.[121] Da die Erbringung einer Finanzdienstleistung im Wesentlichen auf der Bearbeitung, Speicherung und Übermittlung von Informationen basiert,[122] kann

---

118 Vgl. beispielsweise BOENING, D. (1993), S. 159.
119 Vgl. EBHARDT, N. (2003), S. 32f; BÜSCHGEN, H. E. (1998a), S. 310ff; GREBE, M. (1998), S. 14ff; WAGNER, P. (1999), S. 16f; LABIN, J. (2001), S. 39; MEFFERT, H.; BRUHN, M. (2003), S. 54ff; KOTLER, P.; BLIEMEL, F. (1995), S. 711ff.
120 Vgl. BÜSCHGEN, H. E. (1998a), S. 311.
121 Vgl. in Bezug auf Dienstleistungen allgemein MEFFERT, H.; BRUHN, M. (2002), S. 6; MEFFERT, H.; BRUHN, M. (2003), S. 65; HOMBURG, C.; KROHMER, H. (2003), S. 833f.
122 Vgl. SCHRÖDER, G. A. (1991), S. 367; DUHNKRACK, T. (2001a), S. 32; KRÖNUNG, H.-D. (1996), S. 49; STRAUB, E. (1990), S. 32. Sehr anschaulich erläutert DRATVA die Intensität der Informationsverarbeitung bei der Erbringung von Finanzdienstleistungen wie folgt: „So besteht beispielsweise das Führen eines Kontos oder eines Wertpapierdepots hauptsächlich aus einem Informations-Handling: es werden Informationen übermittelt, verwahrt, weitervermittelt, ausge-

der Prozess der Dienstleistungserstellung in digitaler Form ablaufen.[123] Hieraus folgt, dass die in Kapitel 2.1.2.1. beschriebenen fünf Phasen eines Transaktionsprozesses einer Finanzdienstleistung vollständig digitalisiert über das Internet ablaufen können.[124] Aus der Immaterialität der Finanzdienstleistung resultiert ferner, dass sie nahezu überall erbracht werden kann, da sie keine spezifischen Anforderungen an ihren Produktionsstandort stellt.[125]

Für den Erstellungsprozess einer Finanzdienstleistung ist darüber hinaus die Notwendigkeit der Integration externer Faktoren von Bedeutung.[126] Hierunter ist zu verstehen, dass zum Beispiel der Kunde einer Bank als Dienstleistungsabnehmer von außen Produktionsfaktoren (insbesondere Informationen über seine Person und Präferenzen) in den Erstellungsprozess der Dienstleistung einbringen muss, da die Kombination von ausschließlich bankinternen Produktionsfaktoren noch keine am Markt absetzbare Leistung zum Ergebnis hat.[127] Der Käufer einer Finanzdienstleistung tritt also nicht als Abnehmer einer gegebenen Leistung auf, sondern die Leistung wird entsprechend seiner Vorstellungen konfiguriert und erstellt.[128] Die Notwendigkeit der Kundeninteraktion bietet die Möglichkeit der Individualisierung, also die spezifische Ausrichtung der zu erstellenden Finanzdienstleistung an den Kundenbedürfnissen.[129]

---

tauscht oder neu zusammengesetzt. Der Umgang mit der Information und die Präsentation derselben bestimmt in hohem Maße die Art der Dienstleistung, auch wenn diese vom Kunden nicht in ihren einzelnen Informationsbestandteilen, sondern als Ganzes gesehen wird."; DRATVA, R. (1995), S. 27.

123 Vgl. PICOT, A.; NEUBURGER, R. (2000), S. 15.

124 Ein konkretes Beispiel für den internetbasierten Konsum einer alle fünf Transaktionsphasen umfassenden Finanzdienstleistung wäre beispielsweise die Suche, Auswahl, Beschaffung und Lektüre einer Finanzanalyse.

125 Vgl. ROEMER, M. (1998), S. 52; EILENBERGER, G.; BURR, W. (1997), S. 183; STOCKMANN, C. (1998a), S. 73.

126 Vgl. in Bezug auf Dienstleistungen allgemein MEFFERT, H.; BRUHN, M. (2003), S. 50ff; HOMBURG, C.; KROHMER, H. (2003), S. 835.

127 Vgl. EBHARDT, N. (2003), S. 36.

128 Vgl. ASCHENBACH, F. (2000), S. 106.

129 Vgl. KLEINALTENKAMP, M. (2000), S. 336ff; BODENDORF, F. (2000), S. 162; DAHLKE, B. (2001), S. 18ff.

2.2.3. Eignung von Finanzdienstleistungen für den Absatzkanal Internet

Zuvor wurde erläutert, dass die Informationsbasiertheit des Erstellungsprozesses und des Endproduktes Finanzdienstleistung vordergründig dafür spricht, dass der Absatzkanal Internet für Finanzdienstleistungen gut geeignet erscheint. Um das Potenzial dieses Absatzkanals zu erschließen, ist jedoch u.a. die Voraussetzung zu erfüllen, internetfähige Finanzprodukte und Absatzprozesse zu entwickeln.[130] Wesentliche Aspekte sind in diesem Zusammenhang die Reduktion der Erklärungsbedürftigkeit und des Beratungs- und Kommunikationsbedarfs durch Standardisierung sowie die Vermeidung von Medienbrüchen.[131]

Während die internetbasiert ablaufenden Kommunikationsprozesse weitgehend standardisiert sein müssen, kann die Konfiguration der Finanzdienstleistungen individuell an die Kundenbedürfnisse angepasst werden. Ausgehend von den bereits bekannten Profildaten des Kunden kann jeder im Internet stattfindende Kundenkontakt zur automatischen und somit kostengünstigen Datengenerierung und zur fortlaufenden Individualisierung des Leistungsangebotes genutzt werden.[132]

Neben den zahlreichen Vorteilen,[133] die sich aus der Sicht vieler Kunden durch die Nutzung des Vertriebsweges Internet bieten, müssen die Banken als Anbieter von Transaktions- und Vertriebsplattformen im Internet mit gewissen Herausforderungen umgehen: Zunächst stellt die Eigenschaft der Vertrauensempfindlichkeit von Finanzdienstleistungen die Banken vor die Aufgabe, auch im Internet und somit ohne persönlichen Kontakt, eine vertrauensvolle Geschäftsbeziehung zu ihren Kunden zu begründen.[134] Eine wesentliche Grundvoraussetzung ist hier die Gewährleistung einer

---

130 Vgl. REICHARDT, C. (2000), S. 76ff.

131 Vgl. PULM, J. (1998), S. 28ff; KREUZER, M. (1996), S. 121ff. Für eine umfassende Darstellung der Voraussetzungen für eine informationstechnische Umsetzung vgl. WEGERT, S. (2000), S. 17ff und ROEMER, M. (1998), S. 78ff.

132 Vgl. REICHARDT, C. (2000), S. 21; PILLER, F.; DEKING, I.; MEIER, R. (2001), S. 137ff; BIRKELBACH, J. (2001), S. 25ff.

133 Wesentliche, häufig genannte Vorteile aus Sicht der Kunden sind beispielsweise die zeitliche Flexibilität, die örtliche Ungebundenheit, die Anonymität, die Bearbeitungsgeschwindigkeit und die Individualisierbarkeit des Leistungsangebots; vgl. GALIC, R. (2002), S. 105ff; ÖSTERLE, H. (1999), S. 36; LABIN, J. (2001), S. 10f.

134 Vgl. BLIEMEL, F.; FASSOTT, G. (2000), S. 19ff; KRAUSE, M. (1997), S. 311; ROEMER, M. (1998), S. 53ff; WAGNER, P. (1999), S. 18ff.

sicheren Transaktionsplattform mit der Möglichkeit, rechtsverbindliche Verträge abschließen zu können.[135] Eine weitere Herausforderung ist darin zu sehen, den Kunden auch komplexe, beratungs- und ggf. verhandlungsintensive Spezialdienstleistungen über das Internet anzubieten.[136]

2.3. Das Firmenkundengeschäft der Banken im Internetzeitalter

2.3.1. Skizzierung des Marktumfeldes im Firmenkundengeschäft

Bezüglich seiner Ergebnissituation befindet sich das Firmenkundengeschäft[137] gegenwärtig für viele Institute in einer Ertragskrise:[138] Die unbefriedigende Ertragssituation liegt zum einen daran, dass aufgrund des starken Wettbewerbs um bestehende Kunden die Margen im Aktivgeschäft stark unter Druck stehen und darüber hinaus durch hohe Risikokosten aufgezehrt werden.[139] Zum anderen gilt insbesondere für den größten Finanzverbund in der Bundesrepublik Deutschland, die

---

135 Die Herausforderungen Sicherheit und rechtsverbindlicher Vertragsschluss stehen nicht im Themenfokus dieser Arbeit und werden somit nicht weiter vertieft. Für eine detaillierte Behandlung dieser Themenbereiche im Kontext von Finanzdienstleistungen vgl. beispielsweise HUNGER, P. (2000), S. 19ff; BALDI, S.; ACHLEITNER, A.-K. (1998), S. 236ff; VEIL, M. (1999), S. 156ff; HÄCKER, J. (1998), S. 51ff; o. V. (2001a), S. 9ff; KARASU, I. (2006), S. 4ff. Eine allgemeine Behandlung der Herausforderung Sicherheit auf Elektronischen Märkten findet sich bei FIEDERLING, H. (2001), LAWRENZ, O.; POSSEKEL, M.; VIDOSEVIC, M. (2001) und RÖHM, A. W. (2000).

136 Vgl. ROMETSCH, S. (1996a), S. 588ff; DUHNKRACK, T. (2001a), S. 34ff; PULM, J. (1998), S. 29f; KAPOUN, J. (2001), S. 30ff.

137 In Anlehnung an PICOT et al. soll im Rahmen dieser Arbeit ein weit gefasster definitorischer Rahmen für die Begriffe Firmenkunden und Firmenkundengeschäft gelten. Demnach sind Firmenkunden „[...] sämtliche Wirtschaftssubjekte, die auf Märkten Sach- oder Dienstleistungen für Dritte anbieten, unabhängig davon, wie groß sie sind oder welche Rechtsform sie haben."; PICOT, A.; NEUBURGER, R. (2000), S. 16. Das Firmenkundengeschäft umfasst folglich das Geschäft mit gewerblichen Kunden (Groß-, Mittel- und Kleinunternehmen), Institutionellen, der Öffentlichen Hand, Selbstständigen und Sonstigen (z.B. Stiftungen, Vereinen, u.a.) - unabhängig von der jeweiligen Größe; vgl. hierzu GREBE, M. (1998), S. 18. Im Gegensatz zu dieser weit gefassten Definition bezeichnen zahlreiche Kreditinstitute ihr Geschäft mit großen gewerblichen Kunden als Firmenkundengeschäft, während beispielsweise das Geschäft mit kleineren gewerblichen Kunden Geschäftskundengeschäft bzw. Gewerbekundengeschäft genannt wird; vgl. hierzu FREIBERGER, T. (2006), S. 24ff; SCHIERENBECK, H. (2000), S. 5f.

138 Vgl. DREYER, K.-J. (2001), S. 44f; SIEDENBIEDEL, C. (2005), S. 47; DAMS, J. (2005), S. 13; o. V. (2006b), S. 17; o. V. (2004b), S. 22; FREIBERGER, T. (2006), S. 24; PRIEWASSER, E.; FUHRMEISTER, U.-T. (2005), S. 1.

139 HOFFMANN, C. (2005), S. 23; ROLFES, B. (2002), S. 141f; DUHNKRACK, T. (2002), S. 154ff; MATTERN, F.; ORLOPP, B. (2002), S. 54; ORTSEIFEN, S. (2006), S. 20. BLESSING bringt das Problem wie folgt auf den Punkt: „Das Hauptproblem ist, dass der Hauptumsatzbringer – der Kredit – kein Geld verdient."; vgl. BLESSING, M. (2005), S. 17.

Sparkassen-Finanzgruppe, dass das Passiv- und Provisionsgeschäft wegen des hohen Wettbewerbs und geringer Cross-Selling-Quoten unter hohem Druck steht.[140] Weiterhin wirkt sich negativ auf die Ertragsseite des Firmenkundengeschäftes aus, dass die Wettbewerbsintensität bereits hoch ist und insbesondere durch den Eintritt neuer Wettbewerber stetig zunimmt.[141]

Den genannten negativen Einflussfaktoren auf der Ertragsseite stehen auf der Kostenseite regulatorische und technologische Rahmenbedingungen gegenüber, die sich ebenfalls negativ auf die Ergebnissituation auswirken.[142] So hat die Umsetzung der Baseler Eigenkapitalvorschriften, denen zufolge eine ratingbasierte Eigenmittelhinterlegung von Firmenkundenengagements (Krediten) gefordert wird,[143] zu umfassenden ablauf- und aufbauorganisatorischen Veränderungen und entsprechend hohen Kosten geführt.[144] Schließlich führen auch die zunehmenden Anforderungen an die Infrastruktur und die IT-Systeme zu steigenden Kosten, die häufig nicht durch entsprechende Kostenreduktionen kompensiert werden können.[145]

Zur Verbesserung der Ergebnissituation und zur Optimierung des Geschäftssystems wird sowohl an der Ertragssteigerung als auch an der Kostensenkung gearbeitet. Auf der Kostenseite gilt dabei die Optimierung der IT-Landschaft im Allgemeinen und dem Outsourcing der IT bzw. von Dienstleistungen im Speziellen als ein zentraler Ansatzpunkt.[146] Dass auf diesem Gebiet bereits umfassende Fortschritte erreicht wurden, ist zum Beispiel daran abzulesen, dass mittlerweile drei deutsche Großban-

---

140 HOFFMANN, C. (2005), S. 23; SCHMID, F.; CLAUSEN, S.; KLUSMANN, S. (2005), S. 23; RADYNSKI, F. (2005), S. 18; SCHREIBER, M. (2006b), S. 21; KRABICHLER, T. (2005), S. 38.

141 Vgl. ROLFES, B. (2002), S. 141; GROß, T.; MICHAELIS, H. (2002), S. 165; SCHMOLL, A. (2002), S. 319; HECKL, D.; MOORMANN, J. (2005), S. 9.

142 Vgl. JUNCKER, K.; LIPPMANN, I. (2002), S. 178.

143 Vgl. DUHNKRACK, T. (2001b), S. 86. Für eine umfassende Darstellung der sich aus „Basel II" ergebenden Anforderungen an die Kreditvergabe vgl. KIRCHHOF, F.-E. (2002), S. 8ff.

144 Vgl. MEISTER, E.; HOHL, S. (2002), S. 4ff; BÜRKI, K. (2000), S. 82.

145 Vgl. BARTMANN, D. (2005), S. 26; GROß, T.; MICHAELIS, H. (2002), S. 165; PRIEWASSER, E. (2002), S. 31; LAMBERT, H.-J. (2006), S. 22; LEUKERT, P.; MATTERN, F.; VOß, U. (2001), S. 498. Mit Bezug auf die IT-Kosten detaillieren LIPPERT et al., dass die IT-Stückkosten aufgrund der Volumensausweitung der Transaktionen in der Vergangenheit gefallen sind, während die absoluten Kosten angestiegen sind; vgl. LIPPERT, M.; BASTIAN, F. (2006), S. 70.

146 Vgl. SCHUBERT, N. (2005), S. 630; MAHLER, A.; WILD, C. (2002), S. 539; DEWAL, S.; JUNG, H.; LEHMANN, K. (2002), S. 534.

ken ihren Zahlungsverkehr auf die Postbank als externen Träger ausgelagert haben[147] und die Kreditsachbearbeitung in der Sparkassen-Finanzgruppe zentralisiert wird.[148]

Das heutige dynamische Wettbewerbsumfeld ist durch drei dominante Entwicklungen des Strukturwandels - Globalisierung, Spezialisierung und Technologisierung - gekennzeichnet.[149] Genau wie die Banken selbst, befinden sich auch die Firmenkunden in einem sich dynamisch verändernden Umfeld, welches seinerseits dazu führt, dass sich die Anforderungen der Kunden an die Betreuung durch die Kreditinstitute verändern.[150] So hatte beispielsweise die Umsetzung der Europäischen Wirtschafts- und Währungsunion eine verstärkte europäische Geschäftsausrichtung der Firmenkunden zur Folge.[151] Die sich verändernden Anforderungen der Firmenkunden an die Betreuung durch die Kreditinstitute haben ihrerseits wiederum zur Folge, dass eine fortlaufende Überprüfung der im Firmenkundengeschäft verfolgten Strategie notwendig wird.[152] Im Ergebnis führen die skizzierten Entwicklungen auch dazu, dass sich das Anforderungsprofil und das Berufsbild der Firmenkundenbetreuer verändert.[153] Diese müssen noch immer das Standard-Leistungsangebot für Firmenkunden beherrschen, wenngleich für die wenig komplexen Produkte der direkte Dialog zwischen dem Kunden und qualifizierten Sachbearbeitern an Bedeutung gewinnt. Schwerpunkt der Tätigkeit der Firmenkundenbetreuer wird jedoch zunehmend die Beratung bei komplexen Bankdienstleistungen wie dem Auslandsgeschäft, der Zins-

---

147 Im November 2006 hat die HypoVereinsbank als dritte deutsche Großbank die Auslagerung des Zahlungsverkehrs auf die Postbank vertraglich vereinbart. Zuvor hatten bereits die Deutsche Bank und die Dresdner Bank die Abwicklung ihres Zahlungsverkehrs auf die Postbank übertragen; vgl. o. V. (2006d), S. 30. Zur Tendenz des IT-Outsourcings von Banken vgl. EINECKE, H. (2005), S. 27.

148 Vgl. SCHREIBER, M. (2006a), S. 23; GNEUSS, M. (2005), S. 43.

149 Vgl. ROLFES, B. (2001), S. 2 und ähnlich für das Firmenkundengeschäft auch ROMETSCH, S. (1997), S. 641f.

150 Vgl. GLOYSTEIN, P. (2001), S. 106.

151 Vgl. JUNCKER, K.; LIPPMANN, I. (2002), S. 178.

152 Vgl. ROMETSCH, S. (1996a), S. 586; WILD, O. (2000a), S. 7; WILD, O. (2000b), S. 17; SCHMOLL, A. (2006), S. 36.

153 Vgl. ROMETSCH, S. (1996a), S. 586; SCHMOLL, A. (1996), S. 63ff; SCHMOLL, A. (2004), S. 40; SCHIERENBECK, H. (2001), S. 201ff.

und Wertpapierberatung sowie der Währungsabsicherung, des Zinsmanagements und der gesamten Produktpalette des Corporate Finance.[154]

Zusammenfassend stellt die Ertrags-, Risiko- und Ergebnissituation die Verantwortlichen in den Instituten vor die Herausforderung, das Firmenkundengeschäft an die veränderten Rahmenbedingungen anzupassen. Dabei gibt es weder Königswege noch Patentrezepte: Vielmehr wird es darauf ankommen, ein Bündel von Lösungsansätzen zu entwickeln, das für die individuelle Geschäftspolitik des Kreditinstituts und dessen betreuten Kundenstamm in sich stimmig und Erfolg versprechend ist.[155] Eine wesentliche Bedeutung in der Konzeption des passenden Geschäftssystems für das Firmenkundengeschäft kommt dabei der erfolgreichen Integration der Internet-Technologie zu.[156]

2.3.2. Firmenkundenportale als spezifisches Internetangebot für Firmenkunden

2.3.2.1. Begriff und Entwicklung der Firmenkundenportale

Im Rahmen dieser Arbeit steht das so genannte Firmenkundenportal[157] im Zentrum des Interesses. Den obigen Ausführungen über Elektronische Marktplätze und Portale entsprechend, handelt es sich hierbei um ein vertikales Business-to-Business-Portal, das von einer Bank, Sparkasse oder einem sonstigen Kreditinstitut absatzseitig eingesetzt wird und dessen Angebotsspektrum sich an den Bedürfnissen der Firmenkunden orientiert.[158] Der Kundenstatus des Nutzers gilt für die Nutzung verschiedener Leistungsangebote als Voraussetzung, wobei die Hebel für die angestrebte Wertschöpfung auf der Information, Transaktion und Collaboration liegen. Die

---

154 Vgl. ROMETSCH, S. (1996b), S. 659; ORTSEIFEN, S. (2006), S. 21.
155 Vgl. SCHMOLL, A. (2006), S. 36.
156 Vgl. SCHIERENBECK, H. (2001), S. 208; KRABICHLER, T. (2005), S. 39.
157 Ein weiteres Synonym für den Begriff Firmenkundenportal ist zum Beispiel der Terminus Firmenfinanzportal; vgl. hierzu VON HARBOU, J. (2001), S. 127; o. V. (2001b), S. 3 und DAMBMANN, W. (2001), S. 200.
158 Als Firmenkundenportal im Sinne dieser Arbeit sind dabei auch explizit für Firmenkunden konzipierte und von einer Sparkasse oder Bank betriebene Internetseiten bzw. ein explizit für die gewerblichen Kunden vorgesehener (Teil-)Bereich einer Internetseite zu verstehen (z.B. der Bereich „Firmenkunden" auf der Internetseite einer Bank, Sparkasse oder eines sonstigen Kreditinstituts).

nachfolgende Übersicht fasst die wesentlichen Kriterien zusammen und ordnet das im Rahmen dieser Arbeit untersuchte Phänomen Firmenkundenportal in die Typologie ein:

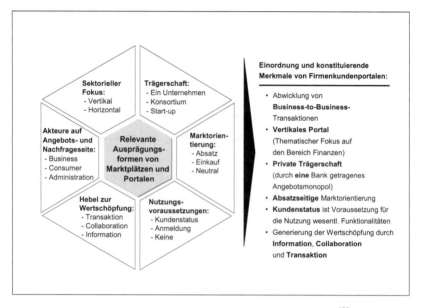

Abbildung 4: Konstituierende Merkmale von Firmenkundenportalen[159]

Adressaten der Portale sind insbesondere Unternehmen jeglicher Größenordnung, deren differenzierter Bedarf durch ein individualisierbares Leistungsangebot angesprochen wird.[160] Diesbezüglich weisen die Portale ein besonders hohes Potenzial für mittelständische Unternehmungen auf, da in diesen die Entscheidungen über die Finanzprodukte häufig von nur einer Person getroffen werden.[161]

---

159 Eigene Darstellung; inhaltlich angelehnt an HERMANNS, A.; SAUTER, M. (1999), S. 23; HOFFMAN, W.; KEEDY, J.; ROBERTS, K. (2002), S. 99; IKSAL, C.; GASSNER, M. (2001), S. 53ff; FOX, P. (2001), S. 24; YOUNG, E. (2002), S. 78ff; LAWRENZ, O.; NENNINGER, M. (2001), S. 22; SCHNEIDER, D.; SCHNETKAMP, G. (2001), S. 102ff; LABIN, J. (2001), S. 12f. Erstveröffentlicht in SCHWENCKE, M.; GARCZORZ, I. (2004), S. 41 und GARCZORZ, I.; SCHWENCKE, M. (2005), S. 711.

160 o. V. (2001b), S. 3f.

161 Vgl. KRABICHLER, T. (2005), S. 41. Auch aus Sicht der Anbieter von Firmenkundenportalen ist ein Fokus auf kleinere und mittlere Firmenkunden sinnvoll, da diese Kunden häufig aufgrund der größenunabhängigen Prozesskosten, zum Beispiel in der Kreditsachbearbeitung, nur durch die internetbasierte (Teil-)Abwicklung von Prozessen profitabel betreut werden können; vgl. hierzu SCHWENCKE, M.; GARCZORZ, I. (2004), S. 42.

Erste Firmenkundenportale sind in der Bundesrepublik Deutschland im Jahr 2000 in Form der Angebote der Deutschen Bank und der Dresdner Bank entstanden.[162] Diese ersten Portale gingen in Bezug auf die abgedeckten Funktionalitäten schon über die ersten Internetpräsenzen von Finanzdienstleistern hinaus, bei denen zunächst noch die Information der Kunden - zum Beispiel über den Standort der nächsten Filiale - im Vordergrund stand.[163] Ein sich daraufhin anschließender Evolutionsschritt legte den Schwerpunkt für die Weiterentwicklung auf die Unterstützung einfacher, nicht beratungsintensiver Transaktionen wie zum Beispiel den Zahlungsverkehr.[164] Die Fokussierung auf die Unterstützung von ausgewählten Online-Transaktionen war dabei in einem bedeutenden Ausmaß der Not geschuldet, dass zahlreiche Prozesse zunächst durchgängig onlinefähig gestaltet und implementiert werden mussten.[165] Die Entwicklung von internetfähigen, standardisierten Finanzprodukten, deren Transaktionsphasen ohne Medienbrüche vollständig internetbasiert abgewickelt werden können, ist seitdem einen bedeutsamen Schritt vorangekommen:[166] So vermeldet beispielsweise die Commerzbank im Jahr 2004, dass das dokumentäre Auslandsgeschäft durch die Erstellung und Verwaltung von Inkassi und Akkreditiven über alle Prozessphasen vollständig Online abgewickelt werden kann.[167] Und auch das ibi Website Rating kommt im Jahr 2005 zu dem Ergebnis, dass „[...] viele Banken mittlerweile über das Internet einen vollwertigen Ersatz der klassischen Filiale anbieten."[168]

---

162 Vgl. DUHNKRACK, T. (2001a), S. 34; KRABICHLER, T. (2003), S. 7; VON HARBOU, J. (2001), S. 134; OBERHOFF, M. (2001), S. 203ff.

163 Vgl. DAUM, W.; SCHULTE, H.; DEGEL, J. (1998), S. 32; PULM, J. (1998), S. 27; ROHDE, M.; GEIßLER, J. (2005), S. 604f; VON HARBOU, J. (2001), S. 135.

164 Vgl. NIEMEYER, V.; RILL, M. (2006), S. 72; GEORGI, F.; MANG, F.; PINKL, J. (2006), S. 26; HÖPER, J. (2001), S. 163.

165 Vgl. SCHÄFER, M. A. E.; KLENK, P.; GÖDECKE, J. (2004), S. 67; JOHANNSEN, C.; DEIBERT, T. (2001), S. 670; SCHÜRING, R. (1998), S. 22. In 2001 stellt DUHNKRACK den Entwicklungsstand zur Erstellung internetfähiger Produkte wie folgt dar: „Im Firmenkundengeschäft werden derzeit hohe Investitionen getätigt. Bereits heute ist erkennbar, dass der Großteil der Bankprodukte webfähig gemacht werden kann. Nicht beratungsintensive Produkte wie Zahlungsverkehr und Brokerage sind bereits seit vielen Jahren elektronisch für jeden verfügbar."; DUHNKRACK, T. (2001a), S. 34.

166 Vgl. LAMBERTI, H.-J. (2001), S. 543; WINGS, H.; DIEBOLD, D. (2005), S. 516.

167 Vgl. o. V. (2004a), S. 36.

168 RILL, M. (2005), S. 32.

Die nun anstehende Entwicklungsstufe von Firmenkundenportalen betrifft die konsequente Weiterentwicklung zu einem vollwertigen Beratungs- und Vertriebskanal.[169] Diesbezüglich wird es zukünftig u.a. darauf ankommen, dem Kunden durch interaktive Beratungsfunktionalitäten einen klaren Mehrwert zu bieten, da durch den Einsatz innovativer Beratungsanwendungen das reale Beratungsgespräch abgebildet und der Vertrieb von komplexen und erklärungsbedürftigen Finanzprodukten gefördert werden kann.[170]

2.3.2.2. Zielsetzungen der Firmenkundenportale aus Anbietersicht

Die zunehmende Bedeutung des Internets als Informations-, Abwicklungs- und Vertriebskanal kann den betreffenden Instituten, die das Medium erfolgreich einzusetzen wissen, bedeutende Potenziale für eine Verbesserung ihrer Ergebnissituation und den Ausbau ihrer Wettbewerbsposition erschließen.[171] Insgesamt lassen sich die von den Banken angestrebten Effekte in solche mit direkter bzw. indirekter Einwirkung auf das Ergebnis unterscheiden.

Eine direkte, positive Wirkung auf das Ergebnis versprechen beispielsweise ein automatisierter, auf Algorithmen basierender Cross-Selling-Ansatz sowie die Integration neuer, nicht dem typischen Angebotsportfolio einer Bank zugehörigen Dienstleistungen.[172] Wichtig ist diesbezüglich jedoch, dass es sich um Produkte und Dienstleistungen handelt, die als komplementär zu den klassischen Bankprodukten einzustufen sind (z.B. Versicherungen).[173] Auf der Kostenseite wirkt sich insbesondere die Reduktion der Transaktionskosten positiv aus.[174] Hier ist davon auszugehen, dass durch die Verlagerung von Transaktionen aus der Filiale oder dem Beratungscenter

---

169 Vgl. GEORGI, F.; MANG, F.; PINKL, J. (2006), S. 28; NIEMEYER, V.; RILL, M. (2006), S. 72.

170 Vgl. ECKERT-NIEMEYER, V. (2000), S. 23ff; RILL, M. (2005), S. 32; BELLA-ADA, J.; LANDVOGT, J. (2005), S. 640ff.

171 Vgl. KRABICHLER, T. (2005), S. 38ff; DAMBMANN, W. (2001), S. 200ff.

172 Vgl. BARTMANN, D.; WÖRNER, G. (1997), S. 222; HEINTZELER, F. (2001), S. 246; SCHWENCKE, M.; GARCZORZ, I. (2004), S. 43.

173 Vgl. PULM, J. (1998), S. 28; DUHNKRACK, T. (2001a), S. 35; WIMMER, A. (2000), S. 19.

174 Vgl. SIEKMANN, M.; SOLF, M. (2001), S. 135ff.

in das Internet die Kosten pro Transaktion um 75 bis 99 Prozent reduziert werden können.[175]

Indirekt auf die Ergebnissituation wirkt sich eine erhöhte Kundenbindung aus, die sich aus Sicht des Kunden als Wechselbarriere darstellt und sich u.a. durch die Zeitinvestition für das Erlernen der Handhabung des Portals ergibt.[176] Als weitere Effekte sind die Differenzierung vom Wettbewerb, die Verbesserung der Abwicklungsqualität sowie die Gewinnung von zusätzlichen, für den Absatz von Finanzprodukten relevanten, Kundeninformationen anzusehen.[177] Diese Kundeninformationen können entweder aktiv vom Kunden eingegeben oder anhand der Nutzung des Browsers automatisch generiert und zur weiteren qualitativen Verbesserung der Cross-Selling-Anlässe genutzt werden.[178]

Die folgende Abbildung fasst die wesentlichen Zielsetzungen und Potenziale von Firmenkundenportalen aus Sicht der Banken und Sparkassen zusammen:

---

175 Vgl. PICOT, A.; BÖHME, M. (1996), S. 335; ÖSTERLE, H. (1999), S. 33.
176 Vgl. ähnlich HECK, K. (2000), S. 143.
177 Zur Gewinnung von Kundeninformationen vgl. HAGEL, J.; RAYPORT, J. F. (1997), S. 53ff und BIRKELBACH, J. (2001), S. 25.
178 Vgl. VON HARBOU, J. (2001), S. 149; SCHWENCKE, M.; GARCZORZ, I. (2004), S. 43 und für das Privatkundengeschäft REICHARDT, C. (2000), S. 21.

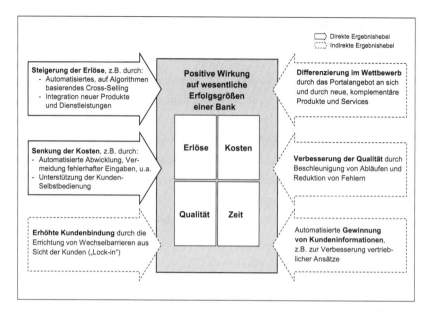

Abbildung 5: Potenziale von Firmenkundenportalen aus Sicht der Banken[179]

2.3.2.3. Anforderungen an Firmenkundenportale aus Kundensicht

Ein wesentlicher Faktor, der die noch sehr junge Entwicklung von Firmenkundenportalen maßgeblich gefördert hat, ist die Erkenntnis seitens der Banken, dass dieser Zielgruppe aufgrund ihrer spezifischen Nachfragesituation ein differenziertes E-Business-Angebot unterbreitet werden muss. Die aus dieser Einsicht gezogene Konsequenz hatte die Trennung von Privat- und Firmenkundenportalen zur Folge, die ab 2000 durch die Etablierung erster Firmenkundenportale vollzogen wurde.[180] Da auch innerhalb des Segments der Firmenkunden von einzelfallspezifischen, in einem starken Ausmaß von der jeweiligen Firmengröße abhängigen Anforderungen an die Portale auszugehen ist, haben einige Banken auch innerhalb dieser Zielgruppe eine

---

[179] Eigene Darstellung; erstveröffentlicht in SCHWENCKE, M.; GARCZORZ, I. (2004), S. 42 und GARCZORZ, I.; SCHWENCKE, M. (2005), S. 713.

[180] Vgl. DUHNKRACK, T. (2001a), S. 34; VON HARBOU, J. (2001), S. 134; OBERHOFF, M. (2001), S. 203ff.

Trennung vollzogen und spezifische Portalangebote für kleinere Gewerbe- und größere Firmenkunden entwickelt.[181]

Bei der Nutzung von Portalen sind Firmenkunden in erster Linie an Zeitersparnis, qualitativ hochwertiger Information, Flexibilität in Bezug auf die zeitliche Nutzung und Reduktion der internen Abwicklungs- sowie Produktkosten interessiert.[182] Auch wenn sich die Bedürfnisse dieser heterogenen Zielgruppe kaum in aggregierter Form zusammenfassen lassen, können dennoch einige allgemeingültige und typische Anforderungen der Firmenkunden an diese Portale herausgearbeitet werden. Diese sind unter anderem:

- Die Einbettung des Firmenkundenportals in das Multikanal-Angebot der Bank, das dem Kunden in Abhängigkeit seiner spezifischen Zielsetzung die Auswahl des adäquaten Kanals ermöglicht.[183]
- Das Vorhalten umfassender Informations- und Collaborationsangebote sowie die Bereitstellung des bankbetrieblichen Leistungsspektrums in Form von Online abschlussfähigen Produkten durch Digitalisierung der Transaktionsprozesse für Basis-, Standard- und Spezialdienstleistungen.[184]
- Das Angebot der Option, kundenindividuelle Finanzdienstleistungen im Absatzprozess zu konfigurieren, die entsprechend der durch den Firmenkunden ausgewählten Produkt-Parameter gebündelt und erstellt werden.[185]

---

[181] Zum Beispiel bietet die Postbank auf ihrer Internetseite separate Bereiche für Firmenkunden und Geschäftskunden an (Stand: 05. Dezember 2006). Die Kreissparkasse Köln bietet separate Unterbereiche für Firmenkunden und Kommunen an (Stand: 05. Dezember 2006). Einen anderen Weg geht die Commerzbank, die ihr Firmenkundenportal www.companyworld.de modular entwickelt hat, so dass sich die Kunden die jeweils für sie passenden Module auswählen können. Zukünftig wird laut Einschätzung des Verfassers eine weitere Differenzierung in Form von statischen Angeboten aber deutlich an Bedeutung verlieren, da bei konsequenter Umsetzung der technischen Möglichkeiten zur Personalisierung und Individualisierung sowieso jedes Unternehmen ein individuelles, für die spezifischen Bedürfnisse adaptiertes, Firmenkundenportal nutzen wird.

[182] Vgl. HEYDEMANN, N.; SEIDEL, G. (2001), S. 694. GROTE detailliert die Anforderungen wie folgt: „Standardvorgänge müssen einfach, schnell und kostengünstig abgewickelt werden. Kunden erwarten außerdem schnelle und bequeme Informationsbeschaffung und Beratung."; GROTE, A. (2005), S. 16.

[183] Vgl. BARTMANN, D. (2005), S. 29; GROTE, A. (2005), S. 16; KLEIN, W. (2005), S. 37.

[184] Vgl. ähnlich DUHNKRACK, T. (2001a), S. 34 und SCHULTE, H.; DEGEL, J. (2001a), S. 28ff.

[185] Vgl. allgemein für Finanzdienstleistungen ROEMER, M. (1998), S. 80f und ASCHENBACH, F. (2000), S. 106ff.

- Eine zumindest partielle Weitergabe der aufgrund der Internetabwicklung realisierten Kostenvorteile an die Kunden.[186]
- Die Bereitstellung marketingseitiger und technologischer Migrationshilfen, die den organisatorischen Wandel im Hause des Firmenkunden unterstützen.[187]

Die eindeutige Bestimmung der Erwartungen der Firmenkunden wird dadurch erschwert, dass innerhalb der Firmenkundenlandschaft eine dynamische Entwicklung hin zu einer verstärkten Polarisierung festzustellen ist: „Einerseits entstehen immer größere Unternehmen; andererseits immer kleinere, spezialisierte Dienstleister. Klassische Abgrenzungskriterien wie Umsatz und Rechtsformen werden diesen Entwicklungen immer weniger gerecht."[188] Zum einen wird es gerade aufgrund der zunehmenden Ausdifferenzierung zukünftig entscheidend sein, dass sich die Banken bei der Konzeption der Portalangebote verstärkt mit der Kundenzufriedenheit und den Einflussfaktoren der Portalnutzung auseinander setzen. Zum anderen dürften die Firmenkunden zukünftig verstärkt erwarten, die Portalangebote und die angebotenen Finanzdienstleistungen entsprechend ihrer individuellen Präferenzen personalisieren bzw. individualisieren zu können.[189]

Zusammenfassend lässt sich über die Anforderungen an die Firmenkundenportale aus Nutzersicht festhalten, dass diese zum aktuellen Zeitpunkt häufig nicht erfüllt werden. Nur so ist zu erklären, dass drei Viertel der Firmenkunden bereit wären, die Geschäftsbeziehung zu ihrer Bank auszuweiten, wenn diese ein besseres Internetangebot bereitstellen würde.[190] Wesentliche Ursachen dieser Unzufriedenheit sind eine mangelnde Flexibilität, ein unzureichender Service sowie eine insgesamt unbefriedigende Konditionenpolitik der Produkte.[191]

---

186 Vgl. LAMBERTI, H.; VOLLAND, C. (2000), S. 444; OBERHOFF, M. (2001), S. 204; DAMBMANN, W. (2001), S. 202.

187 Vgl. HEYDEMANN, N.; SEIDEL, G. (2001), S. 694; POLYSIUS, K. U. (2002), S. 505.

188 PICOT, A.; NEUBURGER, R. (2000), S. 11.

189 Vgl. o. V. (1999), S. 46; FAHRHOLZ, B. (2001), S. 235; DAMBMANN, W. (2001), S. 202; MERRICK-BAKKEN, P. (2005), S. 38; PENZEL, H. (2001), S. 28.

190 Vgl. WERNER, J. (2002), S. 511.

191 Vgl. JOHANNSEN, C.; DEIBERT, T. (2001), S. 671.

2.3.3. Firmenkundenportale im Multikanal-System

Eine wesentliche Zielsetzung von Firmenkundenportalen ist es, durch die verstärkte elektronische Abwicklung von standardisierten Bankgeschäften die Kosten für diese Transaktionen zu senken und gleichzeitig die Firmenkundenbetreuer von der operativen Ebene zu entlasten, damit sich diese verstärkt mit dem Vertrieb von beratungsintensiveren Produkten befassen können.[192] Bezüglich dieser Unterstützungsfunktion der Internetangebote detailliert KLEIN für die Postbank wie folgt: „Durch seine enorme Reichweite hat die Website eine Leuchtturmfunktion eingenommen und dient allen Vertriebskanälen als substanzielle Unterstützung. In einer Multikanalbank übernimmt das Internet vielfältige Funktionen."[193]

Folglich handelt es sich bei Firmenkundenportalen um keinen isoliert zu betrachtenden Informations-, Beratungs- und Vertriebskanal, sondern um einen in das spezifische Multikanal-System eingebetteten Distributionsweg, welchen der Kunde je nach individueller Situation und Zielsetzung frei wählen kann.[194] Beispielsweise zeigt eine Befragung von Kunden, dass 60 Prozent von ihnen einen Multikanal-Zugang wünschen und lediglich 20 Prozent reine Online-Angebote vorziehen.[195]
Der Multikanal-Ansatz bedeutet also das Angebot von Finanzdienstleistungen über einen kombinierten Mix an Vertriebswegen, von welchen den Geschäftsstellen, dem Außendienst bzw. den Firmenkundenbetreuern und dem Internet als Direktbankkanal die größte Bedeutung zukommt.[196] In Abhängigkeit des jeweiligen Informations- oder Produktbedarfs des Kunden können für die Transaktion eines Produktes in den verschiedenen Transaktionsphasen unterschiedliche Kanäle zum Einsatz kommen: zum Beispiel die Vorbereitung und Information im Internet, die Anbahnung über einen Call-Center und der Abschluss in einer Filiale.[197]
Eine wesentliche Herausforderung besteht dabei in der Koordination und Integration der stationären und medialen Vertriebswege, damit alle relevanten Kunden- und

---

192 Vgl. DAMBMANN, W. (2001), S. 200; VON HARBOU, J. (2001), S. 135.
193 KLEIN, W. (2005), S. 37.
194 Vgl. GROTE, A. (2005), S. 16; HEINEN, M. (2005), S. 223; WALTER, G. (2000), S. 11.
195 Vgl. PATOK, R. (2005), S. 533f; KLEIN, W. (2000), S. 443.
196 Vgl. SCHIERENBECK, H. (2001), S. 212; ARN, S.; CROWDEN, C. (2005), S. 478.
197 Vgl. GRIMM, S.; VOLK, L. (2005), S. 379; SCHWANITZ, J. (2001), S. 590; SCHWANITZ, J. (2005), S. 582ff.

Produktdaten an allen Zugangsorten zeitnah und fallspezifisch auch für den Kunden zugänglich sind.[198] Der Kunde soll beispielsweise über die bereitstehenden Kanäle auf seine Konten zugreifen und jederzeit Informationen zum aktuellen Kontostatus abrufen können.[199] Um die Gefahr zu vermeiden, dass die bereitstehenden Kanäle in unerwünschte Konkurrenz zueinander treten, ist es darüber hinaus notwendig, ein klares Aufgaben- und Leistungsspektrum für die verschiedenen Schnittstellen zum Kunden festzulegen.[200]

In diesem Zusammenhang muss also für ein Firmenkundenportal im Rahmen der Multikanal-Strategie und des Multikanal-Managements beantwortet und festgelegt werden, welche Aufgabe es innerhalb des Kanalsystems eines Anbieters wahrnehmen soll und in welcher Form das Leistungsangebot in Bezug auf den Marketing-Mix (insbesondere Produkte und Preise) auszugestalten ist.

---

198 Vgl. OEHLER, A. (2005), S. 181.

199 Vgl. PATOK, R. (2005), S. 532.

200 Vgl. MÜHLPOINTNER, H.; WELSCH, A. (2005), S. 553; GEORGI, F.; MANG, F.; PINKL, J. (2006), S. 29.

3. Theoretische und empirische Grundlagen

3.1. Akzeptanztheorie als theoretischer Bezugsrahmen

Ziel dieses Abschnitts ist die Darstellung wesentlicher empirischer und theoretischer Grundlagen, mit deren Hilfe die im Abschnitt 1.2.1. formulierten Forschungsziele der Arbeit verfolgt und erreicht werden können. Hierfür bedarf es zunächst einer Würdigung und Einordnung verschiedener Theorien, theoretischer Ansätze und Forschungsbereiche, welche sich mit der Erklärung konsumentenseitiger Akzeptanz von Informationstechnologie befassen. Fragestellungen zur konsumentenseitigen Nutzung von technologischen Innovationen[201] werden typischerweise im Kontext der Adoptions- und Akzeptanztheorie untersucht.[202] Die entsprechenden begrifflichen und theoretischen Grundlagen sollen nachfolgend behandelt werden.

3.1.1. Abgrenzung zentraler Begriffe der Akzeptanzforschung

Bei der Darstellung der Forschungsfrage ist deutlich geworden, dass der Schwerpunkt dieser Arbeit auf der fortlaufenden Nutzung von Firmenkundenportalen durch Firmenkunden liegt. Im Sinne konsumenten- und akzeptanzorientierter Forschungsrichtungen können die für diese Untersuchung relevanten Nutzer sowohl individuelle Wirtschaftssubjekte innerhalb einer Organisation als auch Gruppen von Individuen als Mitarbeiter eines Unternehmens sein.[203]

Die Entscheidung eines Individuums und der entsprechende Vorgang, eine Innovation zum ersten Mal zu nutzen, wird in der Innovationsforschung als Adoption be-

---

[201] Eine Innovation ist als Einführung eines neuen Produktes am Markt zu verstehen. Im zeitlichen Ablauf folgen auf eine Erfindung (Invention) zunächst die betriebliche Investition, Fertigung und das Marketing, bis ein Produkt infolge einer erfolgreichen Markteinführung als Innovation bezeichnet wird; vgl. BROCKHOFF, K. (1999), S. 35f.

[202] Vgl. ROGERS, E. M. (1976), S. 290; DAVIS, F. D. (1989), S. 319. Im Hinblick auf das Forschungsfeld ordnet ROGERS die produktübergreifende Forschung zur Verbreitung (Diffusion) von Innovationen als Forschung zum Konsumentenverhalten ein (consumer research), während DAVIS einen auf die Nutzung von technologischen Produkten und Innovationen ausgerichteten Forschungsansatz als Forschung über Informationstechnologie positioniert (MIS (Management Information Systems) Research).

[203] Vgl. ROGERS, E. M.; ALLBRITTON, M. M. (1995), S. 185f.

zeichnet.[204] Die sich aus der Summe der individuellen Adoptionsentscheidungen im Zeitverlauf ergebende zunehmende Marktdurchdringung einer Innovation kennzeichnet den Begriff Diffusion.[205] Die Adoptionsforschung untersucht dabei den auf das einzelne Individuum bezogenen Verlauf einer Innovationsübernahme, welcher in Form eines idealtypischen Prozesses in fünf Phasen dargestellt werden kann:[206]

1. **Bewusstseins- und Kenntnisphase:** Ein potenzieller Nutzer erlangt Kenntnis über die Innovation und sammelt Wissen darüber, wie diese genutzt werden kann.
2. **Meinungsbildungsphase:** Ein potenzieller Nutzer formt eine positive oder ablehnende Haltung gegenüber der Innovation.[207]
3. **Entscheidungsphase:** Das Individuum trifft auf Basis seiner Meinungsbildung eine Entscheidung über die Annahme bzw. Ablehnung der Innovation.
4. **Umsetzungsphase:** Der Adoptionsprozess verlässt nun die ausschließlich mentale Ebene, indem durch die Nutzung der Innovation zum ersten Mal das Verhalten des Individuums geprägt bzw. verändert wird.
5. **Bestätigungsphase:** In dieser Phase sucht das Individuum bzw. die Gruppe nach Bestätigung der bereits durchgeführten Nutzung der Innovation. Im Falle von neuen Informationen, die gegen eine fortlaufende Nutzung der Innovation sprechen, kann die getroffene Entscheidung zur Nutzung der Innovation revidiert werden.

Der dargestellte Prozess ist in hohem Maße von der Informationssuche und Informationsverarbeitung des Individuums geprägt und durch verschiedene externe Faktoren

---

204 Vgl. JOCHIMS, M. (2000), S. 26. Bei anderen Autoren wird bei der Definition der Adoption der Umstand der erstmaligen Nutzung nicht in dieser Deutlichkeit unterstrichen, so dass die Grenze zur Akzeptanz als fortlaufenden Nutzung nicht mehr gegeben ist: „Die Entscheidung eines einzelnen Nachfragers zur Übernahme einer Neuerung wird hiermit als Adoption bezeichnet."; CLEMENT, M.; LITFIN, T. (1998), S. 97. Auch in der englischsprachigen Literatur wird unter dem Begriff Adoption häufig eine fortlaufende Nutzung verstanden; vgl. hierzu beispielsweise PLOUFFE, C. R.; HULLAND, J. S.; VANDENBOSCH, M. (2001), S. 208; WARKENTIN, M.; GEFEN, D.; PAVLOU, P. A. et al. (2002), S. 158; MARTIN, L. (2005), S. 190.

205 Vgl. JOCHIMS, M. (2000), S. 26 sowie die dort angegebene Literatur und ALBERS, S.; PETERS, K. (1998), S. 112.

206 Vgl. ROGERS, E. M. (1983), S. 165ff; CLEMENT, M.; LITFIN, T. (1998), S. 97; JOCHIMS, M. (2000), S. 27f; LITFIN, T. (1999), S. 23ff.

207 Im Englischen wird diese Phase als Persuasion bezeichnet, die wie folgt zu verstehen ist: „Our meaning for persuasion is equivalent to attitude formation and change on the part of an individual [...]"; ROGERS, E. M. (1983), S. 169.

beeinflusst.[208] Solche auf der Mikroebene des einzelnen Individuums wirkenden Faktoren können unter anderem der wahrgenommene Vorteil der Innovation, die Kompatibilität mit den Normen und Wertvorstellungen des Nutzers sowie die wahrgenommene Nutzungskomplexität sein.[209] Die nachfolgende Darstellung fasst wesentliche Faktoren und Determinanten der Adoptionsentscheidung zusammen:

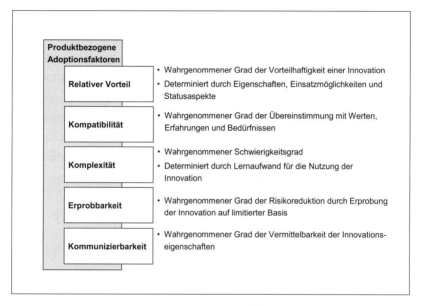

Abbildung 6: Produktbezogene Adoptionsfaktoren[210]

Im Gegensatz zu einer Vielzahl manifester Innovationen geht es bei dem vorliegenden Untersuchungsgegenstand Internetbanking nicht um ein Produkt sondern um eine innovative Dienstleistung.[211] Dieser Differenzierung kommt aus dem folgenden Grund eine hohe Bedeutung zu: „Bei diesen innovativen Dienstleistungen braucht man zwar ein Gerät, z.B. [...] [einen; Ergänzung des Verfassers] Personal Computer, um die Innovation nutzen zu können, aus Sicht der Anbieter kommt es aber auf die

---

208 Vgl. ROGERS, E. M. (1983), S. 164.
209 Vgl. CLEMENT, M.; LITFIN, T. (1998), S. 99f; ALBERS, S.; PETERS, K. (1998), S. 112.
210 Eigene Darstellung; inhaltlich angelehnt an CLEMENT, M.; LITFIN, T. (1998), S. 100. Vgl. hierzu auch KRAFFT, M.; LITFIN, T. (2002), S. 68; LITFIN, T. (1999), S. 26 sowie für eine umfassende Darstellung ROGERS, E. M. (1983), S. 210ff.
211 Vgl. ALBERS, S. (2001), S. 515; GARCZORZ, I. (2004), S. 53.

Nutzung an. Insofern bezeichnen wir diese Art von Innovationen als technologische Nutzungsinnovation."[212] Die fortlaufende Nutzung von technologischen Nutzungsinnovationen wird als Akzeptanz bezeichnet und beschreibt damit in Erweiterung des Begriffes Adoption eine andere Phase der Nutzung.[213] Weil aus Sicht der Anbieter von Firmenkundenportalen nicht die erst- bzw. einmalige, sondern die fortlaufende Nutzung von Firmenkundenportalen im Zentrum des Interesses steht - da nur durch sie der nachfrageseitige Markterfolg dieser Anwendungen gewährleistet werden kann - soll die Akzeptanz der Firmenkundenportale bei den Anwendern Gegenstand der Untersuchung sein.[214] Dabei umfasst die Akzeptanz nach KOLLMANN drei Ebenen: „Akzeptanz ist die Verknüpfung einer inneren rationalen Begutachtung und Erwartungsbildung (Einstellungsebene), einer Übernahme der Nutzungsinnovation (Handlungsebene) und einer freiwilligen problemorientierten Nutzung (Nutzungsebene) bis zum Ende des gesamten Nutzungsprozesses (Nutzungsinnovation wird vom Markt genommen)."[215] Die hiermit vorliegende Definition des Akzeptanzbegriffs[216] soll für die vorliegende Arbeit in der Form eingeschränkt werden, als das Ergebnis der fortlaufenden Nutzung im Vordergrund stehen soll - unabhängig davon, ob diese Nutzung freiwillig oder unfreiwillig vonstatten geht.

---

212 ALBERS, S. (2001), S. 515.

213 Vgl. hierzu auch ALBERS, S. (2001), S. 518; „Adoption und Akzeptanz einer technologischen Nutzungsinnovation stellen unterschiedliche Phasen der Verwendung dar."; ALBERS, S. (2001), S. 518.

214 Vgl. allgemein in Bezug auf innovative Dienstleitungen ALBERS, S. (2001), S. 517ff und KOLLMANN, T. (2000a), S. 28ff sowie in Bezug auf das Online-Banking GARCZORZ, I. (2004), S. 61.

215 KOLLMANN, T. (1998), S. 69. Die Hervorhebungen des Autors im Ursprungstext sind in der vorliegenden Darstellungsweise aus Gründen der Übersichtlichkeit nicht übernommen worden. KOLLMANN selbst bezeichnet die obige Definition als „Gesamtakzeptanz". Eine grafische Darstellung der drei Nutzungsebenen im Akzeptanzprozess findet sich bei KOLLMANN, T. (1998), S. 68 und KOLLMANN, T. (2004), S. 140.

216 Für eine umfassende Darstellung weiterer Verständnisse des Begriffs Akzeptanz im soziologischen sowie betriebs-, arbeits-, organisations- und marketingwissenschaftlichen Kontext vgl. BETZ, J. (2003), S. 97ff.

3.1.2. Entwicklung und Modelle der Akzeptanzforschung

Die Akzeptanzforschung hat sowohl in der englischsprachigen als auch in der deutschen Literatur eine lange Tradition, wobei in der betriebswirtschaftlichen Akzeptanzforschung arbeitswissenschaftliche, organisationstheoretische und absatztheoretische Ansätze die größte praktische Bedeutung erlangt haben.[217] Bei den arbeitswissenschaftlichen Ansätzen stand bereits in den siebziger Jahren das Erkenntnisziel im Mittelpunkt, durch ein besseres Verständnis der Einflussfaktoren der Akzeptanz, besonders bedienerfreundliche Techniksysteme gestalten zu können. Die organisationstheoretische Forschungsrichtung beschäftigte sich ebenfalls bereits in den siebziger Jahren mit der Fragestellung, in welcher Form die Entscheidungsprozesse in einer Organisation durch computerbasierte Technologien unterstützt werden können.[218] Noch weiter zurück reicht die marketingwissenschaftliche bzw. absatztheoretische Linie der Akzeptanzforschung, die sich primär mit den Einflussfaktoren des Markterfolges und der Marktdurchdringung von neuen Produkten beschäftigte: „Since about the mid-1960s, there has been considerable interest in diffusion research on the part of consumer researchers and a certain degree of integration of diffusion frameworks and research findings into the literature on consumer behavior."[219] Beispielsweise untersuchte ARNDT in den sechziger Jahren in den Vereinigten Staaten im Rahmen eines Experiments, welchen Einfluss die zwischenmenschliche Kommunikation auf die Akzeptanz eines neuen Produktes hat.[220] Und in Deutschland stellte MEFFERT im Jahr 1976 fest, dass für eine erfolgreiche Innovationstätigkeit häufig nicht die Bildung der Innovation an sich die Herausforderung darstellt, sondern dass sich die Marktdurchsetzung aufgrund von Akzeptanzproblemen in Unternehmen und Markt als schwierig gestaltet.[221]

---

217 Vgl. BETZ, J. (2003), S. 97ff und KOLLMANN, T. (1998), S. 44. KOLLMANN subsumiert die arbeitswissenschaftlichen Ansätze nicht unter den betriebswirtschaftlichen Ansätzen, sondern unter den ökonomischen. Für eine Darstellung der Geschichte der verwandten Diffusions-Forschung vgl. ROGERS, E. M. (1995), S. 38ff.

218 Vgl. KOLLMANN, T. (1998), S. 44ff und die dort angegebene Literatur.

219 ROGERS, E. M. (1976), S. 290.

220 Vgl. ARNDT, J. (1967), S. 291ff.

221 Vgl. MEFFERT, H. (1976), S. 77. „In kritischen Umweltsituationen verlagern sich die Probleme von der Bildung zur Durchsetzung der Innovation. Erfolgreiche Innovationstätigkeit wird heute immer mehr zu einem Akzeptanzproblem im Unternehmen und Markt."; MEFFERT, H. (1976), S. 77.

Vor dem Hintergrund der drei oben genannten Hauptlinien der Akzeptanzforschung ist auch die vorliegende Untersuchung den marketingwissenschaftlichen bzw. absatztheoretischen Ansätzen zuzuordnen.

3.1.2.1. Übersicht wesentlicher Modelle der Akzeptanzforschung

Im Rahmen der bisherigen Arbeiten zur Akzeptanzforschung wurde ein breites Spektrum an Modellen entwickelt, die darauf abzielen, die Einflussfaktoren der jeweils untersuchten Konzeptualisierung des Konstrukts Akzeptanz abzubilden.[222] Nach FILIPP können diese Modelle entlang des Kriteriums einer Berücksichtigung von Ursache-Wirkungs-Beziehungen anhand von drei Kategorien klassifiziert werden:[223]

- Reine Input-Modelle sind dadurch gekennzeichnet, dass die Akzeptanz eine Funktion aus den im jeweiligen Modell spezifizierten Einflussfaktoren ist.
- Input-Output-Modelle erweitern die reinen Input-Modelle in der Form, dass sich aus den dargestellten Einflussfaktoren der Akzeptanz eine modellseitige Handlungsannahme ableiten lässt, zum Beispiel die Nutzung einer Technologie als Wirkung einer vorhandenen Akzeptanz.
- Bei Rückkopplungsmodellen bedingen die jeweils dargestellten Einflussfaktoren der Akzeptanz ein entsprechendes Verhalten der betrachteten Untersuchungsobjekte, das seinerseits zu einer Rückkopplung auf die Einflussfaktoren der Akzeptanz führt.

Auch für die im Zentrum dieser Arbeit stehenden Firmenkundenportale ist eine Rückkopplung zu den Einflussfaktoren der Akzeptanz in der Weise von Bedeutung, als die tatsächliche Nutzungsintensität der Portale bzw. spezifischer Leistungsangebote und Funktionalitäten aus Sicht der Anbieter dazu führen wird, die Internetangebote entsprechend zu modifizieren.[224] Da demzufolge eine Rückkopplung im Wesentlichen

---

[222] Vgl. KOLLMANN, T. (1998), S. 77f sowie die die dort angegebene Literatur.

[223] Vgl. FILIPP, H. (1996), S. 26.

[224] Beispielsweise ist ein Szenario denkbar, bei welchem die Nichtnutzung eines Leistungsangebots eines Firmenkundenportals aus Anbietersicht als offensichtlicher Beleg dafür herangezogen wird, dass das Leistungsangebot im wahrsten Sinne des Wortes nicht auf die Akzeptanz der Kunden stößt. Wenn der Anbieter im Folgenden zu der Erkenntnis gelangt, dass ein vergleichbares Leistungsangebot bei Wettbewerbern auf höhere Akzeptanz stößt und damit höhere Nutzungsintensitäten erreicht, liegt der Rückschluss nahe, dass das nicht genutzte Leistungsangebot kundenfreundlicher zu gestalten ist. In diesem theoretischen Fall hätte also das Nutzungsverhalten der

durch das anbieterseitige Monitoring des aggregierten bzw. individuellen Nutzungsverhaltens der Kunden erfolgt,[225] muss ein entsprechendes Feedback im Kontext der Internetnutzung nicht explizit im Modell vorgesehen werden.

Die angestrebte Übersicht und Systematisierung von relevanten Modellen der Akzeptanzforschung sollte im Folgenden also sowohl die beschriebenen Input- als auch die Input-Output-Modelle beinhalten. Darüber hinaus bietet sich aufgrund des Untersuchungsgegenstandes an, eine weitere Klassifizierung der Modelle vorzunehmen, indem das in dem jeweiligen Modell betrachtete Produkt bzw. die Dienstleistung dargestellt wird. Diesbezüglich ist eine weitere Differenzierung von technologischen Nutzungsgütern und sonstigen Innovationen sinnvoll. Die hiermit abgeleitete Systematisierung bisheriger Modelle befindet sich in der nachfolgenden Abbildung 7:

Kunden zu der Rückkopplung geführt, dass der Anbieter zu der Erkenntnis gelangt, die Ausgestaltung des Leistungsangebots als Determinante der Akzeptanz überarbeiten zu müssen.

225 Logfiles der Webserver bieten die Möglichkeit, das Nutzungsverhalten eines, vieler oder aller Kunden auf minutiöse Weise zu analysieren, so dass zum Beispiel der gesamte Verlauf einer auf einem Firmenkundenportal durchgeführten Transaktion detailliert in Augenschein genommen werden kann; vgl. hierzu SCHWANITZ, J. (2001), S. 591 und BENSBERG, F. (2001), S. 131ff. Wenn beispielsweise eine signifikante Anzahl von Nutzern die Transaktion an einem bestimmten Prozessschritt abbrechen würde, wäre dies aus Sicht der Portalanbieter ein klarer Hinweis dafür, dass das entsprechende Angebot zur Steigerung der Akzeptanz weiterentwickelt werden müsste.

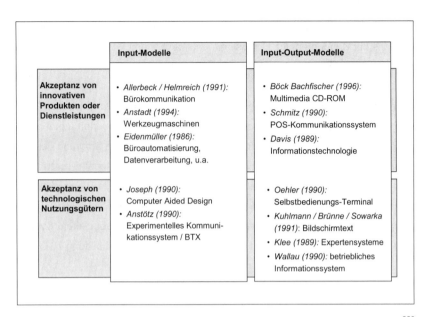

Abbildung 7: Systematisierung von Modellen / Studien der Akzeptanzforschung[226]

3.1.2.2. Input-Modelle

Die primäre Zielsetzung der Input-Modelle ist, einen kompakten Überblick über die zu berücksichtigenden Einflussfaktoren der Akzeptanz in Form einer einfachen Darstellungsweise zu geben. Die Modelle sind durch einen vergleichbaren Aufbau gekennzeichnet und berücksichtigen jeweils die in dem spezifischen Untersuchungskontext postulierten Einflussfaktoren der Akzeptanz.[227] Zwei exemplarische Modelle liefern die Input-Modelle von EIDENMÜLLER und ALLERBECK / HELMREICH, die in der folgenden Abbildung 8 dargestellt sind:

---

[226] Eigene Darstellung; inhaltlich angelehnt an ANSTADT, U. (1994), S. 115ff; ANSTÖTZ, K. (1990), S. 149ff; BÖCK BACHFISCHER, N. M. (1996), S. 135ff; DAVIS, F. D. (1989), S. 323ff; EIDENMÜLLER, B. (1986), S. 18; JOSEPH, J. (1990), S. 62ff; ALLERBECK, M.; HELMREICH, R. (1991), S. 4; KLEE, H. W. (1989), S. 17ff; OEHLER, A. (1990), S. 112ff; SCHMITZ, B. (1990), S. 177ff; KUHLMANN, E.; BRÜNNE, M.; SOWARKA, B. H. (1992), S. 157; WALLAU, S. (1990), S. 16.

[227] Vgl. FILIPP, H. (1996), S. 26; KOLLMANN, T. (1998), S. 77f.

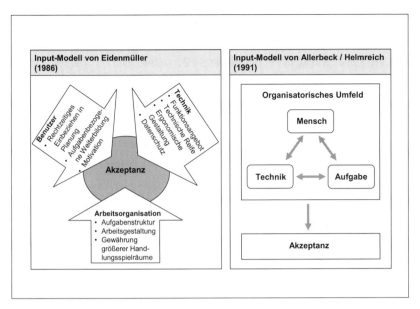

Abbildung 8: Input-Modelle von EIDENMÜLLER und ALLERBECK / HELMREICH [228]

Das generelle Modell von EIDENMÜLLER stellt die auf die Akzeptanz wirkenden Faktoren bei dem Einsatz von neuen Technologien dar.[229] Die relevanten Einflussgrößen der Akzeptanz sind dabei zum einen die frühzeitige Einbindung, das Training sowie die Motivation der Mitarbeiter. Weiterhin sind das Arbeitsumfeld sowie die Ausgestaltung der jeweiligen Technologie von Bedeutung. Auf einer Abstraktionsebene höher würden sich die Größen Mensch, Technik und Arbeitsumfeld ergeben, welche der ursprünglichen Auffassung der Akzeptanz als Konklusion aus Mensch, Technik und Umfeld entsprechen.[230]

Auf der höheren Abstraktionsebene ist das Modell von EIDENMÜLLER in Bezug auf die Einflussfaktoren fast identisch mit dem Modell von ALLERBECK und HELMREICH.[231]

---

228 Eigene Darstellung; Inhalte und grafische Darstellung der Einzelmodelle nahezu identisch übernommen; vgl. ALLERBECK, M.; HELMREICH, R. (1991), S. 4; EIDENMÜLLER, B. (1986), S. 18.

229 Vgl. EIDENMÜLLER, B. (1986), S. 18 sowie die übernommenen Darstellungen bei JOSEPH, J. (1990), S. 59 und ANSTADT, U. (1994), S. 78.

230 Vgl. KOLLMANN, T. (1998), S. 78.

231 Vgl. ANSTADT, U. (1994), S. 77. Eine Darstellung des entsprechenden Akzeptanzmodells findet sich ebenfalls bei FILIPP, H. (1996), S. 27; JOSEPH, J. (1990), S. 57 und ANSTADT, U. (1994), S. 77.

ALLERBECK und HELMREICH verstehen Akzeptanz dabei als „[...] positive Einstellung der Benutzer zur Technik und die aufgabenbezogene Nutzung der zur Verfügung gestellten Funktionalitäten."[232] Ein wesentlicher Unterschied im Vergleich mit dem Modell von EIDENMÜLLER ist, dass die einzelnen Einflussfaktoren der Akzeptanz - Mensch, Technik und Aufgabe - in mehreren bilateralen Konstellationen als interdependent angenommen werden. So muss der Hersteller und Anbieter der betrachteten Technik die Akzeptanzfaktoren der potentiellen Nutzer berücksichtigen. Ferner führt der Einsatz einer neuen Technik zu veränderten Arbeitsabläufen und bedingt somit den Einflussfaktor Aufgabe.[233]

3.1.2.3. Input-Output-Modelle

Wie zuvor beschrieben, erweitern die Input-Output-Modelle die reinen Input-Modelle in der Weise, dass sich aus den dargestellten Einflussfaktoren der Akzeptanz eine modellseitige Handlungsannahme bzw. Konsequenz ableiten lässt.[234] In der folgenden Abbildung sind die beiden Modelle von WALLAU und DAVIS als stellvertretende Beispiele für Input-Output-Modelle dargestellt.[235]

---

232 ALLERBECK, M.; HELMREICH, R. (1991), S. 3.
233 Vgl. ALLERBECK, M.; HELMREICH, R. (1991), S. 3.
234 Vgl. FILIPP, H. (1996), S. 26; KOLLMANN, T. (1998), S. 74.
235 Vgl. WALLAU, S. (1990), S. 16 und DAVIS, F. D. (1986) zitiert nach DAVIS, F. D. (1989), S. 319ff und DAVIS, F. D.; BAGOZZI, R. P.; WARSHAW, P. R. (1989), S. 982ff. Eine Darstellung des Modells von WALLAU befindet sich ebenfalls bei FILIPP, H. (1996), S. 29 und KOLLMANN, T. (1998), S. 83. Eine Abbildung des Modells von DAVIS befindet sich bei DAVIS, F. D.; BAGOZZI, R. P.; WARSHAW, P. R. (1989), S. 985.

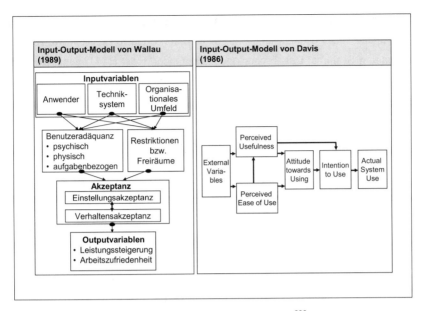

Abbildung 9: Input-Output-Modelle von WALLAU und DAVIS[236]

Ähnlich wie in den beiden vorangegangenen Modellen stehen auch bei dem Modell von WALLAU als Ausgangsvariablen wieder der Mensch („Anwender"), die Technik sowie das Umfeld im Mittelpunkt des Interesses.[237] In Verbindung mit den zwei abhängigen Variablen Benutzeradäquanz und Restriktionen / Freiräume beeinflussen die Inputvariablen die Akzeptanz des Nutzers, die sich aus einer interdependenten Einstellungs- und Verhaltensebene zusammensetzt. Die Akzeptanz hat wiederum Einfluss auf die abhängigen Outputvariablen, die sich - vermutlich nur im positiven Fall - in Form einer Leistungssteigerung und einer entsprechenden Arbeitszufriedenheit äußern sollen. Das Modell wurde nicht empirisch getestet.

Das Modell von DAVIS fokussiert in hohem Maße auf die zwei zentralen Konstrukte des Wahrgenommenen Nutzens (perceived usefulness) und der Wahrgenommenen Nutzungsfreundlichkeit (perceived ease of use).[238] Diese werden als abhängige Vari-

---

[236] Eigene Darstellung; Inhalte und grafische Darstellung nahezu identisch übernommen; vgl. WALLAU, S. (1990), S. 16; DAVIS, F. D.; BAGOZZI, R. P.; WARSHAW, P. R. (1989), S. 985.

[237] Vgl. WALLAU, S. (1990), S. 15f.

[238] Vgl. DAVIS, F. D. (1986) zitiert nach DAVIS, F. D. (1989), S. 320 und DAVIS, F. D.; BAGOZZI, R. P.; WARSHAW, P. R. (1989), S. 985ff. Aufgrund der offensichtlich schweren Zugänglichkeit der

ablen von externen Faktoren beeinflusst und bedingen ihrerseits unmittelbar und mittelbar die Nutzungseinstellung und -absicht sowie die tatsächliche Nutzung des betrachteten Systems. Das Technology Acceptance Model (TAM) genannte Modell ist explizit zur Erklärung der Akzeptanz von Computer- und Informationssystemen entwickelt worden.[239]

3.1.2.4. Kritische Würdigung der Modelle

Wie alle modellhaften Abbildungen bewegen sich auch die Modelle zur Erklärung des Akzeptanzphänomens in dem Spannungsfeld, die Realität zum einen vereinfachend abzubilden, zum anderen aber auch der Komplexität des betrachteten Sachverhalts in der Form gerecht zu werden, dass die Modelle in Bezug auf das betrachtete Erkenntnisobjekt noch als gehaltvoll bezeichnet werden können und einen Erklärungsbeitrag liefern. Da die beispielhaft betrachteten Input-Modelle die Forderung nach vereinfachender Darstellung aus Sicht des Verfassers zu konsequent umgesetzt haben, sollen sie für diese Arbeit nicht weiter in Erwägung gezogen werden.[240]

Auch im Hinblick auf das Input-Output-Modell von WALLAU sind kritische Anmerkungen angebracht. Zum einen wirkt die Strukturierung des Modells nicht überschneidungsfrei und ausgereift, da die zweite Ebene des Modells mit den direkten Einflussfaktoren Benutzeradäquanz und Restriktionen / Freiräume jeweils Unterpunkte der Inputvariablen darstellen: Demzufolge wäre die Variable Restriktionen / Freiräume ein Unterpunkt der Inputvariablen Organisationales Umfeld, während der Einflussfaktor Benutzeradäquanz mit den drei aufgeführten Beispielen als exogene Variable der Inputgrößen Anwender (Menschen) und Techniksystem einzuschätzen ist. Auch der direkte Wirkungszusammenhang zwischen der Akzeptanz und den genannten Outputgrößen wirkt lückenhaft, da der Zwischenschritt der Systemnutzung im Modell keine Berücksichtigung findet.

Dissertationsschrift von DAVIS aus dem Jahr 1986 und einiger Modifikationen am Modell, datieren verschiedene Autoren die Entstehung des TAM auf das Jahr 1989 und damit auf die beiden entsprechenden Veröffentlichungen von DAVIS und DAVIS et al.; vgl. hierzu KEAT, T. K.; MOHAN, A. V. (2004), S. 404; VENKATESH, V.; MORRIS, M. G.; DAVIS, G. B. et al. (2003), S. 428; CHAU, P. Y. K.; HU, P. J. (2002), S. 195.

239 Vgl. DAVIS, F. D.; BAGOZZI, R. P.; WARSHAW, P. R. (1989), S. 985.

240 Zur Einschätzung, dass die Input-Modelle ihren Schwerpunkt auf die Forderung nach Einfachheit legen vgl. auch FILIPP, H. (1996), S. 26 und KOLLMANN, T. (1998), S. 77.

Grundsätzlich positiv kann das Modell von DAVIS eingeschätzt werden: Wesentliche Konstrukte des Modells basieren auf umfassend belegten und empirisch bestätigten Ergebnissen der sozialpsychologischen Verhaltensforschung.[241] Darüber hinaus ist das TAM explizit zur Erklärung der Akzeptanz von Computer- und Informationssystemen entwickelt und im Verlauf von über 70 empirischen Untersuchungen für ein breites Spektrum von Anwendungen, u.a. auch für das Internet und das Internetbanking, in einem hohen Maße bestätigt worden.[242]

Vor dem Hintergrund dieser ersten positiven Einschätzung des TAM soll nachfolgend ein Kriterienkatalog erstellt werden, der unabhängig von möglichen Modellen die zentralen Anforderungen dieser Arbeit an das zugrunde liegende Modell zusammenfasst. Anhand dieses Katalogs kann dann im folgenden Schritt mit Blick auf die Zielsetzungen dieser Untersuchung bewertet werden, ob sich das TAM als Ausgangsbasis zur Erklärung der Akzeptanz von Firmenkundenportalen eignet. Die entsprechenden Anforderungen sowie die Erfüllung dieser Anforderungen durch das TAM sind in der folgenden Abbildung zusammengefasst:

---

[241] Vgl. DAVIS, F. D.; BAGOZZI, R. P.; WARSHAW, P. R. (1989), S. 983. Das Technology Acceptance Model basiert auf der Theory of Reasoned Action (TRA) von AJZEN und FISHBEIN: TRA "[...] is an especially well-researched intention model that has proven successful in predicting and explaining behaviour across a wide variety of domains."; DAVIS, F. D.; BAGOZZI, R. P.; WARSHAW, P. R. (1989), S. 983. Für eine umfassende Darstellung der TRA vgl. AJZEN, I.; FISHBEIN, M. (1980), S. 5ff und FISHBEIN, M.; AJZEN, I. (1975), S. 13ff.

[242] Vgl. LEE, Y.; KOZAR, K. A.; LARSEN, K. R. T. (2003), S. 752. Die angesprochenen Anwendungen, für deren Akzeptanzuntersuchung das TAM bisher eingesetzt wurde, waren u.a. Textverarbeitungsprogramme, E-Mail-Anwendungen, Internetangebote, Internetbanking, Krankenhaus-Informationssysteme, u.a.. Für eine umfassende Darstellung der Ergebnisse einer Meta-Analyse von Veröffentlichungen vgl. LEE, Y.; KOZAR, K. A.; LARSEN, K. R. T. (2003), S. 775ff.

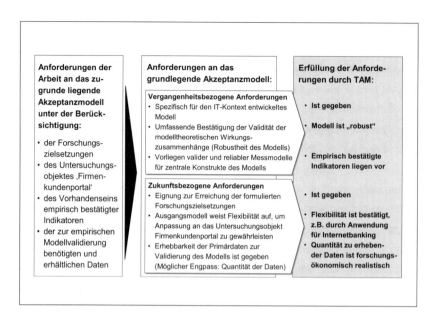

Abbildung 10: Anforderungen und Erfüllung der Anforderungen durch das TAM[243]

Wie die obige Darstellung zeigt, konnten auf Basis der Anforderungen aus Sicht der Arbeit sechs zentrale Anforderungen an das zu verwendende grundlegende Akzeptanzmodell herausgearbeitet und in Bezug auf ihre Vergangenheits- bzw. Zukunftsorientierung klassifiziert werden. Nachfolgend erfolgte die Prüfung, in welcher Form das TAM den gestellten Anforderungen entspricht. Die Prüfung ergab, dass das TAM jede der gestellten Forderungen vollumfänglich erfüllte und bestätigt damit das große Gewicht, welches das TAM in der empirischen Akzeptanzforschung zur Informationstechnologie gewonnen hat.[244] Aufgrund dieses Ergebnisses und des Umstands,

---

243 Eigene Darstellung; zur Einschätzung der Robustheit des Modells vgl. VENKATESH, V.; DAVIS, F. D. (2000), S. 186 und SZAJNA, B. (1996), S. 85 („The results confirmed that the TAM is a valuable tool for predicting intentions to use an IS."); zur Validität und Reliabilität (insb. auch nomologischen Validität) zentraler Konstrukte vgl. KOUFARIS, M. (2002), S. 205, HENDRICKSON, A. R.; MASSEY, P. D.; CRONAN, T. P. (1993), S. 229 und DOLAN, R. J.; MOON, J. (1999), S. 217 ("IS researchers have investigated the two constructs and agreed that they are valid in predicting the individual's acceptance of various corporate information technologies."); zu bisherigen Anwendungen des TAM im Internet-Kontext vgl. u.a. LEDERER, A. L.; MAUPIN, D. J.; SENA, M. P. et al. (2000), HEIJDEN, H. V. D. (2003) und MOON, J.; KIM, Y. (2001); zu ausgewählten bisherigen Anwendungen im Internet-Kontext vgl. u.a. CHAN, S.-C.; LU, M. (2004), CHAU, P. Y. K.; LAI, V. S. K. (2003), SUKKAR, A. A.; HASAN, H. (2005), WANG, Y.-S.; WANG, Y.-M.; LIN, H. et al. (2003) und SUH, B.; HAN, I. (2002).

244 LEE et al. streben an, die Bedeutung des TAM für die empirische Forschung messbar zu machen. Diesbezüglich arbeiten die Autoren die Bedeutung des TAM durch die Feststellung heraus, dass

dass bezüglich der TAM-Forschung in der deutschen Literatur und in Bezug auf das Internetbanking mit Firmenkunden eine wissenschaftliche Lücke besteht,[245] soll das TAM als Nukleus den Ausgangspunkt für das zu erweiternde Akzeptanzmodell dieser Arbeit bilden.

3.2. TAM als Modell der nutzungsorientierten Akzeptanzforschung

3.2.1. Modellentwicklung und -weiterentwicklung

Das ursprüngliche Technology Acceptance Model (TAM)[246] ist von DAVIS in 1986 im Rahmen seiner Promotion explizit für den Zweck entwickelt worden, die nutzerseitige Akzeptanz von Computer- und Informationssystemen abzubilden.[247] Die Zielsetzung des Modells fassen DAVIS et al. wie folgt zusammen: „The goal of TAM is to provide an explanation of the determinants of computer acceptance that is general, capable of explaining user behavior across a broad range of end-user-computing technologies and user populations, while at the same time being both parsimonious and theoretically justified."[248]

Das TAM baut auf zentralen Prämissen und Konstrukten der Theory of Reasoned Action (TRA) von FISHBEIN und AJZEN auf, die den elementaren Wirkungszusammenhang innerhalb des Modells zwischen der individuellen Nutzungseinstellung, der Nutzungsabsicht sowie der tatsächlichen Nutzung des Systems oder der Anwendung beschreiben.[249] Auch bei der TRA handelt es sich um ein vielfach verwendetes Mo-

---

die beiden ersten Veröffentlichungen des TAM in den Beiträgen von DAVIS, F. D. (1989) und DAVIS, F. D.; BAGOZZI, R. P.; WARSHAW, P. R. (1989) bis 2003 in insgesamt 698 Veröffentlichungen zitiert wurden; vgl. LEE, Y.; KOZAR, K. A.; LARSEN, K. R. T. (2003), S. 753.

245 Das große Gewicht des TAM in der englischsprachigen Literatur findet kein Pendant in deutschsprachigen Veröffentlichungen: Dies manifestiert sich u.a. in der Tatsache, dass zahlreiche empirische Arbeiten zur Technologie-Akzeptanz, die nach dem Jahr 1989 veröffentlicht wurden, nicht auf das von DAVIS entwickelte Modell eingehen; vgl. hierzu beispielsweise ANSTADT, U. (1994); ANSTÖTZ, K. (1990); JOSEPH, J. (1990); KOLLMANN, T. (1998); OEHLER, A. (1990) und ROLL, O. (2002).

246 Für eine Darstellung des TAM vgl. Abbildung 9 auf S. 55.

247 Vgl. DAVIS, F. D. (1986) zitiert nach DAVIS, F. D. (1989), S. 320 und DAVIS, F. D.; BAGOZZI, R. P.; WARSHAW, P. R. (1989), S. 985ff.

248 DAVIS, F. D.; BAGOZZI, R. P.; WARSHAW, P. R. (1989), S. 985.

249 Vgl. DAVIS, F. D.; BAGOZZI, R. P.; WARSHAW, P. R. (1989), S. 983ff; STRAUB, D.; LIMAYEN, M.; KARAHANNA-EVARISTO, E. (1995), S. 1331; WIXOM, B. H.; TODD, P. A. (2005), S. 86. Für

dell aus der Sozialpsychologie, das sich mit den Einflussfaktoren von bewussten Verhaltensabsichten beschäftigt.[250] Eigentlicher Kern des TAM sind die zwei zentralen Konstrukte Wahrgenommener Nutzen (perceived usefulness) und Wahrgenommene Nutzungsfreundlichkeit (perceived ease of use).[251] Modellseitig wirken diese zwei Konstrukte direkt auf die individuelle Nutzungseinstellung und damit mittelbar auf die Nutzung der jeweils betrachteten Technik. Als endogene Variablen sind die beiden zentralen Konstrukte dabei von den spezifischen Eigenschaften des jeweils betrachteten Systems und weiteren, nicht explizit genannten Faktoren abhängig (external variables).

Die Bedeutung dieses Modells für die Forschung zur Akzeptanz von Informationstechnologie wird eindrucksvoll durch seinen vielfachen und vielseitigen Forschungseinsatz dokumentiert. So ordnen JIANG et al. die Bedeutung des TAM wie folgt ein: „The technology acceptance model (TAM) became one of the most influential research models in studies of determinants of information technology acceptance."[252] Bevor eine Auswahl einzelner Forschungsanwendungen des TAM exemplarisch und übersichtlich in tabellarischer Form vorgestellt wird, soll durch die nachfolgende Darstellung ein Überblick über die wesentlichen Phasen des chronologischen Fortschritts der TAM-Forschung gegeben werden:

---

eine Übersicht zur TRA vgl. AJZEN, I.; FISHBEIN, M. (1980), S. 5ff und FISHBEIN, M.; AJZEN, I. (1975), S. 13ff.

250 Vgl. AJZEN, I.; FISHBEIN, M. (1980), S. 5ff; FISHBEIN, M.; AJZEN, I. (1975), S. 13ff. Zur Einschätzung der häufigen Modellanwendung der TRA vgl. DAVIS, F. D.; BAGOZZI, R. P.; WARSHAW, P. R. (1989), S. 983.

251 Vgl. DAVIS, F. D. (1989), S. 320; MCCLOSKEY, D. (2004), S. 49; TAYLOR, S.; TODD, P. A. (1995), S. 147.

252 JIANG, J. J.; HSU, M. K.; KLEIN, G. et al. (2000), S. 266.

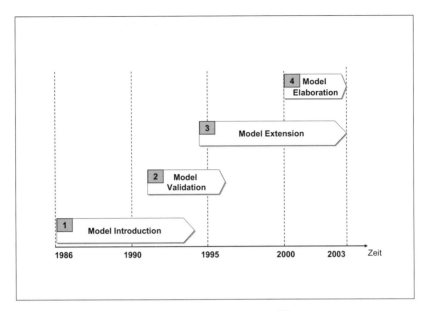

Abbildung 11: Phasen der bisherigen TAM-Forschung[253]

3.2.2. Übersicht bisheriger TAM-Forschungen nach IT-Anwendungen

Die Bedeutung des TAM in der empirischen Forschung wird unter anderem dadurch verdeutlicht, dass die bereits erwähnten Artikel von DAVIS und DAVIS et al. zwischen 1989 und 2003 in insgesamt 698 in Veröffentlichungen zitiert wurden.[254] Aus dieser Zahl erschließt sich, dass die nachfolgende Zusammenfassung wesentlicher Arbeiten zum TAM nur einen Ausschnitt darstellen kann, bei dem in Bezug auf die Auswahl ein besonderes Augenmerk auf die Untersuchung von technologischen Nutzungsinnovationen, dem Internet sowie dem Internetbanking gerichtet wurde. In den nachfolgenden drei Tabellen sind empirische TAM-Forschungen in Bezug auf Computer, Software und sonstige Technologien (Tabelle 1), E-Commerce, E-Mail, Intranet und Sonstige (Tabelle 2) sowie Internet und Internetbanking (Tabelle 3) aufgeführt:

---

253 Darstellung nach LEE, Y.; KOZAR, K. A.; LARSEN, K. R. T. (2003), S. 755.
254 Vgl. LEE, Y.; KOZAR, K. A.; LARSEN, K. R. T. (2003), S. 753.

Autor	Jahr	Technologie	Ausgewählte Inhalte
Al-Gahtani / King	1999	Diverse Systeme	Erweiterung des TAM um verschiedene Konstrukte (u.a. Enjoyment, Compatability, u.a.)
Chau / Hu	2002	Telemedizin Technologie	Erweiterung des TAM um das Konstrukt Kompatibilität
Dishaw / Strong	1999	Software	Erweiterung des TAM um verschiedene Konstrukte (u.a. Tool Experience, Tool
Hong et al.	2001	Digitale Büchereien	Erweiterung des TAM um verschiedene Konstrukte (u.a. Screen Design, Relevance, u.a.)
Igbaria et al.	1995	Computer	Erweiterung des TAM um verschiedene Konstrukte (u.a. Training, Management Support,
Igbaria et al.	1997	Computer / Software	Erweiterung des TAM um verschiedene Konstrukte (u.a. Training, Support, u.a.)
Karahanna et al.	1999	Computer	Erweiterung der TRA um verschiedene Konstrukte (u.a. Trialability, Ease of Use, u.a.)
Karahanna et al.	2006	Software (CRM)	Erweiterung des TAM um vier Konstrukte zur Kompatibilität (z.B. Compatability with Prior Experiences)
Legris et al.	2003	Diverse Systeme	Meta-Analyse / Integration verschiedener TAM-Studien
Mahmood et al.	2001	Diverse Systeme	Entwicklung eines umfassenden Modells zur Erklärung der IT-Nutzung (unter Verwendung von TAM-Konstrukten)
Mathieson	1991	Software (Spreadsheet)	Vergleichender Test der Modelle TAM und Theory of Planned Bahavior (TPB)
Straub et al.	1995	Voice-Mail-Systeme	Prüfung verschiedener Ansätze zur Operationalisierung der Variable Systemnutzung
Szajna	1994	Software (Database)	Untersuchung der "predictive validity" des TAM
Taylor / Todd	1995	Computer Resource Center	Vergleichender Test der Modelle TAM, Theory of Planned Bahavior und Decomposed Theory of Planned Behavior
Taylor / Todd	1995	Computer / Software	Untersuchung des Einflusses von Erfahrung auf zentrale TAM-Konstrukte
Venkatesh	2000	Diverse Systeme	Erweiterung des TAM um verschiedene Einflussfaktoren des Konstruktes Perceived Ease of Use (z.B. Perceived Enjoyment)
Venkatesh / Davis	2000	Diverse Systeme	Erweiterung des TAM um Einflussfaktoren der Konstrukte Perceived Usefullness und Intention to Use (z.B. Output Quality)
Wixom / Todd	2005	Data-Warehouse-Software	Erweiterung des TAM um zentrale Konstrukte zur Messung der Nutzerzufriedenheit

Tabelle 1: Empirische TAM-Forschungen über Computer, Software, u.a.[255]

---

255 Eigene Darstellung; in Bezug auf die Inhalte vgl. AL-GAHTANI, S.; KING, M. (1999); CHAU, P. Y. K.; HU, P. J. (2002); DISHAW, M. T.; STRONG, D. M. (1999); HONG, W.; THONG, J. Y. L.; WONG, W. et al. (2001); IGBARIA, M.; GUIMARAES, T.; DAVIS, G. B. (1995); IGBARIA, M.; ZINATELLI, N.; CRAGG, P. et al. (1997); KARAHANNA, E.; STRAUB, D. W.; CHERVANY, N. L. (1999); KARAHANNA, E.; AGARWAL, R.; ANGST, C. M. (2006); LEGRIS, P.; INGHAM, J.; COLLERETTE, P. (2003); MAHMOOD, M. A.; HALL, L.; SWANBERG, D. L. (2001); MATHIESON, K. (1991); STRAUB, D.; LIMAYEN, M.; KARAHANNA-EVARISTO, E. (1995); SZAJNA, B. (1994); TAYLOR, S.; TODD, P. (1995); TAYLOR, S.; TODD, P. A. (1995); VENKATESH, V. (2000); VENKATESH, V.; DAVIS, F. D. (2000); WIXOM, B. H.; TODD, P. A. (2005).

Autor	Jahr	Technologie	Ausgewählte Inhalte
Chen / Tan	2004	E-Commerce	Erweiterung des TAM um verschiedene Konstrukte (u.a. Perceived Trust, Product Offering, u.a.)
Gefen / Straub	1997	E-Mail	Erweiterung des TAM zur Berücksichtigung des Geschlechts des Nutzers
Gefen / Straub	2003	E-Services	Erweiterung des TAM um zwei Konstrukte (Social Presence und Vertrauen)
Gefen et al.	2003	E-Commerce	Erweiterung des TAM um das Konstrukt Vertrauen und dessen Einflussfaktoren
Grandon / Pearson	2004	E-Commerce	Entwicklung eines Modells zur Erklärung der E-Commerce-Adoption unter Verwendung zentraler TAM-Konstrukte
Horton et al.	2001	Intranet	Empirischer Test des TAM für die Akzeptanzmessung von Intranet-Anwendungen
Jiang et al.	2000	E-Commerce	Erweiterung des TAM um das Konstrukt Erfahrung
Karahanna / Limayem	2000	E-Mail / Voice-Mail	Erweiterung des TAM um verschiedene Konstrukte (u.a. Support, Reliability, u.a.)
Keat / Mohan	2004	E-Commerce	Integration verschiedener Ansätze zur Erweiterung des TAM um das Konstrukt Vertrauen
Martins / Kellermanns	2004	Web-Based Course Management System	Erweiterung des TAM um verschiedene Konstrukte (u.a. Experience, Technical Support, u.a.)
McCloskey	2004	E-Commerce	Erweiterung des TAM um das Konstrukt Sicherheit
Pavlou	2003	E-Commerce	Erweiterung des TAM um das Konstrukt Vertrauen
Plouffe et al.	2001	Electronic Payment	Vergleichender Test des TAM mit einem alternativen Modell
Sangjo Oh et al.	2003	Intranet	Erweiterung des TAM um verschiedene Konstrukte (u.a. Visibility, Compatability, u.a.)
Segars / Grover	1993	E-Mail / Voice-Mail	Test des TAM und Vorschlag zur Erweiterung des Modells durch Integration eines weiteren Konstruktes (Effectiveness)
Shih	2004	E-Commerce	Erweiterung des TAM um verschiedene Konstrukte (u.a. Perceived Information Quality, Perceived Service Quality, u.a.)
Szajna	1996	E-Mail	Empirischer Test des TAM von DAVIS et al. (1989)

Tabelle 2: Empirische TAM-Forschungen über E-Commerce, Intranet, u.a.[256]

---

[256] Eigene Darstellung; in Bezug auf die Inhalte vgl. CHEN, L.; TAN, J. (2004); GEFEN, D.; STRAUB, D. W. (1997); GEFEN, D.; STRAUB, D. (2003); GEFEN, D.; KARAHANNA, E.; STRAUB, D. W. (2003); GRANDON, E. E.; PEARSON, J. M. (2004); HORTON, R. P.; BUCK, T.; WATERSON, P. E. et al. (2001); JIANG, J. J.; HSU, M. K.; KLEIN, G. et al. (2000); KARAHANNA, E.; LIMAYEM, M. (2000); KEAT, T. K.; MOHAN, A. V. (2004); MARTINS, L. L.; KELLERMANNS, F. W. (2004); MCCLOSKEY, D. (2004); PAVLOU, P. A. (2003); PLOUFFE, C. R.; HULLAND, J. S.; VANDEN-BOSCH, M. (2001); SANGJO OH, M.; JOONGHO AHN, M.; BEOMSOO KIM, M. (2003); SEGARS, A. H.; GROVER, V. (1993); SHIH, H.-P. (2004a); SZAJNA, B. (1996).

Autor	Jahr	Technologie	Ausgewählte Inhalte
Chan / Lu	2002	Internetbanking	Erweiterung des TAM um Konstrukte der Social Cognitive Theory
Chau / Lai	2003	Internetbanking	Erweiterung des TAM um verschiedene Konstrukte (u.a. Personalisierung, Alliance Services, u.a.)
Gentry / Calantone	2002	Internet	Vergleich von drei Modellen zur Erklärung der Shop-Bot-Nutzung (TRA, TAM und TPB)
Koufaris	2002	Internet	Erweiterung des TAM um verschiedene Konstrukte (u.a. Web Skills, Product Involvement, u.a.)
Lai / Li	2005	Internetbanking	Erweiterung des TAM um soziodemographische Merkmale (u.a. Geschlecht und Alter)
Lederer et al.	2000	Internet	Erweiterung des TAM um Einflussfaktoren der zentraler TAM-Konstrukte
Moon / Kim	2001	Internet	Erweiterung des TAM um das Konstrukt Perceived Playfulness
Riemenschneider et al.	2003	Internet	Integration der Modelle TAM und Theory of Planned Bahavior (TPB)
Schubert	2003	Internetbanking	Entwicklung eines alternativen Modells auf Basis des TAM
Shih	2004	Internet	Erweiterung des TAM um die Konstrukte Perceived Performance und Relevance
Suh / Han	2002	Internetbanking	Erweiterung des TAM um das Konstrukt Vertrauen
Sukkar / Hasan	2005	Internetbanking	Prüfung der Übertragbarkeit des TAM für die Akzeptanzmessung in Entwicklungsländern
Heijden	2003	Internet	Erweiterung des TAM um die Konstrukte Perceived Attractiveness und Perceived Enjoyment
Venkatesh	1999	Internet / Group-Ware-Applikation	Untersuchung des Einflusses von Training auf zentrale TAM-Konstrukte im Rahmen eines Gruppenvergleichs
Wang et al.	2003	Internet	Erweiterung des TAM um zwei Konstrukte (Computer Self Efficacy und Perceived

Tabelle 3: Empirische TAM-Forschungen über Internet und Internetbanking[257]

3.2.3. Kritische Würdigung des TAM

Das TAM ist in der Vergangenheit von einigen Autoren und aus verschiedenen Blickwinkeln kritisiert worden.[258] Die geäußerte Kritik lässt sich übersichtlich

---

257 Eigene Darstellung; in Bezug auf die Inhalte vgl. CHAN, S.-C.; LU, M. (2004); CHAU, P. Y. K.; LAI, V. S. K. (2003); GENTRY, L.; CALANTONE, R. (2002); KOUFARIS, M. (2002); LAI, V. S.; LI, H. (2005); LEDERER, A. L.; MAUPIN, D. J.; SENA, M. P. et al. (2000); MOON, J.; KIM, Y. (2001); RIEMENSCHNEIDER, C. K.; HARRISON, D. A.; MYKYTYN JR., P. P. (2003); SCHUBERT, P. (2003); SHIH, H.-P. (2004b); SUH, B.; HAN, I. (2002); SUKKAR, A. A.; HASAN, H. (2005); HEIJDEN, H. V. D. (2003); VENKATESH, V. (1999); WANG, Y.-S.; WANG, Y.-M.; LIN, H. et al. (2003).

258 Vgl. beispielsweise LEGRIS, P.; INGHAM, J.; COLLERETTE, P. (2003), S. 202; DISHAW, M. T.; STRONG, D. M. (1999), S. 9; MATHIESON, K. (1991), S. 173ff.

strukturieren, wenn sie gemäß der zwei zentralen Aspekte zusammengefasst wird. Diesem Vorsatz folgend fasst die folgende Übersicht die wesentlichen Punkte unter den zwei Überschriften Kritik des Modells und Kritik der empirischen Forschung mit dem Modell zusammen:

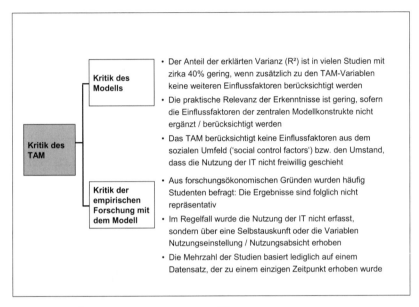

Abbildung 12: Übersicht der Kritik am TAM[259]

Der erste Kritikpunkt des TAM setzt an der inhaltlichen Erklärungsmacht des Modells an, da verschiedene Autoren im Rahmen ihrer empirischen Studien weniger als 50 Prozent der Varianz der Nutzungseinstellung oder Nutzung erklären konnten.[260] Weiterhin wird das Modell kritisch beurteilt, da die Erkenntnisse aus dem Modell nur sehr schwer in konkrete Handlungen bzw. Weiterentwicklungsansätze des betrachteten Systems übersetzt werden können, wenn das Modell nicht um messbare Einflussfaktoren der Variablen Wahrgenommener Nutzen und Wahrgenommene Nut-

---

259 Eigene Darstellung; in Bezug auf die Inhalte vgl. LEE, Y.; KOZAR, K. A.; LARSEN, K. R. T. (2003), S. 762; WIXOM, B. H.; TODD, P. A. (2005), S. 86; TAYLOR, S.; TODD, P. A. (1995), S. 149; LAI, V. S.; LI, H. (2005), S. 383; HEIJDEN, H. V. D. (2003), S. 542; LEGRIS, P.; INGHAM, J.; COLLERETTE, P. (2003), S. 202.

260 Vgl. CHAU, P. Y. K.; HU, P. J. (2002), S. 218 (R^2 = 0,43); MOON, J.; KIM, Y. (2001), S. 226 (R^2 = 0,39); IGBARIA, M.; ZINATELLI, N.; CRAGG, P. et al. (1997), S. 291 (R^2 = 0,25).

zungsfreundlichkeit erweitert wird.[261] Ein dritter zentraler Kritikpunkt betrifft die Einfachheit des Modells: So kritisieren TAYLOR und TODD, dass durch das TAM das soziale Umfeld des Individuums nicht berücksichtigt wird, obwohl dieses einen maßgeblichen Einfluss auf die Nutzungseinstellung bzw. die Nutzung haben kann.[262] Da die drei zuvor genannten Punkte eine fundamentale Kritik des TAM darstellen, soll nachfolgend kurz auf sie eingegangen werden.

Den ersten beiden Hinweisen kann entgegnet werden, dass das Modell natürlich um die jeweiligen Einflussfaktoren des Wahrgenommenen Nutzens und der Wahrgenommenen Nutzungsfreundlichkeit erweitert werden kann und sollte. Die Erweiterung des Modells um die für das spezifische System relevanten Einflussfaktoren (external variables) war ursprünglich von DAVIS gewollt[263] und führt im Falle ihrer Beachtung dazu, dass den beiden erstgenannten Kritikpunkten ihre Grundlage entzogen wird. Dem dritten Kritikpunkt kann entgegnet werden, dass die Erwartungen des Umfeldes indirekt in der Nutzungseinstellung und der Nutzungsabsicht berücksichtigt werden und dass das Modell insgesamt besser für die Erklärung einer freiwilligen Nutzung von Systemen geeignet ist.[264]

Unabhängig von der Konzeption und der Gestalt des TAM hat auch die Vorgehensweise, derzufolge empirische Forschungen mit dem Modell durchgeführt wurden, Kritik nach sich gezogen. Ein häufig geäußerter Einwand ist, dass eine Vielzahl der Primärdaten durch die Befragung von Studenten erhoben worden ist, ohne die Ergebnisse der Untersuchung auf diesen Anwenderkreis zu limitieren.[265] Weitere Kritik-

---

261 Vgl. WIXOM, B. H.; TODD, P. A. (2005), S. 86; LEE, Y.; KOZAR, K. A.; LARSEN, K. R. T. (2003), S. 766.

262 Vgl. TAYLOR, S.; TODD, P. A. (1995), S. 149.

263 So fordert DAVIS in seinem Artikel aus dem Jahr 1989: „Future research is needed to address how other variables relate to usefulness, ease of use, and acceptance."; DAVIS, F. D. (1989), S. 334. In einem weiteren Artikel von VENKATESH und DAVIS werden mögliche Einflussfaktoren der betreffenden Variablen explizit genannt; vgl. VENKATESH, V.; DAVIS, F. D. (2000), S. 187.

264 Vgl. DAVIS, F. D.; BAGOZZI, R. P.; WARSHAW, P. R. (1989), S. 986.

265 Zur Kritik dieses Vorgehens vgl. LAI, V. S.; LI, H. (2005), S. 383 und LEGRIS, P.; INGHAM, J.; COLLERETTE, P. (2003), S. 202. HEIJDEN äußert seine Kritik über die Befragung von Studenten wie folgt: „Most TAM researchers have almost exclusively used students, and they are potentially less involved and less representative of the total population [...]"; HEIJDEN, H. V. D. (2003), S. 542. Für empirische TAM-Studien, in deren Verlauf Studenten befragt wurden, vgl. beispielsweise JIANG, J. J.; HSU, M. K.; KLEIN, G. et al. (2000), S. 265; SZAJNA, B. (1994), S. 320; TAYLOR, S.; TODD, P. (1995), S. 563; LAI, V. S.; LI, H. (2005), S. 284.

punkte setzen an dem Umstand an, dass im Regelfall nicht die tatsächliche Nutzung des jeweils betrachteten Systems gemessen wurde[266] und dass viele Studien lediglich zu einem einzigen Zeitpunkt durchgeführt und nicht wiederholt wurden.[267]

Trotz der berechtigten punktuellen Kritik wird das TAM von einer breiten Mehrheit sehr gewürdigt. In diesem Sinne soll dieser Abschnitt mit dem äußerst positiven Resümee abgeschlossen werden, das LEGRIS et al. aus ihrer kritischen Analyse des TAM gezogen haben: „TAM has proven to be a useful theoretical model in helping to understand and explain use behaviour in IS implementation. It has been tested in many empirical researches and the tools used with the model have proven to be of quality and to yield statistically reliable results."[268]

3.3. Übersicht zum gegenwärtigen Ausmaß der Internetakzeptanz in Unternehmen

Für das Verständnis dieser Arbeit ist weiterhin ein Überblick über das aktuelle Ausmaß der Internetnutzung in Unternehmen von Bedeutung. Aus diesem Grunde behandelt der folgende Abschnitt den aktuellen Stand der Internetnutzung von Unternehmen im Allgemeinen und den Status der Nutzung von Internetbanking-Anwendungen im Speziellen.

3.3.1. Stand der Internetnutzung durch Unternehmen

Die Nutzung des Internets in Unternehmen nimmt auf weltweiter Ebene weiterhin kontinuierlich zu.[269] Für die Bundesrepublik Deutschland ergibt eine Studie zur Internetnutzung von mittelständischen Unternehmen, dass die Ausstattung der Un-

---

[266] Zur Kritik dieser Vorgehensweise vgl. STRAUB, D.; LIMAYEN, M.; KARAHANNA-EVARISTO, E. (1995), S. 1328ff; MARTINS, L. L.; KELLERMANNS, F. W. (2004), S. 19; LEGRIS, P.; INGHAM, J.; COLLERETTE, P. (2003), S. 202. Allerdings weist MATHIESON darauf hin, dass es umfassende empirische Belege für den starken Zusammenhang zwischen den TAM-Variablen und der tatsächlichen Nutzung gibt; vgl. hierzu MATHIESON, K. (1991), S. 186. Ferner ist der Verzicht auf die Messung der tatsächlichen Nutzung immer dann geboten, wenn die Befragungen anonym durchgeführt werden. In diesem Fall kann z.B. auf die Nutzungseinstellung zurückgegriffen werden; vgl. CHAU, P. Y. K.; LAI, V. S. K. (2003), S. 134.

[267] Vgl. LEE, Y.; KOZAR, K. A.; LARSEN, K. R. T. (2003), S. 762.

[268] LEGRIS, P.; INGHAM, J.; COLLERETTE, P. (2003), S. 202.

[269] Vgl. beispielsweise MARTIN, L. (2005), S. 190ff; FORMAN, C. (2005), S. 641ff; XU, S.; ZHU, K.; GIBBS, J. (2004), S. 13ff.

ternehmen mit Internetzugängen zwischen 2001 und 2005 von 73,0 Prozent auf 88,9 Prozent anstieg.[270] Ein Blick auf verschiedene Unternehmensgrößenklassen verdeutlicht, dass der Anteil von Unternehmen mit Internetzugang mit zunehmender Unternehmensgröße ansteigt: Dem Statistischen Bundesamt zufolge verfügen im Jahr 2005 im Durchschnitt 78 Prozent der Unternehmen über einen Internetzugang, wobei der Anteil bei kleineren Unternehmen mit bis zu 19 Mitarbeitern bei 75 Prozent und bei größeren Unternehmen mit über 250 Mitarbeitern bei 99 Prozent liegt.[271]

Weiterhin ist von Interesse, zu welchen Zwecken das Internet in den Unternehmen eingesetzt wird. Hierüber gibt die nachfolgende Abbildung Auskunft, die auf Zahlenmaterial aus dem Jahr 2005 basiert:[272]

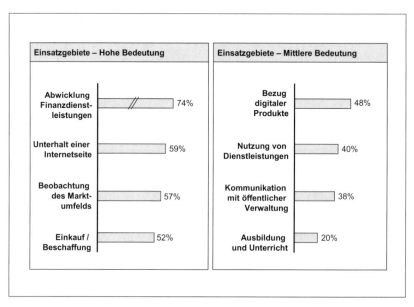

Abbildung 13: Einsatzgebiete des Internets in Unternehmen im Jahr 2005[273]

---

270 Vgl. KÜHLHORN, G.; LANDSECKER, D.; DIESTELMANN, W. (2005), S. 42.

271 Vgl. o. V. (2006c), S. 24.

272 Vgl. o. V. (2006c), S. 28ff.

273 Eigene Darstellung; in Bezug auf die Inhalte vgl. o. V. (2006c), S. 28ff. Die einzelnen Einsatzgebiete beziehen sich auf die Grundgesamtheit aller Unternehmen: Demzufolge betrieben in 2005 beispielsweise 59 Prozent aller Unternehmen in der Bundesrepublik Deutschland eine eigene Internetseite (Homepage).

Der Darstellung zufolge besteht der wichtigste Einsatzbereich des Internets in Unternehmen in der Abwicklung von Bank- und Finanzdienstleistungen: 74 Prozent der Unternehmen in der Bundesrepublik Deutschland verfügten demnach 2005 über einen Internetzugang und nutzten diesen für die Information über bzw. die Abwicklung von Finanzdienstleistungen.

3.3.2. Nutzung von Internetbanking-Anwendungen durch Unternehmen

Bereits 2001 stellte SCHIERENBECK fest, dass das Internetbanking und seine Potenziale vor allem aus dem Blickwinkel des Privatkundengeschäfts diskutiert wurden.[274] Da sich an diesem Fokus bis heute wenig verändert hat und darüber hinaus die aus Wettbewerbssicht sensiblen Nutzungszahlen der Banken nicht veröffentlicht werden, stellt es eine Herausforderung dar, einen aktuellen und quantitativ hinterlegten Überblick über die Nutzung des Internetbankings durch Firmenkunden zu geben. Auch in Veröffentlichungen, die sich explizit mit den Erkenntnisobjekten Internetbanking von Firmenkunden oder Firmenkundenportalen beschäftigen und nach 2000 veröffentlicht wurden, sind kaum Daten zur Nutzung dieser Angebote zu finden. Dies zeigt die folgende Übersicht, in deren rechter Spalte die von den jeweiligen Verfassern verwendeten Datenquellen aufgeführt sind:

---

274 Vgl. SCHIERENBECK, H. (2001), S. 208 und ähnlich DAMBMANN, W. (2001), S. 200. Einen aktuellen, quantitativen Überblick über die Nutzungsentwicklungen im Privatkundengeschäft gibt beispielsweise eine Befragung des Bankenverbandes aus dem Jahr 2005; vgl. hierzu o. V. (2005b), S. 68f. Weitere Informationen zur Nutzung des Internetbankings durch Privatkunden beinhalten die Studien „internet facts 2006" (vgl. o. V. (2006a), S. 15) und „Internet und Online-Banking" (vgl. o. V. (2004c), S. 2ff und o. V. (2004d), S. 1ff).

Autor(en)	Veröffent-lichung	Inhaltlicher Schwerpunkt	Datengrundlage zur Akzeptanz / zum Nutzungsverhalten
Garczorz / Schwencke	2005	Statusaufnahme und Empfehlungen zur Weiterentwicklung von Firmenkundenportalen	**Keine Primärdaten**; jedoch Einschätzung der Autoren zur Akzeptanz der Nutzer
Krabichler	2003	Benchmarking internationaler Firmenkundenportale	Nutzungsdaten aus 2003 vom Statistischen Bundesamt
Werner	2002	Darstellung des Entwicklungstrends zum Onlinebanking für Firmenkunden	Kundenbefragung der Deutschen Bank aus 2000 zur zukünftigen Nutzungsabsicht
Heydemann / Seidel	2001	Behandlung relevanter Fragen und Aufgaben zur Entwicklung von Firmenkundenportalen	**Keine Primärdaten**; jedoch Einschätzung der Autoren zur Akzeptanz der Nutzer
Duhnkrack	2001	Aufzeigen der Potenziale von Firmenkundenportalen	**Keine Primärdaten**; jedoch Annahme zahlreicher Vorteile aus Nutzersicht
Dambmann	2001	Vorstellung eines Projekts zur Entwicklung eines Firmenkundenportals	**Keine Primärdaten**; jedoch Annahme verschiedener Vorteile (insb. Kostenersparnis) aus Kundensicht

Tabelle 4: Veröffentlichungen zum Internetbanking von Firmenkunden[275]

Aufgrund dieses Mangels an qualifizierten Nutzungszahlen muss es an dieser Stelle bei der sehr allgemeinen Darstellung der Nutzung von Internetbanking-Anwendungen nach Unternehmensgrößenklassen bleiben, die auf Daten des Statistischen Bundesamtes basiert. Diese allgemeine Darstellung soll im weiteren Verlauf dieser Untersuchung durch die detaillierteren Erkenntnisse zu dem Nutzungsverhalten komplettiert werden, die im Rahmen der durchgeführten Befragung von Unternehmen erlangt wurden.

---

[275] Eigene Darstellung; in Bezug auf die Inhalte vgl. GARCZORZ, I.; SCHWENCKE, M. (2005), KRABICHLER, T. (2003), WERNER, J. (2002), HEYDEMANN, N.; SEIDEL, G. (2001), DUHNKRACK, T. (2001a) und DAMBMANN, W. (2001).

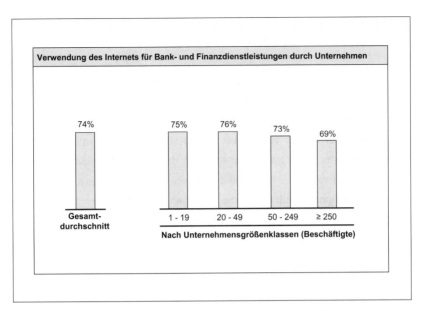

Abbildung 14: Nutzung des Internetbankings von Unternehmen[276]

Als Hilfsgröße und Indikator für eine steigende und bzgl. des Niveaus hohe Akzeptanz kann allerdings das Investitionsverhalten der Anbieter herangezogen werden, da diese mit Sicherheit nur investieren würden, wenn ihre Kunden diese Investitionen auch wertschätzen und nutzen würden. In diesem Zusammenhang zeigt eine in England und Frankreich durchgeführte Untersuchung, dass die dortigen Institute planen, ihre Investitionen in Internetbanking-Anwendungen für Firmenkunden zwischen 2003 und 2006 um jährlich über 13 Prozent zu steigern.[277]

---

276 Eigene Darstellung, in Bezug auf die Inhalte vgl. o. V. (2006c), S. 28.
277 Vgl. o. V. (2005a), S. 10. Für Frankreich wird eine jährliche Wachstumsrate von 16,3 Prozent erwartet, während die Investitionen in England im betrachteten Zeitraum von 2003 bis 2006 um jährlich 13,2 Prozent wachsen sollten.

3.4. Ableitung des Modells zur Messung und Erklärung der Akzeptanz von Firmenkundenportalen

Im folgenden Abschnitt soll das empirisch zu überprüfende Modell zur Messung und Erklärung der Akzeptanz von Firmenkundenportalen entwickelt werden. Gemäß des bereits erläuterten qualitativ-explorativen Vorgehens wird dabei im Verlauf der Modellentwicklung auf bereits vorliegende theoretische und empirische Erkenntnisse zurückgegriffen, um den entsprechenden Stand der Forschung weiter zu entwickeln und um die nomologische Validität des entwickelten Modells zu gewährleisten. Die in die Modellentwicklung einfließenden theoretischen und empirischen Grundlagen lassen sich analog der Abbildung 15 grob und nicht ganz überschneidungsfrei in zwei Bereiche einteilen:

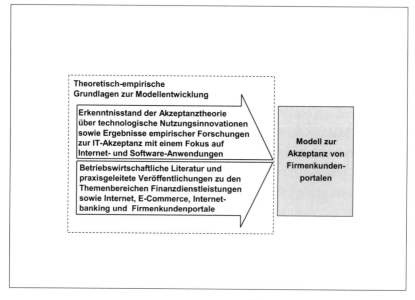

Abbildung 15: Grundlagen der Modellentwicklung[278]

Im Einklang mit bisherigen empirischen Forschungen, die anhand des TAM durchgeführt wurden, sollen sich die von DAVIS als „external variables" beschriebenen Einflussfaktoren der zentralen Modellkonstrukte Wahrgenommener Nutzen und Wahr-

---

278 Eigene Darstellung.

genommene Nutzungsfreundlichkeit im Rahmen dieser Arbeit aus den individuellen, umfeldbezogenen und systemspezifischen Eigenschaften und Ausgangssituationen zusammensetzen.[279]

3.4.1. Herleitung der Einflussfaktoren

3.4.1.1. Einflussfaktoren der Variablen Wahrgenommener Nutzen

Da sich die Firmenkundenportale zum aktuellen Zeitpunkt noch in einem frühen Entwicklungsstadium befinden,[280] ist eine Vielzahl der Anbieter weiterhin damit befasst, das Leistungsspektrum der Portale in der Form auszubauen, dass das Standardangebot an Finanzdienstleistungen abgedeckt wird. Dabei stellt es sich aus Sicht der Anbieter als Herausforderung dar, die hinter den Produkten liegenden Transaktionsprozesse vollständig onlinefähig zu gestalten und zu implementieren, so dass der Transaktionsprozess für das betreffende Produkt fallabschließend und somit ohne Medienbruch durchgeführt werden kann.[281] Diese Möglichkeit der fallabschließenden Bearbeitung für Standardgeschäfte ist damit zum aktuellen Zeitpunkt eine wesentliche Voraussetzung für die Gewährleistung eines hohen Nutzwertes aus Kundensicht, da den Kunden bei der Portalnutzung sehr wesentlich daran gelegen ist, Transaktionszeiten und -kosten zu reduzieren.[282] Weiterhin ist aus Sicht der Nutzer entscheidend, dass die Qualität der Online-Finanzprodukte hoch und denen der stationären Beratungs- und Vertriebskanäle mindestens ebenbürtig ist. Diesen Vorüberlegungen entsprechend soll die erste Hypothese wie folgt aufgestellt werden:

Hypothese 1: Je höher die Qualität des Transaktionsprozesses und der auf dem Firmenkundenportal angebotenen Finanzdienstleistungen ist, desto höher ist der seitens des Kunden Wahrgenommene Nutzen.

---

279 Vgl. IGBARIA, M.; GUIMARAES, T.; DAVIS, G. B. (1995), S. 88. HONG et al. unterscheiden lediglich individuelle und systemspezifische Eigenschaften; vgl. HONG, W.; THONG, J. Y. L.; WONG, W. et al. (2001), S. 31.

280 Vgl. hierzu auch Kapitel 2.3.2. auf S. 35ff.

281 Vgl. SCHULTE, H.; DEGEL, J. (2001a), S. 28ff; HEYDEMANN, N.; SEIDEL, G. (2001), S. 693f; DAMBMANN, W. (2001), S. 200.

282 Vgl. GARCZORZ, I.; SCHWENCKE, M. (2005), S. 713f; HEYDEMANN, N.; SEIDEL, G. (2001), S. 694. Zukünftig ist davon auszugehen, dass das Angebot einer umfassenden Standardproduktpalette, die über das Internet abgeschlossen werden kann, zu einem Standard im Markt wird.

Eine entsprechende Variable ist bereits im Rahmen der empirischen TAM-Studie von VENKATESH und DAVIS konzipiert und getestet worden. Dabei hatte das als Output Quality bezeichnete Konstrukt einen hohen und signifikanten Einfluss auf den Wahrgenommenen Nutzen.[283]

Ein weiterer Einflussfaktor des Kundennutzens wird in der Gestaltungsoption der Firmenkundenportale und deren Leistungsangeboten vermutet, denen zufolge ein auf den jeweiligen Kunden personalisiertes Angebot unterbreitet werden kann. Bezüglich dieser Personalisierung sind zwei zentrale Aspekte zu unterscheiden: Zum einen die Personalisierung der Benutzeroberfläche der Firmenkundenportale und zum zweiten die Personalisierung der auf dem Portal angebotenen Finanzdienstleistungen.

Die Benutzeroberfläche des Portals selbst kann zunächst einmal statisch auf die vermuteten Anforderungen der strategischen Kundensegmente angepasst werden.[284] So hat beispielsweise die Postbank spezifische Portalangebote für kleinere Gewerbekunden und größere Firmenkunden entwickelt.[285] Ein deutlich höheres Maß an Personalisierung kann durch eine dem Portal zugrunde liegende Softwarelösung erreicht werden, indem sich die Benutzeroberfläche des Firmenkundenportals auf die individuellen Bedürfnisse des Nutzers anpassen lässt bzw. sich automatisch darauf anpasst.[286] Diese Form der Personalisierung könnte sich beispielsweise so äußern, dass ein Firmenkunde, der ein rein nationales Geschäft betreibt, die Leistungsangebote zum Auslandsgeschäft durch eigenes Handeln deaktiviert.[287] Systembasiert könnte dieser Vorgang automatisch erfolgen, indem das System auf Basis vorliegender Kundendaten erkennt,[288] dass in der Vergangenheit von diesem Kunden kein

---

283 Vgl. VENKATESH, V.; DAVIS, F. D. (2000), S. 191ff.

284 Vgl. PENZEL, H. (2001), S. 28.

285 Zum Beispiel bietet die Postbank auf ihrer Internetseite separate Bereiche für Firmenkunden und Geschäftskunden an (Stand: 05. Dezember 2006). Die Kreissparkasse Köln bietet separate Unterbereiche für Firmenkunden und Kommunen an (Stand: 05. Dezember 2006)

286 Vgl. DAMBMANN, W. (2001), S. 202; WIMMER, A. (2000), S. 19; TAUSCHEK, P. (2000), S. 46; o. V. (1999), S. 46.

287 Zum Beispiel, indem der Kunde auf dem Portal ein Dialogfeld bedient, das die Option anbietet, die entsprechenden Leistungsangebote des Auslandsgeschäftes zukünftig nicht mehr anzuzeigen.

288 Zum Beispiel, da der Kunde in der Vergangenheit keine Auslandsüberweisungen durchgeführt bzw. erhalten hat und darüber hinaus auch keine weiteren Produkte des Auslandsgeschäfts genutzt hat (z.B.: Inkassi, Akkreditive).

Auslandsgeschäft abgewickelt worden ist und infolgedessen die entsprechenden Leistungsangebote auf dem Portal nicht angeboten werden sollten.

Ähnlich wie das Portalangebot kann auch die jeweils vom Kunden genutzte Finanzdienstleistung personalisiert werden.[289] Auch hier ist wieder zwischen einer aktiv vom Kunden veranlassten und einer systembasierten Personalisierung zu unterscheiden: „Durch die Interaktivität der Online-Kommunikation können Teile des Finanzgeschäfts in automatisierter Form auf den Kunden übertragen werden und von diesem mitgestaltet werden – beispielsweise kann der Kunde ein Produkt selbst konfigurieren – was zu [...] höherer Individualität führt."[290] Neben der Personalisierung, die sich aus der Integration des Kunden in den Erstellungsprozess der Finanzdienstleistung ergibt,[291] kann das Leistungsangebot auch auf Basis vorliegender Kundendaten personalisiert werden.[292] Diese Vorüberlegungen leiten zur zweiten Hypothese über die Einflussfaktoren des Wahrgenommenen Nutzens über, die wie folgt lautet:

Hypothese 2: Je ausgereifter die technischen Lösungen zur Personalisierung des Firmenkundenportals und / oder der auf dem Portal angebotenen Finanzdienstleistungen sind, desto höher ist der seitens des Kunden Wahrgenommene Nutzen.

Der Einfluss der Variablen Personalisierung auf den Wahrgenommenen Nutzen ist von CHAU et al. bereits im Verlauf einer empirischen TAM-Studie über das Internetbanking im Privatkundengeschäft untersucht worden. Von den Autoren wurde ein entsprechendes reliables Messmodell entwickelt und ein starker positiver Einfluss der Variablen Personalisierung auf den Wahrgenommenen Nutzen festgestellt.[293]

---

289 Vgl. KLEIN, W. (2005), S. 38; BARTMANN, D. (2005), S. 29.

290 ECKERT-NIEMEYER, V. (2000), S. 24. Die Begriffe Personalisierung und Individualisierung werden in der Literatur häufig als Synonyme verwendet.

291 Vgl. WAGNER, P. (1999), S. 16f; ROEMER, M. (1998), S. 59ff; DEPLAZES, C. (2002), S. 42.

292 Vgl. BARTMANN, D.; SEIFERT, F.; MEHLAU, J. I. et al. (2000), S. 13ff; o. V. (2001a), S. 30. ROLL unterscheidet im Allgemeinen insgesamt vier Ansätze, über die eine Personalisierung erreicht werden kann; vgl. hierzu ROLL, O. (2002), S. 14ff.

293 Vgl. CHAU, P. Y. K.; LAI, V. S. K. (2003), S. 130ff. Die Beziehung zwischen den Variablen Personalisierung und Wahrgenommener Nutzen war auf einem Niveau von $p < 0,001$ signifikant. Der standardisierte Pfadkoeffizient zwischen den beiden Konstrukten wies einen Wert von 0,31 und damit einen starken Einfluss auf.

Bei der Ableitung der ersten Hypothese wurde bereits darauf hingewiesen, dass sich die Firmenkundenportale in einem frühen Entwicklungsstadium befinden und eine Vielzahl von Anbietern noch damit befasst ist, das Leistungsspektrum von Standardfinanzdienstleistungen auf den Portalen anzubieten. Während sich die erste Hypothese auf die Tiefe des onlinefähigen Leistungsangebots bezieht, ist aus Sicht des Kunden ebenfalls von Bedeutung, ob die verschiedenen Bereiche seines Bedarfs an Finanzdienstleistungen abgedeckt werden.[294] An dieser Breite des Leistungsangebots wird von Anbieterseite gegenwärtig ebenfalls intensiv gearbeitet, wie die folgende Einschätzung von DUHNKRACK verdeutlicht: „Im Firmenkundengeschäft werden derzeit hohe Investitionen getätigt. Bereits heute ist erkennbar, dass der Großteil der Bankprodukte webfähig gemacht werden kann."[295] Neben dem Angebot von klassischen Bankdienstleistungen kommt es weiterhin darauf an, komplementäre Produkte (z.B. Beratungsleistungen zur betrieblichen Altersversorgung) sowie Online-Angebote mit Mehrwert (z.B. interaktive Beratungsinstrumente zu finanzspezifischen Themen) zu entwickeln und einzuführen.[296] Da die Anforderungen an das Leistungsangebot von Kunde zu Kunde variieren, gilt es aus Sicht der Anbieter, auf den Firmenkundenportalen ein Angebotsportfolio bereitzustellen, welches unter Beachtung von Kosten-Nutzen-Gesichtspunkten ein möglichst breites Spektrum der Kundenbedürfnisse erfüllt. Ausgehend von diesen Vorüberlegungen lässt sich die dritte Hypothese wie folgt spezifizieren:

Hypothese 3: Je breiter das Leistungsangebot an klassischen Bankprodukten, komplementären banknahen Produkten und bankspezifischen Mehr-

---

[294] Vgl. GEORGI, F.; MANG, F.; PINKL, J. (2006), S. 28; WITTMANN, H. (2000), S. 25.

[295] DUHNKRACK, T. (2001a), S. 34. Wenngleich die Einschätzung aus dem Jahr 2001 bereits mehrere Jahr zurückliegt, wird durch die Ausführungen von DUHNKRACK deutlich, dass sich die Anstrengungen zum damaligen Zeitpunkt noch in einem frühen Stadium befanden. Aufgrund der Komplexität der Herausforderung ist somit nicht davon auszugehen, dass das Ziel, ein breites Leistungsangebot onlinefähiger Produkte bereitzustellen, bereits im Jahr 2007 erreicht ist. Diese Einschätzung wird zum einen dadurch untermauert, dass die Commerzbank (eine in Bezug auf ihr Internetangebot für Firmenkunden besonders innovative Bank) erst 2004 ein Internetangebot für das dokumentäre Auslandsgeschäft bereitgestellt hat (vgl. o. V. (2004a), S. 36). Zum zweiten wird die Einschätzung dadurch bestätigt, dass 44 Prozent der im Rahmen dieser Arbeit befragten Firmenkunden den Wunsch äußerten, dass die genutzten Firmenkundenportale im Hinblick auf das angebotene Leistungsangebot weiterentwickelt werden sollten.

[296] Vgl. ähnlich JOHANNSEN, C.; DEIBERT, T. (2001), S. 690f; SCHULTE, H.; DEGEL, J. (2001a), S. 28ff; SCHÜRING, R. (1998), S. 20ff; PULM, J. (1998), S. 26ff.

wertdiensten ist, die auf dem Firmenkundenportal angeboten werden, desto höher ist der seitens des Kunden Wahrgenommene Nutzen.

Eine inhaltlich verwandte Variable haben CHEN et al. in einer TAM-Studie zur Akzeptanz von E-Commerce-Angeboten untersucht: Auf Basis der verwendeten empirischen Daten hatte das als Product Offering beschriebene Konstrukt einen signifikanten und zudem starken Einfluss auf den Wahrgenommenen Nutzen.[297]

Nachdem mit den ersten Hypothesen drei wesentliche Einflussfaktoren des Wahrgenommenen Nutzens abgeleitet worden sind, sollen im folgenden Abschnitt die Einflussfaktoren der Wahrgenommenen Nutzungsfreundlichkeit untersucht werden.

3.4.1.2. Einflussfaktoren der Variablen Wahrgenommene Nutzungsfreundlichkeit

Die grafische Gestaltung und der Aufbau einer Internetseite haben einen hohen Einfluss darauf, ob die Benutzer des Angebots die von ihnen gewünschten Leistungsangebote mit vertretbarem Aufwand finden, nutzen, abschließen oder konsumieren können. In diesem Zusammenhang fordert beispielsweise POLYSIUS, dass bei der Konzeption und Gestaltung des Firmenkundenportals besonderer Wert auf eine „[...] einfache, zielgerichtete Nutzerführung gelegt werden muss."[298] Auch VON HARBOU sieht in einer intuitiven Benutzeroberfläche ein wesentliches Leistungsmerkmal eines Firmenkundenportals.[299] Somit überrascht es auch nicht, dass die grafische Gestaltung der Internetangebote von Kreditinstituten im Rahmen des ibi Website Rating ein wichtiges Kriterium ist, anhand dessen die jeweiligen Angebote bewertet werden.[300] Die als Benutzerführung (Screen Design) zu bezeichnende grafische Gestaltung des Internetangebots kann die Benutzerfreundlichkeit der Seite maßgeblich prägen, indem das Firmenkundenportal übersichtlich aufgebaut ist und das Leistungsangebot durch seine Strukturierung und den Einsatz von Grafiken intuitiv zu finden ist. Folg-

---

297 Vgl. CHEN, L.; TAN, J. (2004), S. 75ff. Der Einfluss der unabhängigen Variable Product Offering auf die abhängige Variable Wahrgenommener Nutzen war signifikant (ohne Angabe des Signifikanzniveaus). Mit einem standardisierten Pfadkoeffizienten von 0,49 hatte die Variable Product Offering einen starken Einfluss auf den Wahrgenommenen Nutzen.
298 POLYSIUS, K. U. (2002), S. 503.
299 Vgl. VON HARBOU, J. (2001), S. 137.
300 Vgl. RILL, M. (2005), S. 32.

lich soll die vierte Hypothese die Benutzerführung eines Firmenkundenportals betreffen und wie folgt lauten:

Hypothese 4: Je besser die Benutzerführung eines Firmenkundenportals ist, desto höher ist die seitens der Kunden Wahrgenommene Nutzungsfreundlichkeit.

HONG et al. haben eine entsprechende, als Screen Design bezeichnete Variable bereits im Zusammenhang mit der Benutzerfreundlichkeit von digitalen Büchereien untersucht. Die entsprechende Studie kam dabei zu dem Ergebnis, dass die Benutzerführung einen großen Einfluss auf die Wahrgenommene Nutzungsfreundlichkeit hat.[301]

Ein weiterer Einflussfaktor, der seitens der Nutzer von Firmenkundenportalen zu einer erhöhten Wahrgenommenen Nutzungsfreundlichkeit führt, wird in dem Angebot von Schulungen gesehen. So zeigte eine Untersuchung zur Nutzung des Internets von HERTENSTEIN und CHAPLAN, dass das wahrgenommene Angebot von Schulungen die Internetnutzung erhöht und die Probleme bei der Nutzung des Internets reduziert.[302] Dabei scheint es unerheblich, ob die Schulungen von dem Betreiber des Firmenkundenportals oder vom jeweiligen Arbeitgeber angeboten werden. Auch in Bezug auf die Darreichungsform der Schulung sind neben internet- oder papierbasierten Angeboten natürlich auch Präsenzschulungen denkbar. Ausgehend von diesen Vorüberlegungen soll also die fünfte Hypothese wie folgt lauten:

Hypothese 5: Die Durchführung von Schulungen über die vorteilhafte Benutzung von Firmenkundenportalen führt bei den Nutzern zu einer Erhöhung der Wahrgenommenen Nutzungsfreundlichkeit.

---

[301] Vgl. HONG, W.; THONG, J. Y. L.; WONG, W. et al. (2001), S. 107ff. Der standardisierte Pfadkoeffizient zwischen den Variablen Screen Design und Perceived Ease of Use wies einen Wert von 0,29 auf. Die Beziehung zwischen den Variablen war signifikant. Auch die Untersuchung von MUYELLE et al. zur Nutzerzufriedenheit von Internetseiten unterstreicht die Bedeutung des Layouts aus Sicht der Kunden; vgl. hierzu MUYLLE, S.; MOENAERT, R.; DESPONTIN, M. (2004), S. 547ff.

[302] Vgl. HERTENSTEIN, E. J.; CHAPLAN, M. A. (2005), S. 83. VENKATESH schätzt die Bedeutung des Trainings noch höher ein und spricht von einem signifikanten Einfluss auf die spätere Nutzung des Systems: „During the early stages of learning and use, ease of use perceptions are significantly affected by training [...]"; VENKATESH, V. (1999), S. 239.

Die Bedeutung von Schulungen wurde von IGBARIA et al. bereits in zwei Untersuchungen zur Nutzung von Computern empirisch belegt. In beiden Studien wiesen die Schulungen der Nutzer einen signifikanten Einfluss auf die Wahrgenommene Nutzungsfreundlichkeit auf.[303]

In der Unterstützung der Nutzer von Firmenkundenportalen durch das Management des jeweiligen Unternehmens wird ein weiterer wichtiger Einflussfaktor der Wahrgenommenen Nutzungsfreundlichkeit gesehen.[304] IGBARIA et al. kennzeichnen die Bedeutung der Führungskräfte bei der Einführung und Nutzung von Informationstechnologie wie folgt: „Management support is able to ensure sufficient allocation of resources and act as a change agent to create a more conductive environment for IS success."[305] Diese Einschätzung macht deutlich, dass bezüglich der Unterstützung des Managements zwei Aspekte zu unterscheiden sind: Zum einen ist von zentraler Bedeutung, dass sich die Führungskräfte der Vorteile bewusst sind, die die Nutzung eines Firmenkundenportals mit sich bringen kann und dementsprechend eine positive Einstellung zu dem System haben und kommunizieren. Darüber hinaus können die Führungskräfte die Anwendung von Firmenkundenportalen unterstützen, indem sie die für die Nutzung benötigten Ressourcen zur Verfügung stellen.[306] Auf der Grundlage dieser Vorüberlegungen kann die sechste Hypothese wie folgt abgeleitet werden:

Hypothese 6: Die Unterstützung des Managements bei der Benutzung von Firmenkundenportalen führt seitens der Nutzer zu einer Erhöhung der Wahrgenommenen Nutzungsfreundlichkeit.

---

303 Vgl. IGBARIA, M.; GUIMARAES, T.; DAVIS, G. B. (1995), S. 97ff; IGBARIA, M.; ZINATELLI, N.; CRAGG, P. et al. (1997), S. 284ff. In beiden Studien sprach der Wert des standardisierten Pfadkoeffizienten zwischen der exogenen Variablen Training und der endogenen Variablen Wahrgenommene Nutzungsfreundlichkeit mit Werten von 0,22 und 0,14 für einen maßgeblichen Einfluss des Trainings auf die Wahrgenommene Nutzungsfreundlichkeit.

304 Vgl. IGBARIA, M.; GUIMARAES, T.; DAVIS, G. B. (1995), S. 97; IGBARIA, M.; ZINATELLI, N.; CRAGG, P. et al. (1997), S. 285.

305 IGBARIA, M.; ZINATELLI, N.; CRAGG, P. et al. (1997), S. 285.

306 Neben der Bereitstellung von Computern und Internetverbindungen ist hierunter auch die Bewilligung zeitlicher Ressourcen zu verstehen, da zu Beginn der Nutzung von Firmenkundenportalen eine zeitliche Investition notwendig sein könnte (z.B. aufgrund geringerer Arbeitsproduktivität), um die Handhabung des Firmenkundenportals zu erlernen.

In ihrer Veröffentlichung aus dem Jahre 1995 haben IGBARIA et al. die Bedeutung der Management Unterstützung im Zusammenhang mit der Nutzung von Computern empirisch untersucht. Die Studie kam zu dem Ergebnis, dass die Management Unterstützung einen maßgeblichen Einfluss auf die Wahrgenommene Nutzungsfreundlichkeit hat.[307]

Die bisher abgeleiteten Hypothesen über die Einflussfaktoren der zentralen TAM-Konstrukte beziehen sich entweder auf die technische Ausgestaltung des Firmenkundenportals (z.B. Leistungsangebot) oder auf die Unterstützung der Anwender bei der Nutzung des Systems (z.B. Training). Mit den beiden folgenden Einflussfaktoren sollen darüber hinaus auch individuelle Eigenschaften bzw. Ausgangssituationen der Nutzer in das zu entwickelnde Akzeptanzmodell einfließen. Als ein in der jeweiligen Person begründeter Einflussfaktor der Wahrgenommenen Nutzungsfreundlichkeit ist zunächst die Erfahrung des Individuums mit der Computer- und Internetnutzung zu sehen.[308] In einer empirischen Untersuchung zur Nutzung von E-Commerce-Angeboten kommen JIANG et al. zu dem Ergebnis, dass das Ausmaß der Interneterfahrung ein wesentlicher Einflussfaktor der tatsächlichen Nutzung ist: „One of the major implications of this study relates to the notion that experience is an important driving factor for respondent [!] utilization of the internet."[309] Auch MARTINS und KELLERMANNS gelangen zu dem Schluss, dass die bisherige Computer- und Interneterfahrung einen maßgeblichen Einfluss auf die Wahrgenommene Nutzungsfreundlichkeit hat.[310] Folglich soll die siebte Hypothese lauten:

Hypothese 7: Je ausgeprägter die bisherige Erfahrung der Anwender in Bezug auf die Computer- und Internetnutzung ist, desto höher ist die Wahrgenommene Nutzungsfreundlichkeit.

---

307 Der Wert des standardisierten Pfadkoeffizienten betrug 0,14, während der Einfluss der Management Unterstützung mit einem Wert von p ≤ 0,001 signifikant war; vgl. hierzu IGBARIA, M.; GUIMARAES, T.; DAVIS, G. B. (1995), S. 106.

308 Vgl. JIANG, J. J.; HSU, M. K.; KLEIN, G. et al. (2000), S. 269ff; MARTINS, L. L.; KELLERMANNS, F. W. (2004), S. 11ff; TAYLOR, S.; TODD, P. (1995), S. 561ff; KARAHANNA, E.; AGARWAL, R.; ANGST, C. M. (2006), S. 788ff.

309 JIANG, J. J.; HSU, M. K.; KLEIN, G. et al. (2000), S. 274. Ein orthografischer Fehler im Ursprungstext (respondent) wurde im Zitat übernommen und durch [!] kenntlich gemacht.

310 Vgl. MARTINS, L. L.; KELLERMANNS, F. W. (2004), S. 17.

Mit der als Interneterfahrung zu bezeichnenden Variablen ist die Konzeptualisierung der Einflussfaktoren der Wahrgenommenen Nutzungsfreundlichkeit abgeschlossen. Im folgenden Abschnitt wird das bisherige Modell um die Variable Vertrauen erweitert, die als direkter Einflussfaktor der Nutzungseinstellung zu verstehen ist.

3.4.1.3. Einflussfaktoren der Variablen Nutzungseinstellung

Für die Bereitschaft eines Kunden, eine geschäftliche Transaktion durchzuführen, gilt das kundenseitige Vertrauen in das jeweilige Leistungsangebot des Anbieters als wesentlicher Katalysator.[311] Insbesondere für Transaktionen über das Internet ist ein hohes Ausmaß an Vertrauen in das jeweilige Angebot als Voraussetzung einer Geschäftsbeziehung zu verstehen, da Transaktionen im Internet gemeinhin nicht als risikolos betrachtet werden können[312] und daher durch ein hohes Maß an Unsicherheit gekennzeichnet sind.[313] So schätzten beispielsweise im Jahr 2004 28 Prozent der Unternehmen in Deutschland das Thema Sicherheit als wichtigen bzw. sehr wichtigen Hinderungsgrund für die Zahlungsabwicklung über das Internet ein.[314] Für den spezifischen Kontext von Transaktionen im Internet haben MCKNIGHT und CHERVANY eine Typologie für das Konstrukt Vertrauen entwickelt, die basierend auf dem Kundenverhalten vier unterschiedliche Vertrauenskonstrukte vorschlägt: Disposition to Trust, Institution-Based Trust, Trusting Beliefs und Trusting Intentions.[315] Für die vorliegende Arbeit ist ein Begriffsverständnis analog der Trusting Beliefs von Bedeutung, demzufolge der Nutzer eines Firmenkundenportals davon ausgeht, dass

---

311 Vgl. PAVLOU, P. A. (2003), S. 102.

312 Vgl. MCCLOSKEY, D. (2004), S. 49; SUH, B.; HAN, I. (2002), S. 249f. Für eine Darstellung möglicher Risiken aus Kundensicht vgl. PAVLOU, P. A. (2003), S. 102.

313 Vgl. SUH, B.; HAN, I. (2003), S. 138.

314 Vgl. o. V. (2006c), S. 82. Negativ auf die seitens der Kunden wahrgenommene Sicherheit wirkt sich u.a. das seit 2004 vermehrt praktizierte und als Phishing bezeichnete Vorgehen von Betrügern aus, die die Zugangsdaten zu Online-Konten über Phishing-E-Mails zu erlangen, um die Konten anschließend zu plündern; vgl. hierzu AMANN, C.; RIEDL, T. (2005), S. 29; BÜCHSEL, C.; HÖFLING, M. (2005), S. 39. An dieser Stelle sei noch einmal darauf hingewiesen, dass das Thema Sicherheit nur dann im Rahmen dieser Arbeit behandelt werden soll, wenn es wie in diesem Fall einen direkten Einfluss auf die Akzeptanz hat. Eine detaillierte Behandlung des Themas Sicherheit wurde bewusst aus dem Schwerpunkt der Arbeit ausgeklammert; vgl. hierzu auch die Fußnote Nr. 135auf S. 32.

315 Vgl. MCKNIGHT, D. H.; CHERVANY, N. L. (2001), S. 40ff. Eine Übersicht bisheriger Konzeptualisierungen des Konstrukts Vertrauen findet sich bei GEFEN, D.; KARAHANNA, E.; STRAUB, D. W. (2003), S. 56ff.

der Anbieter sein Leistungsversprechen hält und sich dem Nutzer gegenüber nicht opportunistisch oder unfair verhält.[316] Folglich erwartet ein Kunde, der Vertrauen in das jeweilige Firmenkundenportal hat, dass sowohl die Bank als auch das bereitgestellte Firmenkundenportal sein Leistungsversprechen hält und die Interessen der Kunden und Nutzer stets im Auge hat. Ausgehend von diesen Vorüberlegungen lautet die achte Hypothese:

Hypothese 8: Je größer das Vertrauen des Kunden in den Finanzdienstleister und in das Firmenkundenportal ist, desto ausgeprägter ist seine positive Einstellung, das Firmenkundenportal zu nutzen.

Der Einfluss des Vertrauens auf die Nutzung von E-Commerce und Internetbanking-Anwendungen wurde bereits im Rahmen verschiedener empirischer Arbeiten untersucht.[317] SUH et al. haben in ihren Veröffentlichungen die Variable Vertrauen als direkten Einflussfaktor der TAM-Variablen Nutzungseinstellung konzeptualisiert. In der Studie zum Internetbanking aus dem Jahr 2002 hatte die Variable Vertrauen mit einem standardisierten Pfadkoeffizienten von 0,352 einen signifikanten und äußerst starken Einfluss auf die Nutzungseinstellung.[318] Auch in der Studie aus dem Jahr 2003 zur Akzeptanz von E-Commerce-Anwendungen wurde die hohe Bedeutung des Vertrauens für die Nutzungseinstellung bestätigt.[319]

Weitere Einflussfaktoren der Variablen Nutzungseinstellung sind in Form der Variablen Wahrgenommener Nutzen und Wahrgenommene Nutzungsfreundlichkeit bereits durch das TAM vorgegeben.

---

316 Vgl. ähnlich SUH, B.; HAN, I. (2003), S. 137; GEFEN, D.; KARAHANNA, E.; STRAUB, D. W. (2003), S. 54.
317 Vgl. beispielsweise PAVLOU, P. A. (2003), S. 101ff; KEAT, T. K.; MOHAN, A. V. (2004), S. 405ff; GEFEN, D.; STRAUB, D. (2003), S. 17ff; GEFEN, D.; KARAHANNA, E.; STRAUB, D. W. (2003), S. 68ff; SUKKAR, A. A.; HASAN, H. (2005), S. 393ff.
318 Vgl. SUH, B.; HAN, I. (2002), S. 259.
319 Vgl. SUH, B.; HAN, I. (2003), S. 151; der standardisierte Pfadkoeffizient zwischen den Variablen Vertrauen und Nutzungseinstellung betrug 0,6927 und war auf einem Niveau von Alpha = 0,01 signifikant.

3.4.2. Darstellung des entwickelten Gesamtmodells

Im vorigen Abschnitt wurden anhand der hergeleiteten Hypothesen die bestehenden Variablen des TAM um acht weitere Einflussfaktoren erweitert. Für alle acht Einflussfaktoren gilt, dass das vermutete Vorzeichen der Beeinflussung im Sinne einer „Je-größer-desto-größer"-Logik positiv ist. Folglich führt eine höhere Merkmalsausprägung der unabhängigen Variablen (z.b. der Endergebnisqualität) zu einem höheren Wert der abhängigen Variablen (z.B. des Wahrgenommenen Nutzens). Die nachfolgende Darstellung fasst die hypothetischen Wirkungszusammenhänge noch einmal im Hinblick auf die Richtung und das Vorzeichen zusammen: Es wird deutlich, dass die acht in das Modell integrierten Variablen die drei wesentlichen Konstrukte des ursprünglichen TAM unmittelbar und mittelbar beeinflussen.

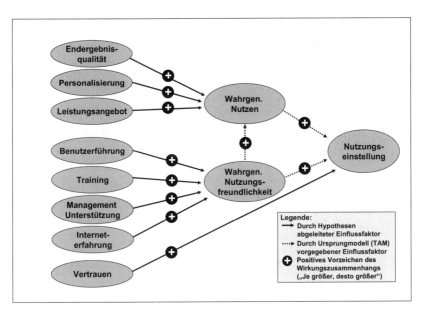

Abbildung 16: Darstellung des abgeleiteten Akzeptanzmodells[320]

Das hiermit vorliegende Modell zur Messung der Akzeptanz von Firmenkundenportalen ist das Modell, welches im weiteren Verlauf der Arbeit anhand der empirischen Daten überprüft und validiert werden soll. Es wird deutlich, dass nicht das gesamte

---

320 Eigene Darstellung.

TAM analog der Abbildung 9 auf Seite 55 einer erneuten empirischen Überprüfung unterzogen wird. Dieses Vorgehen ist sinnvoll, da das hiermit vorliegende Modell bereits äußerst komplex ist und darüber hinaus die zentralen TAM-Konstrukte im nomologischen Netzwerk des TAM, der TRA und weiterer zugrunde liegenden Theorien entwickelt und bereits vielfach empirisch getestet und bestätigt wurden.[321]

---

[321] Beispielsweise kommen LEE et al. in ihrer Bestandsaufnahme zu bisherigen TAM-Forschungen zu der folgenden positiven Einschätzung über die Gültigkeit der zentralen TAM-Zusammenhänge: „In sum, studies in this period [Model Validation Period, Anmerkung des Verfassers] extensively investigated whether TAM instruments were powerful, consistent, reliable and valid and they found these properties to hold."; LEE, Y.; KOZAR, K. A.; LARSEN, K. R. T. (2003), S. 756. In Bezug auf die Konzentration auf ausgewählte TAM-Konstrukte kommen LEGRIS et al. in ihrer Bestandsaufnahme über empirische Forschungen mittels des TAM zu dem Ergebnis, dass keine einzige empirische Studie die Gesamtheit aller ursprünglichen TAM-Konstrukte simultan getestet hat. Allerdings wurden alle Wirkungszusammenhänge des ursprünglichen TAM in einer Vielzahl unterschiedlicher Studien getestet und bestätigt; vgl. LEGRIS, P.; INGHAM, J.; COLLERETTE, P. (2003), S. 193ff. Auch DAVIS, der das TAM ursprünglich entwickelt hat, greift im Rahmen von empirischen Studien nur auf ausgewählte TAM-Konstrukte zurück; vgl. hierzu VENKATESH, V.; DAVIS, F. D. (2000), S. 197.

4. Empirische Analyse der Akzeptanz von Firmenkundenportalen

4.1. Forschungsdesign und Methodik

4.1.1. Datenerhebung und Datenbasis

Da das aufgestellte Hypothesensystem im Rahmen einer empirischen Analyse überprüft werden soll, sind im Vorfeld einer solchen Untersuchung zunächst wesentliche Eckpunkte des Erhebungsdesigns festzulegen. So sind unter anderem die zu adressierende Zielgruppe, die Methoden der Informationsgewinnung sowie der Umfang der Stichprobe näher zu spezifizieren.[322]

Aufgrund der inhaltlichen Zielsetzung der Untersuchung, die Einflussfaktoren der Akzeptanz von Firmenkundenportalen zu messen, sollten die tatsächlichen Nutzer dieser Portale die zu adressierende Zielgruppe der Untersuchung sein: Also Mitarbeiter von Unternehmen, die in ihrem beruflichen Alltag mit Firmenkundenportalen arbeiten.[323] Im Rahmen der in diesem Fall gebotenen Primärforschung bot sich eine standardisierte Befragung an, um mit einem vertretbaren Forschungsaufwand auf eine möglichst große Fallzahl zu kommen.[324] Diese ist eine Voraussetzung dafür, die für die angestrebte Analyse gebotenen statistischen Verfahren auch anwenden zu können.[325] Die Option einer schriftlichen Befragung wurde der Möglichkeit einer internetbasierten Befragung vorgezogen, um nicht bereits durch die Auswahl des Befragungsmediums eine Verzerrung zu einem besonders internetaffinen Adressatenkreis zu erreichen. Während ein wesentlicher Vorteil der schriftlichen Befragung

---

322 Vgl. MEFFERT, H. (1992), S. 182.

323 In Bezug auf die Auswahl der Erhebungseinheiten kritisiert beispielsweise HEIJDEN, dass in einer Vielzahl empirischer Studien ausschließlich Studenten befragt wurden; vgl. hierzu HEIJDEN, H. V. D. (2003), S. 542. Zur Verfolgung der Zielsetzung von repräsentativen Ergebnissen wurden folglich im Rahmen dieser Arbeit gewerbliche Kunden befragt.

324 Vgl. HERRMANN, A.; HOMBURG, C. (2000), S. 27; KOCH, J. (2001), S. 71; SCHMITT-HAGSTOTZ, K.; PEPELS, W. (1999), S. 157.

325 Für die angestrebte Auswertung der Daten mittels kausalanalytischer Ansätze gilt ein Stichprobenumfang von n ≥ 100 als Mindestvoraussetzung; vgl. hierzu BACKHAUS, K.; ERICHSON, B.; PLINKE, W. et al. (2003), S. 364. BAGOZZI fordert, dass die Differenz aus der Größe der Stichprobe abzüglich der zu schätzenden Parameter ≥ 50 sein sollte; vgl. hierzu BAGOZZI, R. P. (1981b), S. 380. Zu den forschungsökonomischen Vorteilen einer standardisierten, schriftlichen Befragung vgl. auch FRITZ, W. (1995), S. 94.

darin liegt, dass der Befragte ausreichend Zeit für die Beantwortung der Fragen hat, stellen die typischerweise geringen Rücklaufquoten einen negativen Aspekt dieser Form der Datenerhebung dar.[326] Diesem Problem wurde Rechnung getragen, indem eine hohe Anzahl von Fragebögen eingesetzt wurde und darüber hinaus verschiedene Maßnahmen ergriffen wurden, die die Erreichung der Zielsetzung eines hohen Rücklaufs fördern sollten.[327]

Die Befragung der Nutzer von Firmenkundenportalen wurde mittels eines Fragebogens durchgeführt,[328] der neben der Aufnahme von soziodemographischen und unternehmensspezifischen Daten die Erhebung von Indikatoren zur Messung der interessierenden Konstrukte beinhaltete.[329] Dabei wurde soweit wie möglich auf vorhandene und bereits bewährte Indikatoren zurückgegriffen, um auf bestehenden Forschungsarbeiten und damit auf bewährten Skalen und Messansätzen aufzubauen.[330] Die möglichen Antworten wurden in Form der häufig in der Forschung angewandten fünfpoligen Multi-Item-Skala vorgegeben (Likert-Skala),[331] wobei die Befragten auf der Skala angaben, in welchem Ausmaß sie mit einer Aussage überein- bzw. nicht übereinstimmten.[332] Da eine Vielzahl von Fragestellungen, die sich bereits in vorherigen Forschungsvorhaben bewährt hatten, in die deutsche Sprache

---

326 Zu der Problematik geringer Rücklaufquoten vgl. SCHEFFLER, H. (2000), S. 69. In Bezug auf typischerweise zu erwartende Rücklaufquoten einer postalischen schriftlichen Befragung geht KAMENZ von Quoten zwischen 10 bis 20 Prozent aus; vgl. hierzu KAMENZ, U. (2001), S. 84.

327 Vgl. KUß, A. (2004), S. 100. Auf ein Erinnerungsschreiben für befragte Unternehmen, von denen zu einem gegebenen Zeitpunkt der Rücklauf noch ausstand, wurde bewusst verzichtet, um Vertraulichkeit und Anonymität zu gewährleisten.

328 Der Fragebogen befindet sich im Anhang 1 auf S. 179ff.

329 Vgl. zum Begriff Indikator (Englisch: items) KROEBER-RIEL, W.; WEINBERG, P. (2003), 31f.

330 Zur Messung der jeweiligen Konstrukte wurde auf Indikatoren der nachfolgenden Veröffentlichungen zurückgegriffen, um diese reliablen und validen Messansätze bestmöglich auf den spezifischen Kontext Firmenkundenportale adaptieren zu können: Für die Messung des Konstrukts Leistungsangebot vgl. die Indikatoren von CHEN, L.; TAN, J. (2004), S. 366; für die Messung des Konstrukts Benutzerführung vgl. HONG, W.; THONG, J. Y. L.; WONG, W. et al. (2001), S. 124; für die Messung des Konstrukts Personalisierung vgl. CHAU, P. Y. K.; LAI, V. S. K. (2003), S. 144; für die Messung des Konstrukts Endergebnisqualität vgl. SHIH, H.-P. (2004a), S. 366; für die Messung der Konstrukte Training und Management Unterstützung vgl. IGBARIA, M.; ZINATELLI, N.; CRAGG, P. et al. (1997), S. 304f und AL-GAHTANI, S.; KING, M. (1999), S. 294; für die Messung des Konstrukts Interneterfahrung vgl. JIANG, J. J.; HSU, M. K.; KLEIN, G. et al. (2000), S. 275; für die Messung des Konstrukts Vertrauen vgl. MCCLOSKEY, D. (2004), S. 52.

331 Vgl. KUß, A. (2004), S. 78ff; BAGOZZI, R. P. (1994a), S. 12.

332 Vgl. CHURCHILL JR., G. A.; IACOBUCCI, D. (2004), S. 274; HAMMANN, P.; ERICHSON, B. (2000), S. 343ff.

übersetzt werden mussten, wurde dabei insbesondere auf die von BÖHLER geforderte sprachliche Form Wert gelegt.[333]

Der zunächst als Entwurf vorliegende Fragebogen wurde im Vorfeld der eigentlichen Datenerhebung an fünf zufällig ausgewählte Nutzer von Firmenkundenportalen verteilt, um zu prüfen, ob der Aufbau des Fragebogens sowie die einzelnen Fragen inhaltlich gut verständlich waren.[334] Dieser so genannte Pretest führte zu verschiedenen strukturellen und sprachlichen Verbesserungshinweisen, die mehrheitlich nach Abwägung durch den Verfasser in eine überarbeitete Version des Fragebogens integriert wurden.[335]

Die anschließende Datenerhebung mittels der Fragebögen wurde im zweiten und dritten Quartal 2005 in Zusammenarbeit mit insgesamt 14 Sparkassen durchgeführt, die ihre Geschäftsgebiete in verschiedenen Regionen und Bundesländern haben.[336] Dabei kamen zwei grundsätzliche Ansätze zur Übermittlung der Fragebögen an die Unternehmen zum Einsatz:

1. In neun Sparkassen wurden die Fragebögen im Anschluss an ein Beratungsgespräch direkt von den jeweiligen Firmen- oder Gewerbekundenbetreuern an die im Vorfeld zufällig ausgewählten Kunden übergeben. Dieses Vorgehen bot den Vorteil, dass die Kundenbetreuer die Kunden kurz über das Forschungsprojekt informieren konnten und dass somit von einer erhöhten Rücklaufquote ausgegangen werden konnte, da sich Kunde und Betreuer im Regelfall gut kennen. Auf diese Weise wurden insgesamt 416 Fragebögen übergeben.

---

333 BÖHLER fordert, dass die sprachliche Form in Fragebögen einfach, klar und verständlich zu sein hat, um sicherzustellen, dass die Probanden auch die inhaltlichen Fragen beantworten, an deren Beantwortung dem Forscher gelegen ist; vgl. hierzu BÖHLER, H. (2004), S. 99.

334 Zum Vorgehensvorschlag mit empirischen Pretests vgl. TOURANGEAU, R.; RIPS, L. J.; RASINSKI, K. (2000), S. 23 und SONQUIST, J. A.; DUNKELBERG, W. C. (1977), S. 7.

335 Nach Durchführung der Datenerhebung kann davon ausgegangen werden, dass der Fragebogen insgesamt gut verständlich formuliert und im Hinblick auf die Länge angemessen proportioniert war. Dieser Rückschluss lässt sich ziehen, da die Fragebögen insgesamt durchgängig beantwortet wurden: Lediglich auf einem Fragebogen wurde eine Frage mit einem Fragezeichen versehen, da der Befragte diese Frage offensichtlich nicht verstanden hatte. Darüber hinaus sind nur einige wenige Fragebögen unvollständig beantwortet worden, was als Indiz dafür gewertet werden kann, dass die Befragten die Länge des Fragebogens als angemessen ansahen.

336 Eine Übersicht der beteiligten Sparkassen, der gewählten Form der Übermittlung der Fragebögen und der Anzahl der insgesamt versendeten bzw. übergebenen Fragebögen befindet sich im Anhang 2 auf Seite 186.

2. In fünf Sparkassen wurden die Fragebögen mit einem persönlichen Anschreiben an Kunden verschickt, die zuvor nach dem Zufallsprinzip ausgewählt wurden. In dem kurzen, einseitigen Anschreiben wurden die Kunden darauf hingewiesen, dass die jeweilige Sparkasse das Forschungsvorhaben unterstützt und dass im Falle des Wunsches nach vertiefenden Informationen eine Internetseite des Forschungsprojekts bereitsteht, die Informationen über das Forschungsvorhaben beinhaltet.[337]

Unabhängig von dem Weg der Fragebogen-Übergabe bzw. -Versendung erfolgte die Rückantwort direkt an die auf dem Fragebogen angegebene Anschrift bzw. Fax-Nummer des Forschungsprojekts. Insgesamt wurden über beide Wege 1.716 Fragebögen an Firmen- und Gewerbekunden der 14 Sparkassen übermittelt. Von diesen wurden 222 beantwortet, zurückgeschickt und als auswertbar eingeschätzt, was zu einer Rücklaufquote von knapp 13 Prozent führte. Die erreichte Rücklaufquote ist insbesondere deshalb als zufrieden stellend zu bewerten, weil bewusst darauf verzichtet wurde, bei denjenigen Probanden nachzufassen, die nach Fristablauf ihren ausgefüllten Fragebogen noch nicht zurückgeschickt hatten.[338]

Nachfolgend soll die Stichprobe kurz anhand von soziodemographischen und unternehmensspezifischen Daten charakterisiert werden. Wesentliche Charakteristika der Personen, die die Fragebögen beantwortet haben, sind in der nachfolgenden Abbildung zusammengefasst:

---

[337] Ein Screenshot der Startseite der Internetseite www.forschungsprojekt-firmenkundenportale.de befindet sich im Anhang 3 auf Seite 186.

[338] Auf diese Maßnahme wurde bewusst verzichtet, um die Vertraulichkeit der Befragung zu gewährleisten.

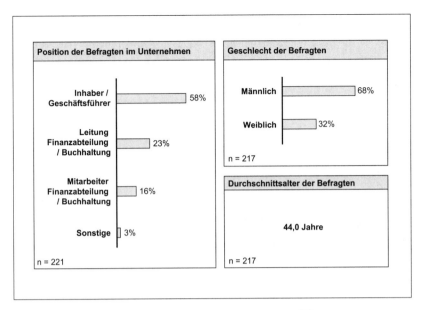

Abbildung 17: Position, Geschlecht und Alter der Befragten[339]

In Bezug auf die Position der Befragten im Unternehmen ist besonders erfreulich, dass der im Anschreiben artikulierten Bitte, den Fragebogen an einen für die Durchführung von Finanzgeschäften Verantwortlichen weiterzuleiten, in einem hohen Maße entsprochen wurde: 58 Prozent der Fragebögen wurden direkt von den für das Unternehmen verantwortlichen Führungskräften (Geschäftsführern) und weitere 39 Prozent von Leitern bzw. Mitarbeitern aus Finanz- bzw. Buchhaltungsabteilungen beantwortet. Auf dieser Basis kann somit davon ausgegangen werden, dass die Befragten auch über das entsprechende Wissen zur Beurteilung der unternehmensinternen Nutzung von Firmenkundenportalen verfügten.

Im Hinblick auf die Rekrutierung der Stichprobe bleibt noch zu klären, ob davon ausgegangen werden kann, dass die Stichprobe repräsentativ für die Grundgesamtheit von Unternehmen in der Bundesrepublik Deutschland ist. Aufgrund ihrer Zusammensetzung aus 14 Regionen in Deutschland, der zufälligen Auswahl von Firmen- und Gewerbekunden unabhängig von ihrer jeweiligen Unternehmensgröße und aufgrund des hohen Marktanteils der Sparkassen im gewerblichen Kundensegment von um

---

339 Eigene Darstellung.

die 40 Prozent[340] kann begründet davon ausgegangen werden, dass die Stichprobe repräsentativ für die Grundgesamtheit der deutschen Unternehmen ist. Diese Annahme wird ebenfalls durch entsprechendes Datenmaterial unterstützt: Die nachfolgende Abbildung zeigt, dass die befragten Unternehmen in Bezug auf ihre Unternehmensgröße und Rechtsform ein breites Spektrum abdecken:

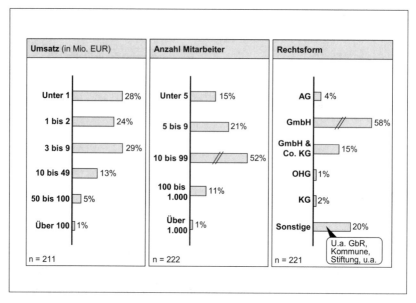

Abbildung 18: Größe und Rechtsform der befragten Unternehmen[341]

Über die Hälfte der Unternehmen verfügte über eine Mitarbeiteranzahl zwischen zehn und 99 Mitarbeitern und einem Unternehmensumsatz zwischen einer bis neun Millionen Euro. Damit liegt die durchschnittliche Unternehmensgröße in der Stichprobe nur leicht über den bundesdeutschen Durchschnittswerten des Statistischen Bundesamtes.[342]

---

340 Der individuelle Marktanteil der etwa 463 Sparkassen in der Bundesrepublik Deutschland im gewerblichen Kundensegment reicht von 35 bis 50 Prozent. SCHREIBER geht von einem Marktanteil der Sparkassen und Landesbanken von 43 Prozent aus; vgl. SCHREIBER, M. (2006b), S. 21. LETZING schätzt den Marktanteil auf etwa 50 Prozent; vgl. LETZING, M. (2005), S. 10.

341 Eigene Darstellung.

342 Vgl. hierzu o. V. (2006e), S. 484f. Dem Statistischen Jahrbuch 2006 zufolge verfügen 90,8 Prozent der Unternehmen in Deutschland über ein bis neun sozialversicherungspflichtige Beschäftigte. In der vorliegenden Stichprobe liegt dieser Wert bei 36 Prozent. Auch der Abgleich mit den

Abschließend bleibt noch die Abdeckung der verschiedenen Branchen und Wirtschaftszweige in der Stichprobe zu betrachten. Auch hier wird eine große Bandbreite von über 20 Branchen mit einem Schwerpunkt auf den Handel und das Baugewerbe abgedeckt, wie die nachfolgende Tabelle zeigt:

Branchen (nach W/93)	in %	Branchen (nach W/93)	in %
Ernährung / Tabakverarbeitung	2,3	Baugewerbe	11,3
Textil / Bekleidung	2,7	Handel	22,1
Holz / Papier / Verlag / Druck	3,6	Verkehr	2,3
Chemische Industrie	2,7	Öffentliche Verwaltung	0,5
Metall / Glas / Keramik / Steine / Erden	8,6	Gesundheits- / Veterinär- und Sozialwesen	5,9
Maschinenbau	5,9	Grundstücks- und Wohnungswesen	1,8
Elektrotechnik / Feinmechanik / Optik	5,0	IT-Dienstleistungen	7,2
Fahrzeugbau	0,5	Rechts- / Steuer- und Unternehmensberatung	4,5
Möbel / Schmuck / Sportgeräte / Spielwaren	2,7	Sonstige Dienstleistungen	3,6
Energie- und Wasserversorgung	0,9	Sonstige (Landw., Medien, u.a.)	6,3

n = 211; Prozentwerte gerundet (daher in Summe ≠ 100 Prozent)

Tabelle 5: Branchenzugehörigkeit der befragten Unternehmen[343]

4.1.2. Statistische Auswertungsmethoden und Softwareunterstützung

Da die Einflussfaktoren der Akzeptanz von Firmenkundenportalen untersucht werden sollen, ist es notwendig, statistische Analysemethoden auszuwählen, die die zum Teil äußerst komplexen Ursache-Wirkungs-Beziehungen anhand der vorliegenden Daten analysieren und quantifizieren können. Im vergleichbaren Kontext der Online-Akzeptanz hat BETZ hierfür einen Kriterienkatalog mit vier wesentlichen Anforderungen

---

Umsatzgrößenklassen deutet darauf hin, dass die in der Stichprobe berücksichtigten Unternehmen tendenziell größer als in der Grundgesamtheit sind; vgl. hierzu auch die auf den Mittelstand fokussierten Häufigkeitsverteilungen der Mitarbeiteranzahlen, Rechtsformen und Jahresumsätze der Unternehmen in KÜHLHORN, G.; LANDSECKER, D.; DIESTELMANN, W. (2005), S. 14ff.

343 Eigene Darstellung.

entwickelt, welche die für diese Forschungszwecke adäquaten Methoden erfüllen sollten:[344]

- **Anforderungskriterium 1:** Möglichkeit der Abbildung vermuteter Ursache-Wirkungs-Beziehungen;
- **Anforderungskriterium 2:** Möglichkeit der Quantifizierung der vermuteten kausalen Abhängigkeiten;
- **Anforderungskriterium 3:** Berücksichtigung von mehreren exogenen (unabhängigen) latenten Variablen, die unter Umständen korrelieren;
- **Anforderungskriterium 4:** Einbezug von Messfehlern, da es sich bei den Variablen um latente Konstrukte handelt, die sich nicht direkt, sondern über Indikatoren messen lassen.

Da bedeutende klassische Verfahren der traditionellen Analyse von kausalen Zusammenhängen (z.B.: Varianzanalyse, Regressionsanalyse, Pfadanalyse) mindestens eine der oben aufgeführten Anforderungen verletzen, bietet sich als adäquates Analyseverfahren die moderne Kausalanalyse an, die die oben genannten Kriterien gesamthaft erfüllt[345] und häufig alternativ als Strukturangleichungsmethodologie, Strukturgleichungsmodell, Kovarianz-Strukturanalyse und Structural Equation Modeling bezeichnet wird.[346] Die Kausalanalyse erlaubt mittels ihres konfirmatorischen, hypothesenprüfenden Ansatzes, a priori postulierte Wirkungszusammenhänge zwischen theoretischen Konstrukten zu überprüfen:[347] „Durch die Kombination der konfirmatorischen Faktorenanalyse mit der Strukturangleichungsanalyse ermöglicht die Kausalanalyse die simultane Behandlung zweier Kernprobleme des wissenschaftlichen Arbeitens: der Messung komplexer Konstrukte (dies ist das Grundanliegen der konfirmatorischen Faktorenanalyse) und der Analyse komplexer Abhängigkeitsstrukturen (hiermit beschäftigt sich die Strukturangleichungsanalyse)."[348]

---

344 Vgl. BETZ, J. (2003), S. 70ff.

345 Zur detaillierten Herleitung vgl. BETZ, J. (2003), S. 70ff.

346 Vgl. HOMBURG, C.; HILDEBRANDT, L. (1998), S. 17. Sofern kausale Beziehungen zwischen Variablen beurteilt werden, wird allgemein von der Kausalanalyse gesprochen; vgl. BACKHAUS, K.; ERICHSON, B.; PLINKE, W. et al. (2003), S. 334.

347 Vgl. JÖRESKOG, K. G. (1993), S. 294; FORNELL, C.; LARCKER, D. F. (1981a), S. 39; BAGOZZI, R. P. (1994b), S. 317; HILDEBRANDT, L.; RUDINGER, G.; SCHMIDT, P. (1992), S. 3.

348 HOMBURG, C.; BAUMGARTNER, H. (1995), S. 1092.

Aufgrund der hohen Leistungsfähigkeit erfreut sich die Kausalanalyse unter anderem in der internationalen Marketingforschung einer hohen und weiter zunehmenden Beliebtheit.[349] Für einen breiten Einsatz spricht, dass trotz der Prämisse von stetigen Variablen eine ordinale Skalierung mit mindestens fünf Punkten möglich ist.[350] Neben der Vielseitigkeit möglicher Einsatzbereiche wirkt sich auch die breite Auswahl möglicher Softwareunterstützungen der komplexen statistischen Berechnungen positiv auf die häufige Anwendung der Kausalanalyse in der Forschung aus: Das in der Praxis am weitesten verbreitete Softwareprogramm LISREL[351] wurde von JÖRESKOG und SÖRBOM entwickelt.[352] Weitere verbreitete Softwareprogramme sind EQS,[353] AMOS[354] und LVPLS / SmartPLS.[355]

Im Hinblick auf die abzuwägenden Vor- und Nachteile der jeweiligen Software diskutiert BÖING eine Vielzahl möglicher Kriterien, die bei der Auswahl des für den spezifischen Forschungszweck adäquaten Programms in Betracht kommen und in erster Linie die Benutzerfreundlichkeit der Anwendung betreffen.[356] Maßgeblich für die Auswahl der richtigen Software ist jedoch in erster Linie die genaue Prüfung der Indikatoren der Messmodelle für die latenten exogenen Variablen, da die oben genannten Softwareanwendungen sich in Bezug auf die Schätzmethoden und die Prämissen über das Verhältnis zwischen den Indikatorvariablen und den latenten Variablen un-

---

349 Vgl. HOMBURG, C.; BAUMGARTNER, H. (1995), S. 1095.

350 Laut BAGOZZI sollte eine ordinale Messung der Indikatorvariablen, wie zum Beispiel durch eine Likert-Skala, mindestens fünf bis sieben Skalenpunkte beinhalten; vgl. BAGOZZI, R. P. (1981b), S. 380 und BAGOZZI, R. P. (1981a), S. 200.

351 Der Name des Programms steht für „Linear Structural Relations". Zur Häufigkeit des Einsatzes von LISREL vgl. HOMBURG, C.; SÜTTERLIN, S. (1990), S. 181; BACKHAUS, K.; BÜSCHKEN, J. (1998), S. 165 und HOMBURG, C.; BAUMGARTNER, H. (1995), S. 1098. Laut HOMBURG et al. wurden zum Zeitpunkt der Erhebung im Jahr 1995 von 129 Anwendungen der Kausalanalyse zirka 90 Prozent mit Hilfe des Programms LISREL durchgeführt; vgl. HOMBURG, C.; BAUMGARTNER, H. (1995), S. 1098.

352 Vgl. JÖRESKOG, K. G.; SÖRBOM, D. (1982), S. 404.

353 Vgl. HOMBURG, C.; SÜTTERLIN, S. (1990), S. 181. Die Bezeichnung EQS steht für „Equation Based Strutural Program"; vgl. BÖING, C. (2001), S. 100.

354 Vgl. ARBUCKLE, J. L. (2005), S. 1; die Bezeichnung AMOS steht für „Analysis of Moment Structures".

355 Vgl. RINGLE, C. M. (2004b), S. 11.

356 BÖING wägt die jeweiligen Vor- und Nachteile unter Prüfung von Kriterien wie zum Beispiel Integration in Microsoft Windows, Benutzerfreundlichkeit, Einlesbarkeit von SPSS-Daten und Spezifizierung der Pfaddiagramme ab; vgl. BÖING, C. (2001), S. 100f.

terscheiden.³⁵⁷ Zwei wesentliche Ansätze zur Schätzung von Kausalmodellen mit Indikatorvariablen sind folglich zu differenzieren: Zum einen die Kovarianzstrukturanalyse, die unter anderem von den Softwareprogrammen LISREL und AMOS unterstützt wird und für die Schätzung von Messmodellen mit reflektiven Indikatoren geeignet ist. Und zum anderen das Partial Least Squares-Verfahren, das durch die Software LVPLS und smartPLS unterstützt wird und sowohl mit reflektiven als auch mit formativen Indikatorvariablen arbeiten kann.³⁵⁸

Eine Auswahl der entsprechenden Softwareunterstützung muss also auf der Grundlage der verwendeten Indikatortypen erfolgen. Dabei unterscheiden sich reflektive und formative Indikatoren bezüglich der Richtung ihres Zusammenwirkens mit der jeweiligen latenten Variablen, die sie messen sollen.³⁵⁹ Demnach sind reflektive Indikatoren dadurch gekennzeichnet, dass eine Veränderung der latenten Variablen eine Veränderung aller Indikatorvariablen bedingt, da die latente Variable als Ursache hinter den Indikatorvariablen steht. In Abgrenzung dazu bezeichnet man Indikatorvariablen als formativ, wenn die zu beobachtenden Variablen die Ursache für die latente Variable darstellen.³⁶⁰ Die nachfolgende Darstellung stellt formative und reflektive Indikatoren gegenüber und macht anhand des plakativen Beispiels Trunkenheit den Unterschied zwischen beiden Indikatortypen in der Darstellung deutlich:

---

357 Vgl. RINGLE, C. M. (2004b), S. 5; RINGLE, C. M. (2004a), S. 9ff.

358 Vgl. RINGLE, C. M. (2004b), S. 6. Da in der betriebswirtschaftlichen Forschung zahlreiche Kausalmodelle mit LISREL oder AMOS berechnet worden sind, obwohl es sich bei den Messmodellen der latenten Variablen um formative Indikatorvariablen gehandelt hat, geht RINGLE davon aus, dass zahlreiche wissenschaftliche Veröffentlichungen inhaltlich fehlerhaft spezifiziert sind: „Ziel dieses Beitrages ist es, das bisher kaum berücksichtigte Verfahren der Partial Least Squares-Analyse zur Schätzung von Kausalmodellen in der deutschsprachigen betriebswirtschaftlichen Forschung zu verankern. Dieses Anliegen erscheint uns von herausragender Bedeutung, da Kausalmodelle fast ausschließlich mit dem Verfahren der Kovarianzstrukturanalyse geschätzt werden, obwohl in zahlreichen Fällen die Kausalbeziehung zwischen Indikatoren und latenter Variablen nicht reflektiv, sondern formativ ist und damit das zu Grunde liegende Modell inhaltlich fehlerhaft ist."; RINGLE, C. M. (2004b), S. 6. Zur Problematik der Anwendung von Kovarianzstrukturanalysen für formative Indikatoren vgl. auch BINDER, H.; EBERL, M. (2005), S. 4 und ALBERS, S.; HILDEBRANDT, L. (2006), S. 4ff.

359 Vgl. BAGOZZI, R. P. (1994c), S. 331f; FORNELL, C.; BOOKSTEIN, F. L. (1982), S. 441f; FORNELL, C.; RHEE, B.-D.; YI, Y. (1991), S. 315f; JOCHIMS, H. (2006), S. 120f.

360 Vgl. BACKHAUS, K.; ERICHSON, B.; PLINKE, W. et al. (2003), S. 408; HOMBURG, C.; GIERING, A. (1996), S. 7 und RINGLE, C. M. (2004b), S. 22.

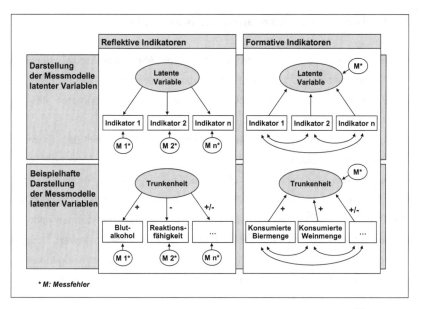

Abbildung 19: Abgrenzung reflektiver und formativer Indikatorvariablen[361]

Weil im Rahmen dieser Arbeit zur Messung der latenten Variablen reflektive Indikatorvariablen zum Einsatz kommen,[362] reduziert sich die Auswahl der statistischen Software auf die beiden Alternativen AMOS und LISREL. Dabei spricht für AMOS, dass sich diese Software gleichsam durch eine leistungsfähige Berechnung der spezifizierten Kausalmodelle und durch eine hohe Nutzerfreundlichkeit auszeichnet.[363] Darüber hinaus stellt AMOS ein integriertes und aufeinander abgestimmtes Produktangebot mit der Standardsoftware für statistische Auswertungen, SPSS, dar, die ebenfalls im Rahmen dieser Arbeit für verschiedene statistische Tests und Berechnungen zum Einsatz kommt. Aus diesen Gründen erfolgt die Auswertung der empirischen Daten mit den Softwareanwendungen SPSS und AMOS.[364]

---

361 Eigene Darstellung; inhaltlich und grafisch angelehnt an BACKHAUS, K.; ERICHSON, B.; PLINKE, W. et al. (2003), S. 409 und RINGLE, C. M. (2004b), S. 22.

362 Eine gesamthafte Darstellung aller im Rahmen dieser Arbeit verwendeten Indikatoren befindet sich in dem für die Datenerhebung verwendeten Fragebogen im Anhang 1 auf S. 179ff.

363 Vgl. BÖING, C. (2001), S. 100f, HOLSTE, A. (2003), S. 103 und BACKHAUS, K.; ERICHSON, B.; PLINKE, W. et al. (2003), S. 383ff.

364 Zum Einsatz kamen die Softwareversionen SPSS 13.0 und AMOS 6.0.

4.1.3. Methodische Grundlagen der Kausalanalyse

Die Kausalanalyse basiert auf der Schätzung von Abhängigkeitsbeziehungen zwischen latenten - also nicht beobacht- bzw. direkt messbaren - Variablen auf Basis der Analyse von Varianzen und Kovarianzen zwischen den Indikatoren, die die latenten Variablen operationalisieren. Ein vollständiges Kausal- oder Strukturangleichungsmodell besteht dabei immer aus zwei Messmodellen und einem Strukturmodell.[365] In den beiden Messmodellen werden die latenten Variablen mittels faktoranalytischer Ansätze gemessen.[366] Das Messmodell der latenten exogenen Variablen beinhaltet die Indikatoren, welche die unabhängigen Variablen messen, während das Messmodell der latenten endogenen Variablen die Indikatoren umfasst, die die abhängigen Variablen messen.[367] Schließlich wird die vermutete lineare Beziehung zwischen den latenten exogenen (unabhängigen) und den latenten endogenen (abhängigen) Variablen im Strukturmodell mittels Pfaddiagrammen erfasst.[368]

---

365 Vgl. BACKHAUS, K.; ERICHSON, B.; PLINKE, W. et al. (2003), S. 350ff.

366 Vgl. HOMBURG, C.; HILDEBRANDT, L. (1998), S. 18f.

367 Eine gute Spezifizierung der Messmodelle für die latenten exogenen und latenten endogenen Variablen ist dabei Voraussetzung dafür, dass die Beziehungen zwischen den Variablen im Strukturmodell berechnet werden können: „[…] good measurement of the latent variables is prerequisite to the analysis of the causal relations among the latent variables."; ANDERSON, J. C.; GERBING, D. W. (1982), S. 435.

368 Vgl. BACKHAUS, K.; ERICHSON, B.; PLINKE, W. et al. (2003), S. 354ff.

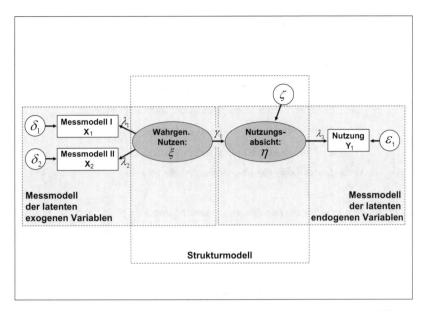

Abbildung 20: Beispielhafte Darstellung eines vollständigen Kausalmodells[369]

Das vollständige Strukturgleichungsmodell in Form des Strukturmodells und der zwei Messmodelle lässt sich formal durch die folgenden drei Gleichungssysteme darstellen:[370]

(1) Strukturmodell: $\eta_{k1} = \Gamma \cdot \xi_{k1} + \zeta_{k1}$

(2) Messmodell der latenten endogenen Variablen: $y_{k1} = \lambda_3 \cdot \eta_{k1} + \varepsilon_{k1}$

(3) Messmodell der latenten exogenen Variablen: $x_{k1} = \lambda_1 \cdot \xi_{k1} + \delta_{k1}$

$x_{k2} = \lambda_2 \cdot \xi_{k2} + \delta_{k2}$

Mit Index k Beobachtungswerten und:

η: latente endogene Variable, die im Modell erklärt wird

ξ: latente exogene Variable, die im Modell nicht erklärt wird

---

369 Eigene Darstellung; inhaltlich und grafisch angelehnt an BACKHAUS, K.; ERICHSON, B.; PLINKE, W. et al. (2003), S. 350.

370 Vgl. BACKHAUS, K.; ERICHSON, B.; PLINKE, W. et al. (2003), S. 344ff. Für die entsprechende LISREL-Notation vgl. JÖRESKOG, K. G.; SÖRBOM, D. (1982), S. 404f; BAGOZZI, R. P.; BAUMGARTNER, H. (1994), S. 386f; ANDRES, J. (1992), S. 22ff.

Γ :   (m x n)-Matrix über die Beziehungen zwischen ξ- und η-Variablen
γ :   Strukturkoeffizient der Wirkung der ξ- auf die η-Variablen
y :   Indikatorvariable für die eine latente endogene Variable
x :   Indikatorvariable für die eine latente exogene Variable
λ :   Koeffizienten für die Messmodelle der Indikatorvariablen
ζ :   Residualvariable für eine latente endogene Variable
ε :   Residualvariable für eine Indikatorvariable y
δ :   Residualvariable für eine Indikatorvariable x

Zur vollständigen Definition des Strukturgleichungsmodells fehlt noch die Spezifizierung von Parametermatrizen mit den Korrelationen und Kovarianzen zwischen den Variablen.[371] Im Gesamtmodell erfolgt anschließend die Schätzung der Parameter mit dem Ziel, einen Vektor α von Parameterschätzwerten zu ermitteln, der gewährleistet, dass die vom Modell geschätzte Kovarianzmatrix Σ der empirisch ermittelten Kovarianzmatrix S möglichst ähnlich ist.[372] Dabei erfolgt die Schätzung der Kovarianzmatrix Σ durch Lösung des folgenden Minimierungsproblems, bei welchem F eine Diskrepanzfunktion darstellt, die die Unterschiedlichkeit zwischen den beiden Matrizen misst:[373]

(4) $f_S(\alpha) = F(S, \Sigma(\alpha)) \rightarrow \min$

Für die Lösung des unter (4) dargestellten Minimierungsproblems stehen verschiedene iterative Schätzverfahren zur Verfügung, von denen die Verfahren Maximum Likelyhood (ML) und Unweighted Least Squares (ULS) am gebräuchlichsten sind.[374] Diese beiden Verfahren sollten auch für die vorliegende Arbeit in Betracht gezogen werden. Weitere Verfahren zur Schätzung der Parameter, die zur Vollständigkeit

---

371 Für eine detaillierte Darstellung vgl. BACKHAUS, K.; ERICHSON, B.; PLINKE, W. et al. (2003), S. 349.
372 Vgl. HOMBURG, C.; BAUMGARTNER, H. (1998), S. 350.
373 Vgl. HOMBURG, C.; BAUMGARTNER, H. (1998), S. 350.
374 Vgl. hierzu die Bestandsaufnahmen zum Einsatz der Kausalanalyse und der jeweils verwendeten Schätzverfahren von BACKHAUS, K.; BÜSCHKEN, J. (1998), S. 160ff und HOMBURG, C.; BAUMGARTNER, H. (1995), S. 1101.

ebenfalls aufgeführt werden, sind Generalized Least Squares (GLS)[375] und Weighted Least Squares (WLS).[376] Bei der Auswahl des für das jeweilige Untersuchungsdesign adäquaten Schätzverfahrens sind insbesondere zwei Aspekte zu berücksichtigen: Zum einen die Verteilungsform der Indikatorvariablen und zum zweiten die für die Berechnungen zur Verfügung stehende Stichprobengröße.[377] Da aufgrund der ausreichenden Größe der Stichprobe lediglich die zugrunde liegende Verteilungsannahme einen maßgeblichen Einfluss auf die Auswahl des Schätzverfahrens hatte, wurde mittels der explorativen Analysen Kolmogorov-Smirnov-Test und Shapiro-Wilk-Test geprüft, ob für die in der Stichprobe vorliegenden Variablen eine Normalverteilung angenommen werden konnte.[378] Beide Tests sowie die zur Absicherung der Ergebnisse zusätzlich durchgeführte Analyse der Schiefe und Wölbung der Verteilung in Form des Normalverteilungsplots kamen zu dem Ergebnis, dass die Annahme einer Normalverteilung nicht bestätigt werden konnte.[379] Daher bot sich als iteratives Schätzverfahren für diese Arbeit die ULS-Schätzmethode an, die im Gegensatz zur ML-Methode nicht auf der Prämisse einer Normalverteilung aufbaut.[380]

Die Diskrepanzfunktion des ULS-Schätzverfahrens lautet wie folgt, wobei der Terminus sp die Summe der Diagonalelemente einer quadratischen Matrix bezeichnet:[381]

$$(5) \quad F_{ULS}(S, \Sigma(\alpha)) = \frac{1}{2} sp\,[(S - \Sigma(\alpha))^2]$$

Da jedoch bei der Anwendung der ULS-Methode gerade wegen der Tolerierung von nicht normalverteilten Variablen keine inferenzstatistischen Signifikanztests (t-Test

---

375 Vgl. BENTLER, P. M. (1982), S. 418; BROWNE, M. W.; CUDECK, R. (1989), S. 447.
376 Vgl. HOMBURG, C.; SÜTTERLIN, S. (1990), S. 187.
377 Vgl. BETZ, J. (2003), S. 77.
378 Für eine Übersicht zu den gewählten und durchgeführten Tests auf Normalverteilung vgl. JANSSEN, J.; LAATZ, W. (2005), S. 241ff.
379 ZINNBAUER et al. weisen darauf hin, dass Ratingskalen (ordinale Skalen) streng genommen nie die Voraussetzung einer Normalverteilung erfüllen; vgl. ZINNBAUER, M.; EBERL, M. (2004), S. 3.
380 Vgl. BACKHAUS, K.; ERICHSON, B.; PLINKE, W. et al. (2003), S. 363f; KAPLAN, D. (2000), S. 81.
381 Vgl. HOMBURG, C.; SÜTTERLIN, S. (1990), S. 186.

und F-Statistik) unterstützt werden,[382] soll im Ausnahmefall nur für diese Zwecke auf die ML-Schätzmethode zurückgegriffen werden.[383]

4.1.4. Anforderungen an die Reliabilität und Validität von Kausalmodellen

Die Operationalisierung komplexer Konstrukte - also das „messbar machen" nicht direkt zu beobachtender Variablen wie zum Beispiel Kundennähe[384] - stellt hohe Anforderungen an zugrunde liegende theoretische Analysen und methodische sowie statistische Forschungsabläufe.[385] Aus diesem Grund wurden zur Unterstützung des Forschungsprozesses verschiedene Verfahrensweisen und Regeln entwickelt, um eine sachgemäße Anwendung der einzusetzenden Verfahren und eine richtige Interpretation der Ergebnisse zu gewährleisten.[386] Eine in Bezug auf die wissenschaftliche Vorgehensweise strenge und äußerst umfassende Vorgehensweise ist von HOMBURG und GIERING entwickelt worden.[387] Aufgrund ihrer Detailliertheit sollen die von den Autoren zusammengestellten Leitlinien sowie das empfohlene Methodenspektrum auch Grundlage für die Operationalisierung der Konstrukte im Verlauf dieser Arbeit bilden.

Zwei zentrale Anforderungen an die Operationalisierung von Konstrukten stellen die Forderungen nach Reliabilität (Zuverlässigkeit) und Validität (Gültigkeit) dar.
In diesem Zusammenhang beschreibt die Reliabilität der Konstruktmessung, in welcher Qualität die Messung des Konstrukts über die beobachteten Indikatorvariablen erfolgt ist.[388] Eine Messung kann dann als reliabel bezeichnet werden, wenn zeitlich

---

382 Diese Teststatistiken beruhen auf der Annahme normalverteilter Variablen.

383 Eine analoge Vorgehensweise wurde von BETZ und CASPAR für die Durchführung von Signifikanztests bei den jeweils anhand des ULS-Verfahrens geschätzten Kausalmodellen gewählt; vgl. hierzu BETZ, J. (2003), S. 79 und CASPAR, M. (2002), S. 179.

384 Vgl. HOMBURG, C.; GIERING, A. (1996), S. 5.

385 Vgl. CHIN, W. W.; TODD, P. A. (1995), S. 237; HOMBURG, C.; BAUMGARTNER, H. (1998), S. 345 und BAGOZZI, R. P. (1981b), S. 375. Letzterer äußert sich zu den Gefahren der Fehlanwendung wie folgt: „The evaluation of structural equation models is a complex conceptual and empirical activity fraught with errors for the experienced and unexperienced researchers alike."; BAGOZZI, R. P. (1981b), S. 375.

386 Vgl. BALDERJAHN, I. (1998), S. 373; BOLLEN, K. A.; LONG, J. S. (1993b), S. 2ff; HILDEBRANDT, L. (1998), S. 87ff; JÖRESKOG, K. G. (1993), S. 294ff.

387 Vgl. HOMBURG, C.; GIERING, A. (1996), S. 5ff und HOMBURG, C.; GIERING, A. (1998), S. 113ff.

388 Vgl. HOMBURG, C.; GIERING, A. (1996), S. 6.

aufeinander folgende, unabhängige Messungen desselben Konstrukts einen hohen Grad an Übereinstimmung aufweisen.[389] Unabhängig von parallelen oder zeitlich aufeinander folgenden Untersuchungszeitpunkten erfüllt ein Messmodell die Forderung nach Reliabilität, wenn die Indikatoren einen großen Anteil der Varianz eines Faktors erklären und somit der Einfluss von Messfehlern gering ist.[390]

In Abgrenzung zur Reliabilität gibt die Validität an, ob das Messmodell eines Konstrukts konzeptionell fehlerfrei ist und ob die Indikatoren tatsächlich den Sachverhalt messen, der gemäß der Spezifikation gemessen werden soll:[391] „A measure is valid if it measures what it is supposed to measure."[392] Als Voraussetzung für eine valide Konstruktmessung sollte diesbezüglich gelten, dass die im Rahmen dieser Arbeit zum Einsatz kommenden komplexen Messmodelle[393] insgesamt die Anforderungen aus vier Unterkategorien der Validität erfüllen:[394]

- Die **Inhaltsvalidität** bezeichnet den Grad, demzufolge die Indikatoren eines Messmodells dem inhaltlichen Bereich des jeweiligen Konstrukts zuzurechnen sind und die Summe aller Indikatoren die gesamte Komplexität des Konstrukts erfasst.[395]

---

389 Vgl. BAGOZZI, R. P. (1994a), S. 16f. BAGOZZI unterscheidet weiter zwischen „internal consistency", bei deren Vorliegen eine hohe Übereinstimmung von zwei Messungen eines Konstrukts zu einem festen Zeitpunkt zu erwarten ist und der „test-retest realiability", bei der das selbe Konstrukt in zeitlich aufeinander folgenden Messungen erfasst wird und eine hohe Übereinstimmung zwischen den Messungen zu verlangen ist.

390 Vgl. CHURCHILL JR., G. A. (1979), S. 65; PETER, J. P. (1979), S. 7; PETER, J. P. (1981), S. 136 und PETER, J. P.; CHURCHILL JR., G. A. (1986), S. 4. „Measurement error is the source of unreliability and its primary cause is that items in the scale are not measuring the same phenomenon."; PETER, J. P. (1979), S. 7. "Reliability depends on how much of the variation in scores is attributable to random or chance errors."; CHURCHILL JR., G. A. (1979), S. 65. Für eine Differenzierung verschiedener Ursachen für Messfehler (z.B. random error, indicator specific error und group specific error); vgl. GERBING, D. W.; ANDERSON, J. C. (1984), S. 576ff.

391 Vgl. HOMBURG, C.; GIERING, A. (1996), S. 7 und HEELER, R. M.; RAY, M. L. (1972), S. 361. Für einen Überblick über verschiedene Arten der Validität vgl. SCHMIDT, R. (1996), S. 108ff.

392 HEELER, R. M.; RAY, M. L. (1972), S. 361.

393 Unter komplexen Messmodellen sind in diesem Zusammenhang mehrdimensionale und mehrfaktorielle Konstrukte zu verstehen, für deren Gültigkeit als Voraussetzung anzusehen ist, dass spezifische Unterarten der Validität festgestellt werden können. Dies gilt zum Beispiel für die Konvergenzvalidität.

394 Vgl. HOMBURG, C.; GIERING, A. (1996), S. 7f.

395 Vgl. BÖHLER, H. (2004), S. 114; HILDEBRANDT, L. (1998), S. 89f; NUNNALLY, J. C.; BERNSTEIN, I. H. (1994), S. 101ff und SONQUIST, J. A.; DUNKELBERG, W. C. (1977), S. 334.

- Die **Konvergenzvalidität** bezieht sich auf mehrdimensionale Messmodelle und postuliert, dass - zum einen - die einem spezifischen Faktor zugeordneten Indikatoren untereinander eine ausreichend starke Korrelation aufweisen sollen und - zum zweiten - zwischen den Faktoren, die zu einer Dimension verdichtet werden, hohe Zusammenhänge bestehen müssen.[396]

- Dem Anspruch der **Diskriminanzvalidität** genügt das Messmodell, sofern die Korrelationen zwischen Indikatoren, die verschiedene Faktoren messen, geringer sind als die Korrelationen zwischen Indikatoren, die denselben Faktor konstituieren:[397] „Discriminant measure validation is shown by predictably low correlations between the measure of interest and other measures that are supposedly not measuring the same variable or concept."[398] Auf dem Niveau der Faktoren gelten die gleichen Ansprüche für die Messmodelle der Dimensionen.[399]

- Schließlich gibt die **nomologische Validität** darüber Aufschluss, ob die empirischen Ergebnisse im Verlauf der Untersuchung nicht im Widerspruch zu den ursprünglichen Hypothesen und dem übergeordneten theoretischen Rahmen stehen.[400]

4.1.5. Kriterien zur Beurteilung der Messmodelle

Bevor die Güte eines Messmodells beurteilt werden kann, ist eine wesentliche Voraussetzung, dass das Modell im mathematischen Sinne lösbar - also identifiziert - ist.[401] Hierfür ist eine nicht hinreichende, aber maßgebliche Bedingung, dass die Informationen aus den empirischen Daten ausreichen, um die dem Modell zugrunde liegenden unbekannten Parameter eindeutig schätzen zu können. Die Anzahl der auf

---

396 Vgl. HOMBURG, C.; GIERING, A. (1996), S. 7; CHURCHILL JR., G. A. (1979), S. 70; BAGOZZI, R. P.; PHILLIPS, L. W. (1982), S. 468 und FORNELL, C.; LARCKER, D. F. (1981b), S. 383f.

397 Vgl. CHURCHILL JR., G. A. (1979), S. 70; PETER, J. P.; CHURCHILL JR., G. A. (1986), S. 4 und HOMBURG, C.; GIERING, A. (1996), S. 7.

398 HEELER, R. M.; RAY, M. L. (1972), S. 362.

399 Vgl. HOMBURG, C.; GIERING, A. (1996), S. 7 und HOMBURG, C.; GIERING, A. (1998), S. 118.

400 Vgl. HOMBURG, C.; GIERING, A. (1998), S. 118 und PETER, J. P.; CHURCHILL JR., G. A. (1986), S. 4f. RUEKERT et al. definieren die nomologische Validität wie folgt: „If a relationship between two constructs is established in theory and the measures of those constructs behave as expected with respect to each other, the nomological validity of the measures is supported."; RUEKERT, R. W.; CHURCHILL JR., G. A. (1984), S. 231.

401 Vgl. JÖRESKOG, K. G. (1993), S. 299; KLINE, R. B. (1998), S. 108ff.

Grundlage der erhobenen Daten ermittelten Gleichungssysteme muss also mindestens genauso hoch sein wie die Anzahl der zu schätzenden Modellparameter.[402] Sofern ein Modell identifiziert ist und die Forderung nach Konsistenz in der Form erfüllt ist, dass keine unplausiblen Schätzergebnisse der einzelnen Parameter auftreten,[403] kann die Anpassungsgüte des Modells beurteilt werden.[404]

Zur Beurteilung der Reliabilität und Validität von Messmodellen kann auf eine Vielzahl von Gütekriterien zurückgegriffen werden.[405] Im Rahmen dieser Arbeit sollen die Reliabilitäts- und Validitätskriterien der ersten und zweiten Generation zur Anwendung kommen, deren Einsatz HOMBURG und GIERING für die Konzeptualisierung und Operationalisierung komplexer Konstrukte empfehlen. Der ersten Generation sind die folgenden Ansätze zuzurechnen:[406]

- Die explorative Faktorenanalyse,
- das Cronbach'sche Alpha und
- die Item-to-Total-Korrelation.

Zur Ermittlung von Strukturen findet die explorative Faktorenanalyse Anwendung, ohne dass im Vorfeld der Analyse Hypothesen über die Faktoren oder Dimensionen vorliegen müssen.[407] Sie dient als Messinstrument zur Prüfung der Validität, indem eine Anzahl von Indikatoren auf deren zugrunde liegende Faktor- bzw. Dimensionenstruktur überprüft wird.[408] So kann im Anschluss an die Verdichtung der Indikatoren zu einzelnen Faktoren eine Bewertung der Diskriminanz- und Konvergenzvalidität

---

402 Vgl. ARBUCKLE, J. L. (2005), S. 76; BAGOZZI, R. P.; BAUMGARTNER, H. (1994), S. 391; BACKHAUS, K.; ERICHSON, B.; PLINKE, W. et al. (2003), S. 360f; BOLLEN, K. A. (1989), S. 326ff.

403 Unplausible Parameterschätzungen wären zum Beispiel negative Varianzen oder Kovarianzen; vgl. hierzu JÖRESKOG, K. G.; SÖRBOM, D. (1982), S. 407.

404 Die im Verlauf der vorliegenden Arbeit berechneten Kausalmodelle waren gesamthaft identifiziert. In dem umfänglichsten Gesamtmodell waren bei 496 empirischen Varianzen und Kovarianzen 99 Parameter mit 397 Freiheitsgraden zu schätzen.

405 Vgl. BALDERJAHN, I. (1998), S. 385ff; CASPAR, M. (2002), S. 164; TANAKA, J. S. (1993), S. 10ff.

406 Vgl. HOMBURG, C.; GIERING, A. (1996), S. 8 und HOMBURG, C.; GIERING, A. (1998), S. 119.

407 Vgl. BACKHAUS, K.; ERICHSON, B.; PLINKE, W. et al. (2003), S. 260ff; HÜTTNER, M.; SCHWARTING, U. (2000), S. 383f; STEWART, D.; BARNES, J.; CUDECK, R. et al. (2001), S. 76 und NUNNALLY, J. C.; BERNSTEIN, I. H. (1994), S. 447ff.

408 Vgl. CHURCHILL JR., G. A. (1979), S. 69.

vorgenommen werden:[409] „Von einem sinnvollen Ausmaß an Konvergenz- und Diskriminanzvalidität kann in diesem Rahmen ausgegangen werden, wenn sich alle Indikatoren eindeutig einem Faktor zuordnen lassen. Dies ist genau dann möglich, wenn alle Indikatoren auf einen Faktor ausreichend hoch laden (bspw. ≥ 0,4), während sie im Hinblick auf die anderen Faktoren deutlich niedrigere Faktorladungen aufweisen."[410] Die Anzahl der zu extrahierenden Faktoren wird anhand des Kaiser-Kriteriums festgelegt,[411] demzufolge der Eigenwert[412] eines Faktors größer als Eins sein muss.[413] Zur Ermittlung der zugrunde liegenden Faktorenstruktur soll das verbreitete Varimax-Verfahren nach dem Vorgehen der Hauptkomponentenanalyse eingesetzt werden,[414] da es sich bei den im Rahmen dieser Arbeit verwendeten Variablen um reflektive Indikatoren handelt.[415] Schließlich wird die Angemessenheit der Ausgangsdaten durch Analyse der Anti-Image-Korrelationsmatrizen anhand des KMO-Kriteriums geprüft (Kaiser-Meyer-Olkin-Kriterium).[416] Dabei sind Werte ≥ 0,6 anzustreben bzw. als akzeptabel für faktoranalytische Zwecke einzustufen.[417] Der abschließende Bartlett-Test auf Sphärizität prüft im Rahmen eines Signifikanztests,

---

[409] Vgl. BETZ, J. (2003), S. 89f; HOMBURG, C.; GIERING, A. (1996), S. 8.

[410] HOMBURG, C.; GIERING, A. (1996), S. 8.

[411] Nach dem Kaiser-Kriterium ist die Anzahl der für eine gegebene Menge von Indikatoren zu extrahierenden Faktoren gleich der Anzahl von Faktoren mit einem Eigenwert größer als Eins; vgl. BACKHAUS, K.; ERICHSON, B.; PLINKE, W. et al. (2003), S. 295.

[412] Der Eigenwert ist der durch den jeweiligen Faktor erklärte Teil der Gesamtvarianz. Er wird berechnet aus der Summe aller quadrierten Faktorladungen eines Faktors über alle Variablen, die den betrachteten Faktor konstituieren; vgl. BACKHAUS, K.; ERICHSON, B.; PLINKE, W. et al. (2003), S. 295.

[413] Vgl. JANSSEN, J.; LAATZ, W. (2005), S. 501ff.

[414] Vgl. HÜTTNER, M.; SCHWARTING, U. (2000), S. 397; BELLGARDT, E. (2004), S. 213; HARTUNG, J.; ELPELT, B. (1999), S. 527ff.

[415] Vgl. BACKHAUS, K.; ERICHSON, B.; PLINKE, W. et al. (2003), S. 293. Zur Extraktion der Faktoren stehen die Verfahren Hauptkomponentenanalyse und Hauptachsenanalyse zur Verfügung. Beide Verfahren unterscheiden sich nicht in Bezug auf ihre Rechentechnik, sondern bzgl. ihrer Prämissen und Interpretationen der extrahierten Faktoren. Während die Hauptkomponentenanalyse Faktoren als Sammelbegriff ihrer Indikatoren interpretiert, basiert die Interpretation der Faktoren im Rahmen einer Hauptachsenanalyse auf der Fragestellung, welche Ursache hinter den hohen Ladungen der Indikatoren auf den jeweiligen Faktor steht. Da die in dieser Arbeit eingesetzten reflektiven Indikatoren den jeweiligen Faktor nicht verursachen, sondern lediglich als Sammelbegriff des Faktors zusammengefasst werden, kam im Rahmen dieser Arbeit die Hauptkomponentenanalyse zum Einsatz; vgl. hierzu BACKHAUS, K.; BÜSCHKEN, J. (1998), S. 292f und die Ausführungen zu reflektiven und formativen Indikatoren im Abschnitt 4.1.2. auf der Seite 95.

[416] Alternativ wird das Kaiser-Meyer-Olkin-Kriterium auch als MSA (measure of sampling adequacy) bezeichnet.

[417] Vgl. BACKHAUS, K.; ERICHSON, B.; PLINKE, W. et al. (2003), S. 276.

ob die Korrelationskoeffizienten in der Korrelationsmatrix signifikant von Null abweichen und somit eine Faktorenanalyse auf Grundlage der vorliegenden empirischen Daten sinnvoll durchzuführen ist, wovon bei einem hohen Signifikanzniveau auszugehen ist.[418]

Das Cronbach'sche Alpha ist ein Maß für die Reliabilität einer Konstruktmessung durch die entsprechenden Indikatoren und gibt Auskunft über die interne Konsistenz der Indikatoren eines Faktors.[419] Bei möglichen Wertebereichen von Null bis Eins weisen hohe Werte nahe Eins auf eine hohe Reliabilität der Konstruktmessung hin, wobei gemeinhin von einer reliablen Messung ausgegangen wird, wenn das Cronbach'sche Alpha den Wert von 0,7 mindestens erreicht.[420] Bei Messmodellen mit drei oder weniger Indikatoren gelten allerdings auch geringere Werte als Indikation für eine ausreichende Reliabilität (z.B. $\geq 0{,}4$).[421]

Die Item-to-Total-Korrelation gibt die Korrelation einer Indikatorvariablen mit der Gesamtheit der Indikatoren an, die einen spezifischen Faktor konstituieren. Während in Bezug auf die Messung des betrachteten Faktors eine hohe Item-to-Total-Korrelation gefordert wird (Konvergenzvalidität), sollte zu anderen Faktoren eine möglichst geringe Korrelation bestehen (Diskriminanzvalidität).[422] Darüber hinaus sollte bei geringen Werten des Cronbach'schen Alphas die Reliabilität des Messmodells dadurch verbessert werden, dass sukzessive diejenigen Indikatoren ausgeschlossen werden, welche die geringste Item-to-Total-Korrelation aufweisen.[423]

Die zuvor dargestellten Reliabilitäts- und Validitätskriterien der ersten Generation weisen bezüglich ihrer Prämissen und methodischen Vorgehensweisen Schwach-

---

418 Vgl. JANSSEN, J.; LAATZ, W. (2005), S. 523.
419 Vgl. BAGOZZI, R. P. (1994a), S. 16ff; BAGOZZI, R. P. (1994c), S. 323 ; CHURCHILL JR., G. A. (1979), S. 68; HOMBURG, C.; GIERING, A. (1996), S. 8; PETER, J. P. (1979), S. 8. Das Cronbach'sche Alpha wird alternativ auch als "Cronbachs coefficient" bezeichnet; vgl. PETER, J. P. (1979), S. 8.
420 Vgl. CHURCHILL JR., G. A. (1979), S. 68; RUEKERT, R. W.; CHURCHILL JR., G. A. (1984), S. 230; BECKER, J. (1999), S. 71; NUNNALLY, J. C. (1978), S. 245.
421 Vgl. CASPAR, M. (2002), S. 164; PETER, S. I. (1997), S. 180.
422 Vgl. RUEKERT, R. W.; CHURCHILL JR., G. A. (1984), S. 229.
423 Vgl. CHURCHILL JR., G. A. (1979), S. 68f.

stellen auf, die deren Leistungsfähigkeit einschränken.[424] Beispielsweise warnt CHURCHILL, dass infolge des Einsatzes der exploratorischen Faktorenanalyse zahlreiche zusätzliche Dimensionen identifiziert werden, die keine theoretisch fundierte Grundlage haben.[425] Bezüglich der Berechnung des Cronbach'schen Alphas ist die Prämisse zu kritisieren, derzufolge alle betrachteten Indikatoren die gleiche Reliabilität aufweisen.[426] Darüber hinaus bieten die Verfahren der ersten Generation keine Möglichkeit der inferenzstatistischen Prüfung.[427]

Die genannten Kritikpunkte und die mit der geäußerten Kritik verbundenen Empfehlungen verdeutlichen, dass die Kriterien der ersten Generation um weitere Methoden erweitert werden sollten.[428] Hier setzt die konfirmatorische Faktorenanalyse an, die sich von der explorativen Variante dadurch unterscheidet, dass vom Forscher im Vorfeld der Analyse Hypothesen über die vermuteten Wirkungszusammenhänge zu entwickeln sind, die anschließend anhand der empirischen Daten überprüft werden.[429] Für die Prüfung der Reliabilität und Validität der Messmodelle der latenten exogenen und endogenen Variablen stehen sowohl Signifikanztests als auch globale und lokale Gütemaße zur Verfügung.[430]

---

424 Vgl. GERBING, D. W.; ANDERSON, J. C. (1988), S. 186. BAGOZZI, R. P.; YI, Y.; PHILLIPS, L. W. (1991), S. 422ff. Für eine allgemeine Kritik an traditionellen Methoden (z.B. Korrelationsanalyse) zur Validierung von Konstrukten vgl. BAGOZZI, R. P.; PHILLIPS, L. W. (1982), S. 468.

425 Vgl. CHURCHILL JR., G. A. (1979), S. 69. Diesen Effekt erklärt CHURCHILL durch so genannte garbage items, die im Rahmen einer konfirmatorischen Analyse ausgeschlossen werden würden. Aus diesem Grunde empfiehlt CHURCHILL, der exploratorischen Analyse eine konfirmative folgen zu lassen; vgl. CHURCHILL JR., G. A. (1979), S. 69.

426 Vgl. GERBING, D. W.; ANDERSON, J. C. (1988), S. 190; „[...] in the computation of coefficient alpha, one assumes that [...] the items have equal reliabilities."; GERBING, D. W.; ANDERSON, J. C. (1988), S. 190.

427 Vgl. GERBING, D. W.; ANDERSON, J. C. (1988), S. 189.

428 Vgl. BAGOZZI, R. P.; PHILLIPS, L. W. (1982), S. 459ff; BAGOZZI, R. P.; YI, Y.; PHILLIPS, L. W. (1991), S. 421ff; FORNELL, C.; LARCKER, D. F. (1981a), S. 39; BOLLEN, K. A.; LONG, J. S. (1993a), S. 1.

429 Vgl. HILDEBRANDT, L.; RUDINGER, G.; SCHMIDT, P. (1992), S. 5.

430 Vgl. HOMBURG, C.; GIERING, A. (1996), S. 9.

Zu den globalen Gütemaßen, die auf einem Vergleich zwischen der empirischen Kovarianzmatrix und der im Modell spezifizierten Kovarianzmatrix beruhen, sind die folgenden Kriterien zu zählen:[431]

- Der Chi-Quadrat-Test (χ^2-Test);
- der Goodness-of-Fit-Index (GFI);
- der Adjusted Goodness-of-Fit-Index (AGFI);
- der Normed-Fit-Index (NFI) sowie
- das Root-Mean-Square-Residual (RMR).

Mit Hilfe des χ^2-Tests wird ein Modell einem inferenzstatistischen Test unterzogen. Dabei wird eine Nullhypothese aufgestellt, derzufolge das spezifizierte Modell richtig ist, da sich die reproduzierte Kovarianzmatrix von der empirischen Kovarianzmatrix nicht unterscheidet.[432] Abgelehnt werden muss diese Hypothese, sofern der χ^2-Wert bei einer zu fixierenden Wahrscheinlichkeit p (im Regelfall 5%) einen im Verhältnis zu den Freiheitsgraden zu großen Wert erreicht.[433] Die Aussagekraft des χ^2-Tests ist in der Literatur jedoch aufgrund verschiedener Annahmen und Wirkungsmechaniken unter anderem wegen der direkten Abhängigkeit von der Stichprobengröße umstritten,[434] so dass JÖRESKOG und SÖRBOM lediglich einen informativen Ausweis als Quotient des χ^2-Wertes mit den Freiheitsgraden des Modells empfehlen.[435] Dieser Empfehlung soll neben den zuvor genannten Gründen auch deshalb gefolgt werden, da der χ^2-Wert auf Basis der Annahme einer Normalverteilung berechnet wird, wobei genau diese Voraussetzung bei den im Rahmen dieser Arbeit eingesetzten Indikatoren nicht erfüllt ist.[436]

---

431 Vgl. HOMBURG, C.; BAUMGARTNER, H. (1998), S. 351ff und JÖRESKOG, K. G. (1993), S. 307ff.
432 Vgl. BENTLER, P. M. (1980), S. 428.
433 Vgl. HOMBURG, C.; GIERING, A. (1996), S. 10.
434 Vgl. BENTLER, P. M. (1990), S. 164; BAGOZZI, R. P. (1981a), S. 1981; BAGOZZI, R. P.; BAUMGARTNER, H. (1994), S. 399; FORNELL, C.; LARCKER, D. F. (1981a), S. 40; FORNELL, C.; LARCKER, D. F. (1984), S. 113f; HOMBURG, C.; DOBRATZ, A. (1998), S. 454ff.
435 Vgl. JÖRESKOG, K. G.; SÖRBOM, D. (1982), S. 408.
436 Aus diesem Grund werden konsequenterweise durch AMOS auch keine Chi-Quadrat-Werte auf Basis des ULS-Schätzverfahrens berechnet; vgl. ARBUCKLE, J. L.; WOTHKE, W. (1995), S. 399 und ARBUCKLE, J. L. (2005), S. 493.

Sowohl der GFI als auch der AGFI sind zwei deskriptive Anpassungsmaße, die die Diskrepanz zwischen der empirischen Kovarianzmatrix (S) und der im Modell spezifizierten Kovarianzmatrix (Σ) beschreiben. Der mögliche Wertebereich der Anpassungsmaße reicht von Null bis Eins, wobei gilt, dass Werte nahe Eins auf eine gute Modellanpassung schließen lassen. Der Wert Eins ist diesbezüglich als ideale Anpassung zu sehen, bei dem beide Kovarianzmatrizen identisch sind (S = Σ).[437] Im Vergleich mit dem AGFI ist die Aussagekraft des GFI als geringer einzustufen, da dieser die Freiheitsgrade des Modells nicht berücksichtigt. Dies führt dazu, dass die Ergänzung weiterer Modellparameter im Regelfall zu einer Verbesserung der Anpassungsgüte des Modells führt.[438] Da bei der Berechnung des AGFI die Anzahl der im Modell verwendeten Parameter Berücksichtigung findet und eine vergleichsweise höhere Anzahl an Freiheitsgraden positiv auf dieses Anpassungsmaß wirkt, ist die Aussagekraft des AGFI als höher einzustufen.[439] Als anzustrebende Wertebereiche für den GFI und den AGFI sollen die allgemein angewandten Grenzwerte von $\geq$ 0,9 gelten.[440] Gleiches gilt für den NFI, der die Anpassungsgüte beim Übergang vom Basismodell zu dem spezifizierten Modell misst und ebenfalls Werte zwischen Null und Eins annehmen kann.[441] Abschließend soll noch der Root-Mean-Square-Residual (RMR) als globales Gütekriterium Anwendung finden.[442] Der RMR gibt die durchschnittliche Größe der nicht erklärten Varianz bei der Anpassung der empirischen und der dem Modell zugrunde liegenden Kovarianzmatrizen an. Auf eine gute Modellanpassung des auf den Wertebereich von Null bis Eins normierten RMR weisen möglichst geringe Werte $\leq$ 0,1 hin.[443]

---

437 Vgl. BAGOZZI, R. P.; BAUMGARTNER, H. (1994); S. 398f; JÖRESKOG, K. G. (1993), S. 309; MACCALLUM, R. C.; HONG, S. (1997), S. 200ff; TANAKA, J. S. (1993), S. 20. Für die zugrunde liegenden Formeln zur Berechnung des GFI und AGFI vgl. BAGOZZI, R. P.; BAUMGARTNER, H. (1994); S. 398 und MACCALLUM, R. C.; HONG, S. (1997), S. 200 und S. 203.

438 Zur Problematik der Verbesserung von Fit Indizes durch Hinzufügung von zusätzlichen Modellparametern vgl. BROWNE, M. W.; CUDECK, R. (1993), S. 136.

439 Vgl. HOMBURG, C.; GIERING, A. (1996), S. 10 und HOMBURG, C.; GIERING, A. (1998), S. 123.

440 Vgl. BÖING, C. (2001), S. 106; HOLSTE, A. (2003), S. 115; HOMBURG, C.; PFLESSER, C. (2000a), S. 430 und HOMBURG, C.; BAUMGARTNER, H. (1998), S. 355f.

441 Vgl. CASPAR, M. (2002), S. 169f; GERBING, D. W.; ANDERSON, J. C. (1993), S. 43 und TANAKA, J. S. (1993), S. 13f.

442 Für die Formel zur Berechnung des RMR vgl. BALDERJAHN, I. (1998), S. 385.

443 Vgl. ARBUCKLE, J. L. (2005), S. 508; ANDRES, J. (1992), S. 41; HOMBURG, C.; BAUMGARTNER, H. (1998), S. 355. HOMBURG et al. schätzen RMR-Werte bis 0,05 als gut ein. Für die Vorgabe von Werten $\leq$ 0,1 als akzeptable Grenze vgl. BÖING, C. (2001), S. 106 und HONG, W.;

Nachdem die Qualifizierung der Gesamtgüte eines Modells anhand der oben skizzierten globalen Gütekriterien abgeschlossen ist, erfolgt im folgenden Schritt die Beurteilung einzelner Teilstrukturen des Gesamtmodells auf Basis der lokalen Gütekriterien. Hierunter fallen:[444]

- Die Indikatorreliabilität,
- die Faktorreliabilität sowie
- die durchschnittlich erfasste Varianz (DEV) eines Faktors.

Die Indikatorreliabilität gibt jeweils für die einzelnen Indikatoren eines Faktors den Anteil der durch den zugehörigen Faktor erklärten Varianz an der gesamten Varianz des betrachteten Indikators an.[445] Wie die Bezeichnung Indikatorreliabilität andeutet, ist sie ein Maß für die Reliabilität, mit welcher der zugrunde liegende Faktor von dem jeweils betrachteten Indikator gemessen wird. Da sich im Fall von standardisierten Variablen die Indikatorreliabilität aus dem Quadrat der jeweiligen Faktorladungen eines Indikators ergibt, berechnen sich die Indikatorreliabilitäten aus den quadrierten Faktorladungen der Indikatoren.[446] Der Wertebereich der Indikatorreliabilität erstreckt sich von Null bis Eins, wobei im Allgemeinen ein Wert $\geq 0{,}4$ als ausreichend reliabel eingeschätzt wird.[447]

Während die Indikatorreliabilität die Beziehung eines Indikators mit dem jeweils zugeordneten Faktor zum Inhalt hat, untersucht die Faktorreliabilität, wie gut alle dem Faktor zugeordneten Indikatoren den Faktor messen.[448] Da dieser Wert von AMOS

THONG, J. Y. L.; WONG, W. et al. (2001), S. 110. Für die Sensitivität des RMR auf ‚nonsampling errors' vgl. die Bootstrapping-Studie von BONE, P. F.; SHARMA, S.; SHIMP, T. A. (1989), S. 108.

444 Vgl. HOMBURG, C.; GIERING, A. (1996), S. 10; HOMBURG, C.; GIERING, A. (1998), S. 124.

445 Vgl. HOMBURG, C.; BAUMGARTNER, H. (1998), S. 360; HOMBURG, C.; GIERING, A. (1996), S. 10.

446 Vgl. BAGOZZI, R. P.; BAUMGARTNER, H. (1994), S. 402; JÖRESKOG, K. G.; SÖRBOM, D. (1982), S. 407 und CHAU, P. Y. K.; LAI, V. S. K. (2003), S. 131. Für die entsprechende Formel vgl. FORNELL, C.; LARCKER, D. F. (1981a), S. 45 und BAGOZZI, R. P. (1981a), S. 196. Der Wert der quadrierten Faktorladungen wird unter der Bezeichnung „squared multiple correlations" direkt vom Softwareprogramm AMOS ausgegeben und muss somit nicht berechnet werden.

447 Für den Vorschlag bzw. die Verwendung eines Grenzwertes der Indikatorreliabilität von $\geq 0{,}4$ vgl. BAUER, H.; FALK, T.; HAMMERSCHMIDT, M. (2004), S. 53; BAUER, H.; HAMMERSCHMIDT, M. (2005), S. 756; BECKER, J. (1999), S. 81; BAGOZZI, R. P.; BAUMGARTNER, H. (1994), S. 402; BALDERJAHN, I. (1986), S. 170; BETZ, J. (2003), S. 82; CASPAR, M. (2002), S. 170 und TAYLOR, S.; TODD, P. A. (1995), S. 157.

448 Vgl. BAGOZZI, R. P. (1981a), S. 196; BAGOZZI, R. P. (1994c), S. 330; FORNELL, C.; LARCKER, D. F. (1981a), S. 45; HEELER, R. M.; RAY, M. L. (1972), S. 362. Im Englischen wird die

nicht ausgewiesen wird, muss er für die einzelnen Variablen nach der folgenden Formel berechnet werden:[449]

(6) Faktorreliabilität = rel(ξ_j) = $\dfrac{\left(\sum\limits_{i=1}^{k}\lambda_{ij}\right)^2 \phi_{jj}}{\left(\sum\limits_{i=1}^{k}\lambda_{ij}\right)^2 \phi_{jj} + \sum\limits_{i=1}^{k}\theta_{ii}}$

Mit k Indikatorvariablen und den folgenden Parametern:

λ_{ij} : geschätzte Faktorladung zwischen Indikator x_i und Faktor ξ_j ;

ϕ_{jj} : die geschätzte Varianz des Faktors ξ_j ;

θ_{ii} : die geschätzte Varianz des Messfehlers δ_i bei dem Indikator x_i.

Die Faktorreliabilität verfügt über einen Wertebereich im Intervall von Null bis Eins, wobei ein Wert nahe Eins für eine sehr hohe Reliabilität spricht und gemeinhin ein Wert von ≥ 0,6 als Beleg für eine ausreichend hohe Reliabilität angesehen wird.[450]

Auch die durchschnittlich erfasste Varianz (DEV) eines Faktors ist ein Kriterium zur Beurteilung, wie gut die Indikatoren den Faktor messen. Da auch der Wert der DEV nicht von AMOS ausgewiesen wird, erfolgt die Berechnung für die einzelnen Konstrukte nach der folgenden Formel:[451]

(7) Durchschnittlich erfasste Varianz = DEV(ξ_j) = $\dfrac{\sum\limits_{i=1}^{k}\lambda_{ij}^2 \phi_{jj}}{\sum\limits_{i=1}^{k}\lambda_{ij}^2 \phi_{jj} + \sum\limits_{i=1}^{k}\theta_{ii}}$

Faktorreliabilität als "composite reliability" oder "construct reliability" bezeichnet; vgl. HEELER, R. M.; RAY, M. L. (1972), S. 362 und BAGOZZI, R. P. (1994c), S. 330.

449 Vgl. HOMBURG, C.; GIERING, A. (1996), S. 10; HOMBURG, C.; GIERING, A. (1998), S. 125.

450 Für den Vorschlag bzw. die Verwendung eines Grenzwertes der Faktorreliabilität von ≥ 0,6 vgl. BAUER, H.; FALK, T.; HAMMERSCHMIDT, M. (2004), S. 53; BAUER, H.; HAMMERSCHMIDT, M. (2005), S. 756; BECKER, J. (1999), S. 81; BÖING, C. (2001), S. 105f; CHEN, L.; TAN, J. (2004), S. 81; HOMBURG, C.; BAUMGARTNER, H. (1998), S. 361 und HOMBURG, C.; PFLESSER, C. (2000b), S. 651.

451 Vgl. FORNELL, C.; LARCKER, D. F. (1981a), S. 45f; HOMBURG, C.; GIERING, A. (1996), S. 11; HOMBURG, C.; GIERING, A. (1998), S. 125.

Mit k Indikatorvariablen und den folgenden Parametern:

λ_{ij} : geschätzte Faktorladung zwischen Indikator x_i und Faktor ξ_j ;

ϕ_{jj} : die geschätzte Varianz des Faktors ξ_j ;

θii : die geschätzte Varianz des Messfehlers δ_i bei dem Indikator x_i .

Auch die DEV verfügt über den Wertebereich im Intervall von Null bis Eins, wobei Werte nahe Eins für eine sehr hohe Reliabilität des Messmodells sprechen, da - gemäß der obigen Formel (7) - die geschätzte Summe der Varianzen der Messfehler δ über alle Indikatoren i=1 bis k einen Wert von nahezu Null aufweisen würde. Bei der Validierung von latenten Konstrukten werden Wertebereiche der DEV als akzeptabel angesehen, die einen Wert von 0,5 mindestens erreichen.[452]

Zuvor wurde aufgrund der Verletzung der Normalverteilungsannahme und der berechtigten Kritik am χ^2-Test festgelegt, dass dieser lediglich zur Information als Quotient aus dem χ^2-Wert und den Freiheitsgraden ausgewiesen werden soll.[453] Eine Ausnahme soll der χ^2-Differenztest bilden, bei dem zur Prüfung der Diskriminanzvalidität von Faktoren der χ^2-Wert eines Ursprungmodells in einem iterativen Vorgehen mit dem χ^2-Wert verschiedener restriktiverer Modelle verglichen wird, bei denen jeweils die Korrelation zwischen zwei Faktoren auf Eins gesetzt wird.[454] Sofern aus der Modifikation des Modells eine Erhöhung des χ^2-Wertes von ≥ 3,841 resultiert, muss die Nullhypothese, dass beide Faktoren vollständig miteinander korrelieren, auf dem üblichen fünfprozentigen Konfidenzniveau abgelehnt werden.[455] Die Verwendung des χ^2-Differenztests scheint in diesem Fall trotz Verletzung der Normalverteilungsannahme vertretbar zu sein, da nicht die absoluten χ^2-Werte für

---

452 Für den Vorschlag bzw. die Verwendung eines Grenzwertes der DEV von ≥ 0,5 vgl. BAUER, H.; FALK, T.; HAMMERSCHMIDT, M. (2004), S. 53; BAUER, H.; HAMMERSCHMIDT, M. (2005), S. 756; BECKER, J. (1999), S. 81; CHEN, L.; TAN, J. (2004), S. 81; CHAU, P. Y. K.; LAI, V. S. K. (2003), S. 132; HOMBURG, C.; BAUMGARTNER, H. (1998), S. 361; HONG, W.; THONG, J. Y. L.; WONG, W. et al. (2001), S. 109 und JIANG, J. J.; HSU, M. K.; KLEIN, G. et al. (2000), S. 270.

453 Vgl. HOMBURG, C.; GIERING, A. (1996), S. 10; HOMBURG, C.; GIERING, A. (1998), S. 123; JÖRESKOG, K. G.; SÖRBOM, D. (1982), S. 408.

454 Vgl. BENTLER, P. M. (1980), S. 429; BOLLEN, K. A.; STINE, R. A. (1993), S. 122; HOMBURG, C.; DOBRATZ, A. (1998), S. 456ff.

455 Vgl. HOMBURG, C. (1995), S. 95.

das Testergebnis und dessen Interpretation relevant sind, sondern die jeweils mit dem ULS-Verfahren geschätzten Differenzen der χ^2-Werte.[456] Außerdem soll der χ^2-Differenztest lediglich flankierend zu dem Fornell-Larcker-Kriterium verwendet werden, das als wesentlich strengeres Kriterium zur Beurteilung der Diskriminanzvalidität anzusehen ist.[457] Dem Fornell-Larcker-Kriterium zufolge wird gefordert, dass die DEV jedes Faktors größer ist als jede quadrierte Korrelation eines Faktors mit einem anderen Faktor.[458]

Die folgende Abbildung fasst noch einmal die relevanten und zuvor skizzierten Gütekriterien der ersten und zweiten Generation sowie die individuellen Anspruchsniveaus und Schwellenwerte zusammen:

---

456 Für eine analoge Vorgehensweise vgl. BETZ, J. (2003), S. 81; CASPAR, M. (2002), S. 169.
457 Vgl. HOMBURG, C.; GIERING, A. (1996), S. 11; ZINNBAUER, M.; EBERL, M. (2004), S. 8.
458 Vgl. FORNELL, C.; LARCKER, D. F. (1981a), S. 46; KALAFATIS, S. P.; SARPONG JR., S.; SHARIF, K. J. (2005), S. 264. Die Anwendung des Fornell-Larcker-Kriteriums berücksichtigt damit auch die Forderung, dass zur Prüfung der Dimensionalität alle Indikatoren einer Dimension gemeinsam in einem konfirmatorischen, faktoranalytischen Modell beleuchtet werden; vgl. hierzu ANDERSON, J. C.; GERBING, D. W.; HUNTER, J. E. (1987), S. 435ff.

Gütekriterien der ersten Generation bzw. der Untersuchungsstufe A	
Kriterien	Anspruchsniveau
• Erklärte Varianz (exploratorische Faktorenanalyse)	≥ 50 Prozent
• Bartlett-Test	p ≤ 0,01
• KMO-Kriterium	≥ 0,6
• Faktorladung (exploratorische Faktorenanalyse)	≥ 0,4
• Cronbachs Alpha	≥ 0,7

Gütekriterien der zweiten Generation	
Kriterien	Anspruchsniveau
• Chi-Quadrat / df (Freiheitsgrade)	≤ 5
• GFI	≥ 0,9
• AGFI	≥ 0,9
• NFI	≥ 0,9
• RMR	≤ 0,1
• Indikatorreliabilität	≥ 0,4
• Faktorreliabilität	≥ 0,6
• Durchschnittlich erfasste Varianz (DEV)	≥ 0,5
• Chi-Quadrat-Differenztest	Differenz ≥ 3,841
• Fornell-Larcker-Kriterium	Zu erfüllen*

* Durchschnittlich erfasste Varianz eines Faktors ist größer als jede quadrierte Korrelation dieses Faktors mit einem anderen Faktor desselben Konstruktes bzw. derselben Dimension

Abbildung 21: Gütekriterien und deren Anspruchsniveaus[459]

4.1.6. Vorgehensweise zur Operationalisierung der Konstrukte

Im Hinblick auf die Kompatibilität der zu prüfenden Modelle mit den Anspruchsniveaus der Gütekriterien soll für den Verlauf der Untersuchung gelten, dass die Nichterfüllung eines Kriteriums nicht automatisch zur Ablehnung des Modells führt. Da die Kriterien als Indikation für eine schlechtere bzw. bessere Anpassung der empirischen Daten an die spezifizierten Modelle zu verstehen sind, soll über die Annahme bzw. Ablehnung der Modelle anhand des folgenden Prüfschemas entschieden werden:[460]

1. Ein Modell wird abgelehnt, wenn die Vorbedingungen der Identifizierbarkeit und der Konsistenz nicht erfüllt sind.
2. Ein identifiziertes und konsistentes Modell wird abgelehnt, wenn mindestens ein globales Gütekriterium das geforderte Anspruchsniveau nicht erreicht.
3. Ein konsistentes und identifiziertes Modell, das die globalen Gütekriterien vollumfänglich erfüllt, soll abgelehnt werden, wenn die Hälfte der lokalen Gütekri-

---

459 Grafische Darstellung in Anlehnung an CASPAR, M. (2002), S. 173.
460 Für ein ähnliches Vorgehen vgl. BETZ, J. (2003), S. 83f; FRITZ, W. (1995), S. 140ff.

terien verletzt ist. Diese Vorgaben decken sich mit der häufig praktizierten Vorgehensweise, dass für die Erfüllung der lokalen Gütekriterien weniger strenge Anforderungen definiert werden.[461]

Unter dem Einsatz der Gütekriterien sollen in Form eines dreistufigen Analyseablaufs reliable und valide Messmodelle zur Operationalisierung der latenten Variablen entwickelt werden. Dieser Prozess lehnt sich sowohl in Bezug auf seine Inhalte als auch im Hinblick auf seinen Ablauf an die bereits vorgestellte Vorgehensweise zur Operationalisierung von komplexen Konstrukten an.[462]

Im Verlauf der **Untersuchungsstufe A** erfolgt die Untersuchung der gesamten Faktorenstruktur einer Dimension oder eines Faktors. Hierfür werden alle Indikatoren einer Dimension zeitlich parallel analysiert. In einem ersten Schritt werden die Indikatoren im Hinblick auf ihre Eignung für faktoranalytische Zwecke anhand des Bartlett-Tests und des KMO-Kriteriums untersucht. Sofern die Mindestanforderungen an die Erfüllung dieser beiden Kriterien nicht erfüllt werden, erfolgt sukzessive die Elimination des Indikators mit der geringsten Anti-Image-Korrelation. Der zweite Schritt hat die Beurteilung der Einfachstruktur der Faktoren mittels der explorativen Faktorenanalyse zum Inhalt. Wiederum erfolgt die zeitlich parallele Untersuchung aller Indikatoren einer Dimension oder eines Faktors. Indikatoren mit niedrigen Faktorladungen ($< 0{,}4$), hohen Querladungen ($\geq 0{,}4$) oder inhaltlich nicht sinnvoll interpretierbaren Faktorladungen werden dabei eliminiert. Als Extraktionsmethode kommt die Hauptkomponenten-Analyse zum Einsatz, wobei die Faktoren mit dem Varimax-Verfahren rotiert werden und die Anzahl der Faktoren anhand des Kaiser-Kriteriums bestimmt wird. Sofern ein Indikator ausgeschlossen wird, erfolgt ein vollständig neuer Durchlauf der gesamten Untersuchungsstufe A.[463]

Die sich anschließende **Untersuchungsstufe B** wendet sich nun den einzelnen Faktoren zu, die durch die im Verlauf der Untersuchungsstufe A verbliebenen Indikatoren gebildet werden. Sie beginnt mit einer explorativen Faktorenanalyse, für die

---

461 Vgl. FRITZ, W. (1995), S. 142; PETER, S. I. (1997), S. 150. FRITZ bezeichnet die lokalen Gütekriterien als Detailkriterien.
462 Vgl. HOMBURG, C.; GIERING, A. (1996), S. 12f; HOMBURG, C.; GIERING, A. (1998), S. 127ff; BETZ, J. (2003), S. 92ff und CASPAR, M. (2002), S. 172ff.
463 Für die Herleitung dieser Vorgehensweise vgl. auch das Kapitel 4.1.5. auf S. 102ff.

ein Mindestmaß an erklärter Varianz von 50 Prozent gefordert wird. Sofern diese Richtgröße unterschritten wird, sollten Indikatoren mit niedrigen Faktorladungen (< 0,4) aus der weiteren Analyse ausgeschlossen werden. Im zweiten Schritt der Untersuchungsstufe B werden die einzelnen Faktoren einer konfirmatorischen Faktorenanalyse unterzogen. Dabei gilt als Voraussetzung zur Annahme des Messmodells für den betrachteten Faktor der Anspruch, dass die globalen und lokalen Gütekriterien eines Faktors gesamthaft zu erfüllen sind.[464] Werden lokale Gütekriterien verletzt, sollten sukzessive die Indikatoren mit den niedrigsten Indikatorreliabilitäten (< 0,4) gestrichen werden. Die Untersuchungsstufe B wird mit der Prüfung des Cronbach'schen Alphas abgeschlossen, für das ein Mindestwert von ≥ 0,7 gefordert wird. Sofern dieses Niveau nicht erreicht wird, sollten sukzessive Indikatoren mit der geringsten Item-to-Total-Korrelation ausgeschlossen und die gesamte Untersuchungsstufe B noch einmal durchlaufen werden. Nach Abschluss der Untersuchungsstufe B wird jeder Faktor durch eine in Bezug auf seine Reliabilität und die konvergente sowie diskriminante Validität bereinigte Indikatormenge konstituiert.[465]

In der dritten **Untersuchungsstufe C** werden die gesamten Faktoren einer Dimension zeitgleich untersucht. Im Verlauf der konfirmatorischen Faktorenanalyse ist zu fordern, dass alle globalen Gütekriterien des Messmodells erfüllt werden. Bezüglich der lokalen Gütekriterien ist gefordert, dass mindestens die Hälfte der Kriterien zu erfüllen ist. Ist dies nicht der Fall, ist die Elimination von Indikatoren mit geringer Indikatorreliabilität zu prüfen. Zum Abschluss der Untersuchungsstufe C ist die Diskriminanzvalidität zunächst anhand des χ^2-Differenztests und im Anschluss mit dem Fornell-Larcker-Kriterium zu prüfen. Sofern der Test nicht erfüllt bzw. dem Kriterium nicht entsprochen wird, sollten hoch korrellierende Faktoren zusammengefasst werden.

Die drei Untersuchungsstufen A, B und C werden in der nachfolgenden Übersicht noch einmal zusammengefasst:

---

464 In Abweichung zu der zuvor geforderten fünfzigprozentigen Erfüllung der lokalen Gütekriterien wird in der Untersuchungsstufe B2 eine hundertprozentige Erfüllung der lokalen Gütekriterien gefordert, da es sich zu diesem Zeitpunkt nicht um die Evaluierung größerer Modelle handelt, sondern lediglich um die Erarbeitung von Messmodellen für die einzelnen Faktoren.

465 Vgl. HOMBURG, C.; GIERING, A. (1996), S. 13.

	Untersuchungsstufe A
A1: Explorative Faktorenanalyse	• Eignung der Indikatoren für faktoranalytische Auswertungen (Bartlett-Test und KMO-Kriterium): ⇨ Gegebenenfalls Elimination von Indikatoren mit niedrigen Anti-Image-Korrelationen. • Einfachstruktur: ⇨ Gegebenenfalls Elimination von Indikatoren mit niedrigen Faktorladungen (< 0,4), mit hohen Querladungen (≥ 0,4) bzw. inhaltlich nicht sinnvoll interpretierbaren Faktorladungen.

	Untersuchungsstufe B
B1: Explorative Faktorenanalyse	• Erklärter Varianzanteil ≥ 0,5: ⇨ Gegebenenfalls Elimination von Indikatoren mit niedrigen Faktorladungen.
B2: Konfirmatorische Faktorenanalyse	• Erfüllung sämtlicher globaler Gütekriterien: ⇨ Gegebenenfalls Ablehnung des Messmodell für den Faktor. • Erfüllung sämtlicher lokaler Gütekriterien: ⇨ Gegebenenfalls Elimination von Indikatoren mit niedrigen Indikatorreliabilitäten (< 0,4).
B3: Cronbachs Alpha	• Mindestwert ≥ 0,7: ⇨ Gegebenenfalls Elimination von Indikatoren auf Basis der Item-to-Total-Korrelationen.

	Untersuchungsstufe C
C1: Konfirmatorische Faktorenanalyse	• Erfüllung sämtlicher globaler Gütekriterien: ⇨ Gegebenenfalls Ablehnung des Messmodells für das Konstrukt. • Mehrheitliche Erfüllung der lokalen Gütekriterien: ⇨ Gegebenenfalls Elimination von Indikatoren mit niedrigen Indikatorreliabilitäten.
C2: Chi-Quadrat-Differenztest	• Chi-Quadrat-Differenz ≥ 3,841: ⇨ Gegebenenfalls Zusammenfassung hoch korrelierender Faktoren.
C3: Fornell-Larcker-Kriterium	• Durchschnittlich erfasste Varianz (DEV) größer als jede quadrierte Korrelation mit einem Faktor: ⇨ Gegebenenfalls Zusammenfassung hoch korrelierender Faktoren.

Abbildung 22: Untersuchungsstufen zur Operationalisierung der Konstrukte[466]

Nach Abschluss der Untersuchungsstufen A, B und C kann den Messmodellen ein hohes Maß an Reliabilität und Validität attestiert werden. Weiterhin zu prüfen bleibt

---

[466] Eigene Darstellung; inhaltlich und grafisch angelehnt an HOMBURG, C.; GIERING, A. (1996), S. 12f und BETZ, J. (2003), S. 92ff.

die Inhaltsvalidität und die nomologische Validität.[467] Auf diese beiden Prüfungen sowie auf eine sich in Abhängigkeit des jeweiligen Analysefortgangs unter Umständen anbietende Abweichung oder Erweiterung des obigen Vorgehens soll bei gegebenem Anlass eingegangen werden.

4.1.7. Beurteilung der Strukturmodelle

Neben der Operationalisierung von latenten Variablen besteht die wesentliche Zielsetzung der Kausalanalyse in der Abbildung von kausalen Beziehungen zwischen latenten Variablen.[468] Die Wirkungshypothesen über die kausalen Abhängigkeiten zwischen den Variablen werden dabei den theoretischen Vorüberlegungen zufolge durch die Pfaddiagramme im Strukturmodell repräsentiert und anhand der Korrelationen und Kovarianzen geschätzt.[469] Daher sind im Vergleich mit den Messmodellen noch weitere lokale Kriterien zu beachten, die sich auf das Strukturmodell beziehen. Für die Analyse der Stärke und Richtung der kausalen Beziehungen zwischen den latenten exogenen und den latenten endogenen Variablen sind die standardisierten Pfadkoeffizienten relevant.[470] Als Kriterien zur Beurteilung der Güte des Strukturmodells sind die quadrierten multiplen Korrelationskoeffizienten der endogenen Variablen relevant.[471] Der Wertebereich der quadrierten multiplen Korrelationskoeffizienten erstreckt sich im Intervall von Null bis Eins, wobei Werte nahe Eins auf eine sehr starke und nahezu ausschließliche kausale Beziehung hindeuten. Da es bei dieser Arbeit um die Überprüfung bestimmter vermuteter Beziehungen geht, ist die Interpretation der Stärke der Beziehung sinnvoll, wobei die Erreichung eines Mindestwertes nicht erforderlich ist.[472]

---

467 Vgl. HOMBURG, C.; GIERING, A. (1996), S. 13.
468 Vgl. BACKHAUS, K.; BÜSCHKEN, J. (1998), S. 334; BAGOZZI, R. P. (1994c), S. 317; HOMBURG, C.; HILDEBRANDT, L. (1998), S. 17.
469 Vgl. HOMBURG, C.; HILDEBRANDT, L. (1998), S. 18. Ein solches Pfaddiagramm wird im Kontext der Kausalanalyse auch als Strukturmodell bezeichnet; vgl. hierzu auch die Abbildung 20 auf S. 97.
470 Vgl. CASPAR, M. (2002), S. 178.
471 Vgl. BACKHAUS, K.; ERICHSON, B.; PLINKE, W. et al. (2003), S. 372.
472 Vgl. HOMBURG, C.; BAUMGARTNER, H. (1998), S. 365. Zum Verzicht auf die Forderung nach Mindestniveaus vgl. auch GIERING, A. (2000), S. 93.

Der Determinationskoeffizient ist ein Bestimmtheitsmaß (R^2), das durch die Quantifizierung des erklärten Varianzanteils Aufschluss über die Wirkungsstärke zwischen den exogenen Variablen und den endogenen Variablen gibt.[473] Der Determinationskoeffizient liegt im Intervall zwischen Null und Eins, wobei Werte über 0,65 als gut und erstrebenswert angesehen werden können.[474]

Schließlich soll die Güte des Strukturmodells noch anhand der Signifikanz der Pfadkoeffizienten mittels des t-Tests beurteilt werden. Da jedoch die Normalverteilungsannahme, auf welcher der t-Test beruht, bei den vorliegenden Indikatoren verletzt ist,[475] bliebe als Alternative der vollständige Verzicht auf inferenzstatistische Tests der Signifikanzniveaus der Pfadkoeffizienten. Als Alternative bietet sich gemäß des Vorgehens von CASPAR an, die Signifikanzprüfung nicht auf Basis der ULS-Schätzung, sondern auf Basis einer ML-Schätzung durchzuführen.[476] Ein entsprechendes Vorgehen soll auch im Verlauf dieser Untersuchung umgesetzt werden.

---

473 Vgl. BÖING, C. (2001), S. 107; HOMBURG, C.; BAUMGARTNER, H. (1998), S. 361f.

474 In einer Untersuchung zur Kundenzufriedenheit bezeichnen HOMBURG et al. einen R^2-Wert von 0,76 als außergewöhnlich hoch; vgl. HOMBURG, C.; RUDOLPH, B. (1998), S. 256. HOMBURG et al. sprechen bei einem erreichten Wert von R^2 = 0,7 von einem positiven Ergebnis; vgl. HOMBURG, C.; GIERING, A. (1996), S. 18. Andere Autoren interpretieren Werte des R^2 von > 0,5 als positives Ergebnis; vgl. hierzu HONG, W.; THONG, J. Y. L.; WONG, W. et al. (2001), S. 114ff.

475 Vgl. zur Prüfung und Konsequenz aus der Verletzung der Normalverteilungsannahme das Kapitel 4.1.3. sowie die entsprechenden Ausführungen bei FRITZ, W. (1995) auf S. 118 und S. 128.

476 Vgl. CASPAR, M. (2002), S. 179.

4.2. Modell zur Bestimmung der Akzeptanz von Firmenkundenportalen

4.2.1. Übersicht über die Teilmodelle und das Gesamtmodell

Im Kapitel 3.4.1. wurde auf Basis der Forschungshypothesen ein Akzeptanzmodell entwickelt und in der Abbildung 16 dargestellt. Aufgrund der besseren Handhabbarkeit des weiteren Untersuchungsfortgangs wird das komplexe Gesamtmodell zunächst im Verlauf von drei Teilmodellen jeweils unabhängig voneinander spezifiziert, geschätzt, bewertet und interpretiert.[477] Diese drei Teilmodelle sind in der folgenden Abbildung dargestellt:

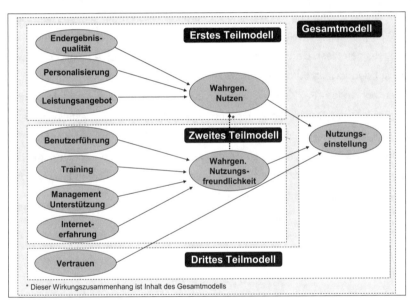

Abbildung 23: Teilmodelle und Gesamtmodell im Ablauf der Untersuchung[478]

Wesentliche Inhalte dieser Arbeitsschritte sind neben der Prüfung der Diskriminanzvalidität der Dimensionen in den ersten beiden Teilmodellen auch die Entwicklung reliabler und valider Messmodelle der latenten Variablen. Mit Abschluss der Spezifi-

---
477 Für ein vergleichbares Vorgehen vgl. BETZ, J. (2003), S. 112ff; BÖING, C. (2001), S. 127ff und CASPAR, M. (2002), S. 186ff.
478 Eigene Darstellung.

zierung der drei Teilmodelle sollen diese anschließend in einem simultan berechneten Gesamtmodell aufgehen, das die im Rahmen dieser Arbeit behandelten Wirkungszusammenhänge der Akzeptanz von Firmenkundenportalen gesamthaft abbildet.

4.2.2. Erstes Teilmodell zu den Einflussfaktoren der Dimension des Wahrgenommenen Nutzens

4.2.2.1. Operationalisierung der Messmodelle der latenten Variablen

Dem entwickelten Vorgehensmodell zur Operationalisierung von Konstrukten zufolge galt es zunächst im Verlauf der Untersuchungsstufe A zu überprüfen, ob sich die hypothetische Zuordnung der Indikatoren zu den Faktoren der unterstellten Dimension Wahrgenommener Nutzen auch empirisch durch eine explorative Faktorenanalyse bestätigen lässt. Darüber hinaus sollten die Indikatoren eine möglichst hohe Ladung auf den jeweils durch sie konstituierten Faktor bei möglichst geringen Querladungen auf andere Faktoren aufweisen. Überdies galt es, die vermutete dreifaktorielle Struktur der Dimension anhand des Kaiser-Kriteriums zu bestätigen, demzufolge lediglich Faktoren mit Eigenwerten größer als Eins extrahiert werden.[479] Die Faktoren wurden hierfür nach dem Varimax-Verfahren rotiert und nach dem Hauptkomponentenverfahren extrahiert.[480] Die entsprechenden Indikatoren lassen sich der nachfolgenden Tabelle entnehmen:

---

479 Vgl. BACKHAUS, K.; ERICHSON, B.; PLINKE, W. et al. (2003), S. 295; HÜTTNER, M.; SCHWARTING, U. (2000), S. 396.
480 Vgl. GREEN, P. E.; TULL, D. S. (1982), S. 401ff; HAMMANN, P.; ERICHSON, B. (2000), S. 261.

Faktor	Indikatoren (Verkürzte, zusammenfassende Darstellung)	SPSS-Notation
Endergebnis-qualität	• Hohe Qualität der Arbeitsergebnisse • Keine Einwände in Bezug auf die Ergebnisqualität • Im Vergleich mit Offline-Transaktionen ebenbürtige Qualität	E_Erg_Qual_1 E_Erg_Qual_2 E_Erg_Qual_3
Personalisierung	• Anordnung der Angebote entsprechend persönl. Bedarf • Unterstützung einer individuellen Kommunikation • Zugeschnittene Service- und Produktangebote	Personali_1 Personali_2 Personali_3
Leistungs-angebot	• Abdeckung des individuellen Bedarfs durch Leistungsangebot • Angebot von zusätzlichen Services im Vergleich mit Offline • Möglichkeit der fallabschließenden Bearbeitung	Leist_Ang_1 Leist_Ang_2 Leist_Ang_3

Tabelle 6: Indikatoren der exogenen Variablen des ersten Teilmodells[481]

Die erste Überprüfung der Ausgangsdaten für faktoranalytische Zwecke erübrigte sich, weil in einem ersten Analysedurchlauf der Indikator Leist_Ang_1 aus der weiteren Analyse ausgeschlossen werden musste, da er bezüglich der drei extrahierten Faktoren keine Faktorladung von > 0,37 aufwies, während er für die beiden weiteren Faktoren eine hohe Querladung von > 0,3 zeigte. Nach Ausschluss des besagten Indikators konnte den Ausgangsdaten eine gute Eignung für faktoranalytische Zwecke attestiert werden: Die Anti-Image-Korrelationen der Indikatoren wiesen durchweg hohe Werte im Bereich von 0,642 bis 0,818 auf,[482] was zu einem übergreifenden KMO-Maß von 0,736 führte. Dieses sprach nach KAISER und RICE für eine befriedigende Eignung der Ausgangsdaten und[483] erreichte komfortabel den üblichen Grenzwert von 0,5.[484] Auch der Bartlett-Test auf Sphärizität führte auf einem Konfidenzniveau von p=0,000 zu dem Ergebnis, dass die Korrelationskoeffizienten der Indikato-

---

[481] Eigene Darstellung. Für eine detaillierte Darstellung der Indikatoren im tatsächlichen Wortlaut vgl. den Fragebogen im Anhang 1 auf S. 179ff.

[482] Das Anti-Image beschreibt den Anteil der Varianz eines Indikators, der von den übrigen Indikatoren unabhängig ist. Da die Faktorenanalyse jedoch unterstellt, dass die Indikatoren gemeinsam einen Faktor konstituieren, ist von einer hohen Eignung der Indikatoren für faktoranalytische Zwecke dann auszugehen, wenn die Anti-Image-Korrelationen der Indikatoren gering sind; vgl. hierzu BACKHAUS, K.; ERICHSON, B.; PLINKE, W. et al. (2003), S. 273.

[483] Vgl. KAISER, H. F.; RICE, J. (1974), S. 112; BACKHAUS, K.; ERICHSON, B.; PLINKE, W. et al. (2003), S. 276. KAISER schätzt die Eignung der Ausgangsdaten für eine Faktorenanalyse als gut ein, sofern der MSA (KMO-Maß) einen Wert von ≥ 0,8 erreicht: „It appears that we don't have good factor-analytic data until MSA gets to be at least in the .80s, and really excellent data does not occur until we reach the .90s."; KAISER, H. F. (1970), S. 405.

[484] Vgl. STEWART, D. W. (1981), S. 57f und SHIRKEY, E. C.; DZIUBAN, C. D. (1976), S. 125.

ren signifikant von Null abweichen und die Ausgangsdaten somit für eine Faktorenanalyse geeignet sind.[485]

Die im Anschluss mit den acht Indikatoren durchgeführte explorative Faktorenanalyse führte zur Extraktion der im Vorfeld erwarteten drei Faktoren. Die einzelnen Faktorladungen der Indikatoren auf den jeweils durch sie konstituierten Faktor waren durchweg als hoch zu kennzeichnen, während lediglich der Indikator E_Erg_Qual_1 eine höhere Querladung von 0,395 auf den dritten Faktor aufwies. Diese lag allerdings unter dem Grenzwert von 0,4, ab dem für Querladungen auf andere Faktoren auch eine inhaltliche Interpretation notwendig gewesen wäre.[486] Weiterhin positiv zu bewerten war, dass alle drei Faktoren einen hohen Beitrag zur Varianzerklärung leisteten, der im Bereich zwischen 19 und 27 Prozent lag.

Die nachfolgende Tabelle fasst die wesentlichen Ergebnisse zusammen, wobei aus Gründen der Übersichtlichkeit in dieser und auch in den folgenden Tabellen lediglich Faktorladungen ausgewiesen sind, die einen Wert von 0,3 mindestens erreichen:

---

485 Vgl. JANSSEN, J.; LAATZ, W. (2005), S. 523 und SCHWEDER, T. (1981), S. 18ff.
486 Vgl. BACKHAUS, K.; ERICHSON, B.; PLINKE, W. et al. (2003), S. 299.

Untersuchungsstufe A
Dimension Wahrgenommener Nutzen

Indikator (SPSS-Notation)	Faktor I	Faktor II	Faktor III	Anti-Image-Korrelation
Personali_1	0,826			0,734
Personali_2	0,895			0,682
Personali_3	0,722			0,809
E_Erg_Qual_1		0,672	0,395	0,818
E_Erg_Qual_2		0,894		0,672
E_Erg_Qual_3		0,847		0,725
Leist_Ang_2			0,902	0,642
Leist_Ang_3			0,735	0,796
	Personalisierung	Endergebnisqualität	Leistungsangebot	
Erklärter Varianzanteil	26,99%	26,84%	19,61%	
Kumulierter Varianzanteil	26,99%	53,83%	73,44%	
Bartlett-Test auf Sphärizität	364,304 (p=0,000)			
KMO-Kriterium	0,736			

Faktorladungen < 0,3 werden nicht berichtet
Stichprobe n=145

Tabelle 7: Untersuchungsstufe A des ersten Teilmodells[487]

Hiermit ist die Untersuchungsstufe A für die erste Dimension Wahrgenommener Nutzen abgeschlossen, so dass im Verlauf der Untersuchungsstufe B sukzessive die drei extrahierten Faktoren im Rahmen der konfirmatorischen Faktorenanalyse behandelt werden können.

Der erste Durchlauf der Untersuchungsstufe B1 für den Faktor Personalisierung führte zu einem erklärten Varianzanteil von 66,43 Prozent. Im Verlauf der Untersuchungsstufe B2 ergab sich jedoch die deutliche Verletzung des lokalen Gütekriteriums der Indikatorreliabilität für den Indikator Personali_3 mit einem Wert von lediglich 0,264. Da aufgrund der geringen Indikatorreliabilität auch die DEV des Faktors mit 0,46 den geforderten Mindestwert von ≥ 0,5 nicht erreichte, wurde der Indikator Personali_3 eliminiert und die Untersuchungsstufen B1 und B2 für den Faktor Personali-

---
[487] Eigene Darstellung; grafisch angelehnt an BETZ, J. (2003), S. 119.

sierung noch einmal mit zwei Indikatoren durchlaufen. Im Verlauf des zweiten Durchlaufs ergab sich für den erklärten Varianzanteil ein hoher Wert von über 83 Prozent. In der sich anschließenden konfirmatorischen Faktorenanalyse wurden alle Anforderungsniveaus für die Indikatorreliabilitäten, die Faktorreliabilität und die DEV erreicht. Da auch der Wert des Cronbach'schen Alphas mit 0,797 deutlich über dem erforderlichen Mindestwert von ≥ 0,7 lag, konnte somit die Untersuchungsstufe B für den Faktor Personalisierung abgeschlossen werden. In der nachfolgenden Tabelle sind die entsprechenden Ergebnisse dargestellt:

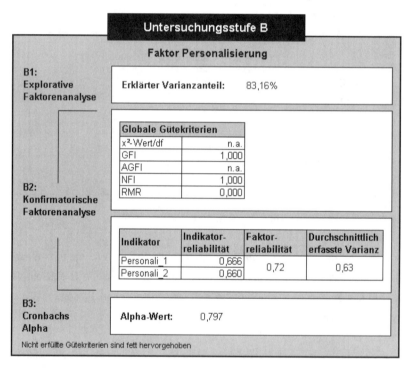

Tabelle 8: Untersuchungsstufe B des Faktors Personalisierung[488]

Ein ebenfalls zufrieden stellendes Maß an Reliabilität und Validität war für den Faktor Endergebnisqualität zu konstatieren. Im Verlauf der explorativen Faktorenanalyse konnten über 69 Prozent der Varianz erklärt werden. Da in der sich anschließenden konfirmatorischen Faktorenanalyse sämtliche globalen und lokalen Gütekriterien

---

[488] Eigene Darstellung; grafisch angelehnt an BETZ, J. (2003), S. 121.

komfortabel erreicht wurden und auch das Cronbach'sche Alpha ein hohes Maß an Reliabilität attestierte, kann mit der nachfolgenden Ergebniszusammenfassung der Tabelle 9 die Untersuchungsstufe B für den Faktor Endergebnisqualität abgeschlossen werden:

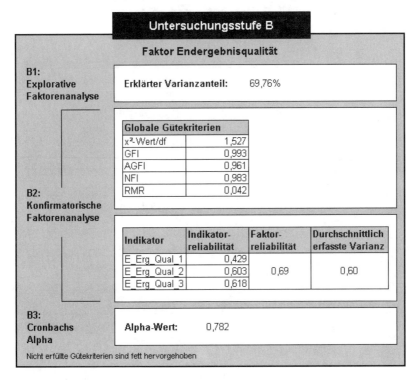

Tabelle 9: Untersuchungsstufe B des Faktors Endergebnisqualität[489]

Zum Abschluss der Untersuchungsstufe B für die drei Faktoren der Dimension Wahrgenommener Nutzen galt es, das Messmodell für den Faktor Leistungsangebot zu entwickeln. Die zwei Indikatoren, die nach Abschluss der Untersuchungsstufe A noch verblieben sind, erklärten im Rahmen der explorativen Faktorenanalyse einen befriedigenden Varianzanteil von 74 Prozent. Da die lokalen Gütekriterien gesamthaft erfüllt waren und der Wert des Cronbach'schen Alphas von 0,764 ein reliables

---

489 Eigene Darstellung.

Messmodell attestierte, konnte auch für den Faktor Leistungsangebot die Untersuchungsstufe B mit der Ergebnisübersicht in der Tabelle 10 abgeschlossen werden:

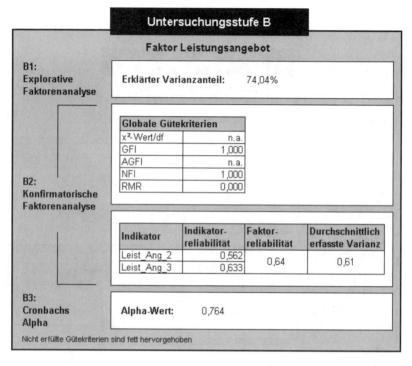

Tabelle 10: Untersuchungsstufe B des Faktors Leistungsangebot[490]

In der Untersuchungsstufe B sind die drei Faktoren der Dimension Wahrgenommener Nutzen isoliert behandelt worden. In der sich nun anschließenden Untersuchungsstufe C erfolgte eine simultane Untersuchung der Faktoren und Indikatoren der betrachteten Dimension. In der Untersuchungsstufe C1 wurde zunächst eine konfirmatorische Faktorenanalyse für die drei Faktoren mit zufrieden stellenden Ergebnissen durchgeführt: Die Anforderungen an die Niveaus der globalen Gütekriterien sind vollumfänglich erfüllt worden, während auch die große Mehrzahl der lokalen Gütekriterien den eingangs gesetzten Ansprüchen genügte. Nicht erfüllt war jedoch die Anforderung an die Indikatorreliabilität des Indikators Leist_Ang_2 sowie die Faktorreliabilität des zugrunde liegenden Faktors Leistungsangebot. Die entspre-

---

490 Eigene Darstellung.

chend verletzten Gütekriterien sind in dieser und in nachfolgenden Darstellungen in fetter Schrift hervorgehoben. Da jedoch für den komplexen Fall mit mehreren Messmodellen im Vorgehensmodell lediglich eine mehrheitliche Erfüllung der lokalen Gütekriterien gefordert wurde, konnte hiermit die Untersuchungsstufe C1 abgeschlossen werden. Die entsprechenden Ergebnisse sind in der Tabelle 11 zusammengefasst.

Untersuchungsstufe C1

Dimension Wahrgenommener Nutzen

Globale Gütekriterien	
x^2-Wert/df	0,670
GFI	0,991
AGFI	0,978
NFI	0,978
RMR	0,045

	Indikator	Indikatorreliabilität	Faktorreliabilität	Durchschnittlich erfasste Varianz
Faktor Endergbnisqualität	E_Erg_Qual_1	0,719	0,72	0,60
	E_Erg_Qual_2	0,524		
	E_Erg_Qual_3	0,405		
Faktor Personalisierung	Personali_1	0,805	0,77	0,64
	Personali_2	0,547		
Faktor Leistungsangebot	Leist_Ang_2	**0,241**	**0,38**	0,60
	Leist_Ang_3	0,959		

Nicht erfüllte Gütekriterien sind fett hervorgehoben

Tabelle 11: Untersuchungsstufe C1 des ersten Teilmodells[491]

In dem sich nun anschließenden Analyseschritt galt es, die Diskriminanzvalidität der Faktoren der betrachteten Dimension zu überprüfen, wofür der χ^2-Differenztest und das als strenger geltende Fornell-Larcker-Kriterium Anwendung fanden. Hierfür wurde zunächst im Verlauf des χ^2-Differenztests in einem iterativen Verfahren das Ursprungsmodell mit verschiedenen modifizierten Modellen verglichen, bei denen jeweils die Korrelation zwischen zwei Faktoren auf den Wert Eins fixiert wurde. So-

---

[491] Eigene Darstellung; grafisch angelehnt an BETZ, J. (2003), S. 125.

fern sich durch diesen Eingriff in das Ursprungsmodell der χ^2-Wert um ≥ 3,841 erhöht, muss die Hypothese, dass beide Faktoren hoch korrelieren und damit zusammengefasst werden sollten, auf einem fünfprozentigen Konfidenzniveau verworfen werden. Genau dies war hier der Fall, da die betrachteten χ^2-Differenzen durchweg einen Wert von größer als 23 annahmen. Da auch die Prüfung des Fornell-Larcker-Kriteriums zu dem Ergebnis führte, dass die betrachtete dreifaktorielle Struktur ausreichend diskriminant valide ist, konnte die Operationalisierung der Messmodelle für die Dimension Wahrgenommener Nutzen hiermit abgeschlossen werden. Die entsprechenden Ergebnisse der Untersuchungsstufe C2 und C3 sind in der nachfolgenden Tabelle 12 dokumentiert:

			Untersuchungsstufe C2 und C3		
			Dimension Wahrgenommener Nutzen		
			Endergebnisqualität	Personalisierung	
Chi-Quadrat-Differenztest			Chi-Quadrat-Differenzen		
		Personalisierung	35,40		
		Leistungsangebot	29,50	23,80	
			Endergebnisqualität	Personalisierung	
Fornell-Larcker-Kriterium		Durchschnittlich erfasste Varianz	0,60	0,64	
	Endergebnisqualität		0,60	Quadrierte Korrelationen der Faktoren	
	Personalisierung		0,64	0,17	
	Leistungsangebot		0,60	0,28	0,14

Nicht erfüllte Gütekriterien sind fett hervorgehoben

Tabelle 12: Untersuchungsstufen C2 und C3 des ersten Teilmodells[492]

---

492 Eigene Darstellung; grafisch angelehnt an BETZ, J. (2003), S. 127.

Die Zusammenfassung zeigt, dass die Dimension des Wahrgenommenen Nutzens durch ein dreifaktorielles Messmodell abgebildet werden kann, das auf Indikator- und Faktorebene die gesetzten Anforderungen an die Reliabilität und die Konvergenz- sowie Diskriminanzvalidität erfüllt. Die Prüfung der inhaltlichen und nomologischen Valididät sollen zu einem späteren Zeitpunkt im Gesamtkontext des Kausalmodells vorgenommen werden.

Bevor das erste Kausalmodell spezifiziert und berechnet werden kann, muss zunächst das Messmodell der latenten endogenen Variablen entwickelt und bezüglich seiner Reliabilität und Validität überprüft werden. Dabei soll nach dem gleichen Verfahren vorgegangen werden, demzufolge bereits die exogenen Variablen operationalisiert wurden, wobei lediglich die Untersuchungsstufen B1 bis B3 zu durchlaufen sind. Die zugrunde liegenden Indikatoren sind in der nachfolgenden Tabelle 13 zusammengefasst:

Latente endogene Variable	Indikatoren (Verkürzte, zusammenfassende Darstellung)	SPSS-Notation
Wahrgenommener Nutzen	• Unterstützung wesentlicher Teile der eigenen Arbeit	Wahrg_Nutz_1
	• Ermöglichung, die eigene Arbeit schnell zu erledigen	Wahrg_Nutz_2
	• Ermöglichung, die Arbeit qualitativ hochwertig zu erledigen	Wahrg_Nutz_3
	• Bereitstellung eines Zugangs zu hochwertigen Informationen	Wahrg_Nutz_4
	• Insgesamt hoher Nutzwert für die eigene Arbeit	Wahrg_Nutz_5

Tabelle 13: Indikatoren der endogenen Variablen des ersten Teilmodells[493]

Der erste Durchlauf der Untersuchungsstufe B1 ergab bei Extraktion eines Faktors einen erklärten Varianzanteil von lediglich 54 Prozent. Bereits durch diesen schlechten Wert deutete sich an, dass in der nachfolgenden Untersuchungsstufe B2 aller Voraussicht nach Indikatoren zu eliminieren sein würden, die keine hohe Korrelation mit dem Faktor aufwiesen. Dieser Fall trat erwartungsgemäß im Verlauf der konfirmatorischen Faktorenanalyse in der Form ein, dass die Indikatoren Wahrg_Nutz_4 und Wahrg_Nutz_5 in aufeinander folgenden Analysen die Mindestanforderung an die Indikatorreliabilität nicht erfüllten. Da für diese Untersuchungsstufe eine vollständige Erfüllung der globalen und lokalen Gütekriterien gefordert ist, wurden beide In-

---

[493] Eigene Darstellung. Für eine detaillierte Darstellung der Indikatoren im tatsächlichen Wortlaut vgl. den Fragebogen im Anhang 1 auf S. 179ff.

dikatoren eliminiert. Der sich anschließende erneute Durchlauf der explorativen Faktorenanalyse führte im Vergleich zu dem Operationalisierungsansatz mit fünf Indikatoren zu einem deutlich positiver einzuschätzenden erklärten Varianzanteil von nunmehr über 73 Prozent. Während der konfirmatorischen Faktorenanalyse wurden alle globalen und lokalen Gütekriterien sehr deutlich erreicht, so dass die Operationalisierung der latenten endogenen Variablen mit einem drei Indikatoren umfassenden Messmodell und einer hohen Reliabilität von über 0,8 gemäß dem Cronbach'schen Alpha abgeschlossen werden konnte. Die Zusammenfassung der endgültigen Ergebnisse enthält die Tabelle 14:

Untersuchungsstufe B

Endogene Variable Wahrgenommener Nutzen

B1: Explorative Faktorenanalyse	Erklärter Varianzanteil: 73,34%			
B2: Konfirmatorische Faktorenanalyse	**Globale Gütekriterien**			
	x^2-Wert/df	0,295		
	GFI	0,998		
	AGFI	0,990		
	NFI	0,996		
	RMR	0,018		
	Indikator	Indikatorreliabilität	Faktorreliabilität	Durchschnittlich erfasste Varianz
	Wahrg_Nutz_1	0,692		
	Wahrg_Nutz_2	0,630	0,74	0,69
	Wahrg_Nutz_3	0,499		
B3: Cronbachs Alpha	Alpha-Wert: 0,812			

Nicht erfüllte Gütekriterien sind fett hervorgehoben

Tabelle 14: Untersuchungsstufe B der Variablen Wahrgenommener Nutzen[494]

---

494 Eigene Darstellung.

4.2.2.2. Kausalmodell zu den Einflussfaktoren der Dimension Wahrgenommener Nutzen

Auf Basis der abgeleiteten Hypothesen zu den Wirkungszusammenhängen und mittels der reliablen sowie validen Messmodelle wurde das nachfolgende Kausalmodell spezifiziert, das die Einflussfaktoren der Dimension Wahrgenommener Nutzen beleuchtet. Die Abbildung 24 fasst die wesentlichen Ergebnisse der Modellierung des Kausalmodells mit den standardisierten Parametern zusammen:

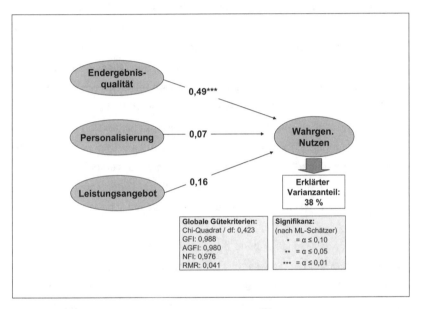

Abbildung 24: Kausalmodell des ersten Teilmodells[495]

Das Ergebnis zeigt zunächst, dass durch die drei Faktoren ein Anteil von 38 Prozent der Varianz des Wahrgenommenen Nutzens erklärt wird. Dieser Wert wirkt auf den ersten Blick gering: Eine solche Einschätzung relativiert sich jedoch, wenn berücksichtigt wird, dass ein wesentlicher Einflussfaktor des Wahrgenommenen Nutzens, die Dimension der Wahrgenommenen Nutzungsfreundlichkeit, zu diesem Zeitpunkt

---

[495] Eigene Darstellung. Eine deutlich detailliertere Darstellung, die u.a. die Kovarianzen und die Faktorladungen zwischen den Indikatorvariablen und den Faktoren beinhaltet, befindet sich in Form eines Exportes aus der AMOS-Software im Anhang 4 auf S.187.

der Analyse noch keine Berücksichtigung gefunden hat.[496] Folglich können in der Gesamtsicht die 38 Prozent der erklärten Varianz (R^2 = 0,38) bis auf weiteres positiv beurteilt werden. Ein Blick auf die Vorzeichen und die Stärke der Pfadkoeffizienten zeigt, dass die Endergebnisqualität mit einem Wert des standardisierten Pfadkoeffizienten von 0,49 einen großen Beitrag zur Erklärung der Varianz des Wahrgenommenen Nutzens leistet. In abgeschwächter Form gilt dies auch für den Faktor Leistungsangebot, der immerhin noch einen Pfadkoeffizienten von 0,16 aufweist und damit einen mittleren Beitrag zur Varianzerklärung leistet, jedoch auf einem zehnprozentigen Konfidenzniveau nicht signifikant ist. Der Pfadkoeffizient des Faktors Personalisierung liefert nur einen sehr geringen Beitrag zur Varianzerklärung der endogenen Variablen und ist ebenfalls nicht signifikant. Der geringe Pfadkoeffizient der Personalisierung kann allerdings inhaltlich sehr gut mit dem Umstand erklärt werden, dass die Personalisierung von Firmenkundenportalen technisch noch nicht weit fortgeschritten ist.[497] Insofern wurde dieser Aspekt von den Befragten zum Zeitpunkt der Datenerhebung bei ihren Anwendungen von Firmenkundenportalen vermutlich auch nur in einem geringen Maße oder überhaupt nicht wahrgenommen, was in der Konsequenz zu der geringen Bedeutung des Faktors Personalisierung als Einflussfaktor des Wahrgenommenen Nutzens führte. Aufgrund dieser Argumentation soll der entsprechende Faktor auch im Gesamtmodell Berücksichtigung finden.

Des Weiteren ist das Modell anhand der Gütekriterien zu evaluieren. Diese sind in der Abbildung 24 und der Tabelle 15 zusammengefasst und dokumentieren insgesamt eine gute Anpassung des Modells: Alle globalen Gütekriterien sind deutlich erreicht, während lediglich drei von insgesamt 18 lokalen Gütekriterien verletzt sind. Da die geforderten 50 Prozent bei weitem erreicht sind, kann die Beurteilung des ersten Teilmodells mit einem positiven Fazit abgeschlossen werden.

---

496 Vgl. hierzu auch die Abbildung 23 auf Seite 119.

497 1999 wird die Personalisierbarkeit beispielsweise als neue Entwicklungsperspektive dargestellt, die gerade im Rahmen erster Anwendungen eingesetzt wird: „Seit kurzem haben die Betreiber von Portal-Sites eine weitere Differenzierungsmöglichkeit entdeckt – die Personalisierbarkeit."; vgl. o. V. (1999), S. 46. Auch FAHRHOLZ unterstreicht noch 2001, dass Personalisierungsfunktionen erst in Zukunft eine wichtige Funktionalität der Internetangebote darstellen werden; vgl. FAHRHOLZ, B. (2001), S. 235.

Messmodell I

Lokale Gütekriterien der Dimension Wahrgenommener Nutzen

	Indikator	Indikator-reliabilität	Faktor-reliabilität	Durchschnittlich erfasste Varianz
Faktor End-ergebnisqualität	E_Erg_Qual_1	0,680	0,71	0,60
	E_Erg_Qual_2	0,547		
	E_Erg_Qual_3	0,419		
Faktor Personalisierung	Personali_1	0,714	0,72	0,63
	Personali_2	0,616		
Faktor Leistungsangebot	Leist_Ang_2	**0,255**	**0,39**	0,58
	Leist_Ang_3	0,902		
Dimension Wahrgenom-mener Nutzen	Wahrg_Nutz_1	0,467	0,59	0,56
	Wahrg_Nutz_2	0,694		
	Wahrg_Nutz_3	**0,308**		

Nicht erfüllte Gütekriterien sind fett hervorgehoben

Tabelle 15: Messmodell des ersten Teilmodells[498]

---

498 Eigene Darstellung.

4.2.3. Zweites Teilmodell zu den Einflussfaktoren der Dimension der Wahrgenommenen Nutzungsfreundlichkeit

4.2.3.1. Operationalisierung der Messmodelle der latenten Variablen

Gemäß der Vorgehensweise zur Operationalisierung des ersten Teilmodells soll auch in diesem Fall mit der Untersuchungsstufe A begonnen werden. Die entsprechenden Indikatoren sind der nachfolgenden Tabelle 16 zu entnehmen:

Faktor	Indikatoren (Verkürzte, zusammenfassende Darstellung)	SPSS-Notation
Benutzer-führung	• Gestaltung des Firmenkundenportals ist klar und übersichtlich	Ben_führ_1
	• Zurechtfinden auf dem Firmenkundenportal fällt leicht	Ben_führ_2
	• Auffinden von Informationen fällt leicht	Ben_führ_3
	• Verwendung von gut verständlichen Grafiken	Ben_führ_4
Training	• Trainingsressourcen für die Nutzung stehen zur Verfügung	Training_1
	• Informationsressourcen für die Nutzung stehen zur Verfügung	Training_2
	• Erreichbarkeit eines Ansprechpartners im Falle von Fragen	Training_3
	• Erreichbarkeit einer Helpline im Falle von Fragen	Training_4
Management Unterstützung	• Kenntnis der Vorteile einer Nutzung seitens des Managements	Mgt_Unter_1
	• Unterstützung der Nutzer durch die Finanzabteilung	Mgt_Unter_2
	• Förderung der Nutzung durch die Finanzabteilung	Mgt_Unter_3
Internet-erfahrung	• Nutzung des Computers für Vielzahl beruflicher Aufgaben	Intern_Erf_1
	• Nutzung des Internets für Vielzahl beruflicher Aufgaben	Intern_Erf_2
	• Nutzung des Internets für private Zwecke	Intern_Erf_3

Tabelle 16: Indikatoren der exogenen Variablen des zweiten Teilmodells [499]

Die Untersuchungsstufe A wurde insgesamt drei Mal durchgeführt, da in den ersten beiden Durchläufen jeweils eine Indikatorvariable ausgeschlossen wurde. Im ersten Durchlauf wurde die Variable Intern_Erf_1 eliminiert, da sie nur eine geringe Korrelation mit dem hypothetischen Faktor Interneterfahrung aufwies und darüber hinaus einen fünften, inhaltlich nicht zu interpretierenden Faktor, konstituierte. Im zweiten Durchlauf wurde der Indikator Training_4 ausgeschlossen, da er eine geringe Faktorladung von 0,393 aufwies. Schließlich ergab sich bei der dritten Durchführung der explorativen Faktorenanalyse die zuvor erwartete Extraktion der insgesamt vier Fak-

---

[499] Eigene Darstellung. Für eine detaillierte Darstellung der Indikatoren im tatsächlichen Wortlaut vgl. den Fragebogen im Anhang 1 auf S. 179ff.

toren. Die entsprechenden Ergebnisse sind in der nachfolgenden Tabelle 17 zusammengefasst:

Untersuchungsstufe A

Dimension Wahrgenommene Nutzungsfreundlichkeit

Indikator (SPSS-Notation)	Faktor I	Faktor II	Faktor III	Faktor IV	Anti-Image-Korrelation
Ben_führ_1	0,885				0,784
Ben_führ_2	0,841				0,796
Ben_führ_3	0,858				0,882
Ben_führ_4	0,741				0,845
Training_1		0,898			0,646
Training_2		0,928			0,634
Training_3		0,674	0,325		0,829
Mgt_Unter_1			0,800		0,881
Mgt_Unter_2			0,882		0,739
Mgt_Unter_3			0,904		0,720
Intern_Erf_2				0,867	0,544
Intern_Erf_3				0,863	0,529
	Benutzerführung	Training	Management Unterstützung	Internet-Erfahrung	
Erklärter Varianzanteil	24,82%	20,47%	18,58%	12,89%	
Kumulierter Varianzanteil	24,82%	45,29%	63,87%	76,77%	
Bartlett-Test auf Sphärizität	821,54 (p=0,000)		KMO-Kriter.	0,753	

Faktorladungen < 0,3 werden nicht berichtet
Stichprobe n=145

Tabelle 17: Untersuchungsstufe A des zweiten Teilmodells[500]

Den Ausgangsdaten konnte eine gute Eignung als Datengrundlage für eine Faktorenanalyse attestiert werden. Die Anti-Image-Korrelationen der Indikatoren wiesen bis auf zwei Ausnahmen durchweg hohe und damit zufrieden stellende Werte auf,[501] was in Summe zu einem als gut zu etikettierenden KMO-Wert von 0,753 für die Korrelationsmatrix führte. Auch der Bartlett Test auf Sphärizität kam auf einem Konfi-

---

[500] Eigene Darstellung.

[501] Die zwei Indikatoren des Faktors Interneterfahrung weisen mit Werten von 0,544 und 0,529 lediglich Werteniveaus auf, die als schlecht zu bezeichnen sind; vgl. BACKHAUS, K.; ERICHSON, B.; PLINKE, W. et al. (2003), S. 277; JANSSEN, J.; LAATZ, W. (2005), S. 523.

denzniveau von p=0,000 zu dem Schluss, dass die Korrelationskoeffizienten der Indikatoren signifikant von Null abweichen und somit als Ausgangsdaten für eine Faktorenanalyse gut geeignet sind. Die explorative Faktorenanalyse führte zu einer Extraktion von vier Faktoren, die insgesamt über 76 Prozent der Varianz erklärten. Auch die Ladungen der Indikatoren auf die entsprechenden Faktoren, die lediglich mit zwei Ausnahmen den Wert von 0,8 nicht erreichten, sind durchweg als hoch zu bezeichnen. Lediglich der Indikator Training_3 wies mit 0,325 eine nicht weiter interpretationsbedürftige Querladung von < 0,4 auf den Faktor Management Unterstützung auf.[502] Nach Abschluss der Untersuchungsstufe A, in deren Verlauf die gesamten Indikatoren der hypothetischen Dimension Wahrgenommene Nutzungsfreundlichkeit analysiert wurden, kann somit zur Prüfung der einzelnen Messmodelle der latenten Variablen im Rahmen der Untersuchungsstufe B übergegangen werden.

Die Untersuchungsstufen B1 bis B3 für den Faktor Benutzerführung führten zu durchweg sehr guten Ergebnissen. Im Rahmen der explorativen Faktorenanalyse lag der erklärte Varianzanteil bei über 73 Prozent. Im Verlauf der konfirmatorischen Faktorenanalyse wurden sämtliche globale und lokale Gütekriterien sehr deutlich übertroffen. Die globalen Gütekriterien wiesen auf eine sehr gute Anpassung des Messmodells hin. Diese Einschätzung wird auch durch die lokalen Gütekriterien in Form der positiven Ergebnisse für die Indikatorreliabilitäten, die Faktorreliabilität und die DEV sehr deutlich untermauert. Daher musste kein Indikator aus dem Messmodell ausgeschlossen werden, so dass der Faktor Benutzerführung insgesamt durch vier Indikatoren gebildet werden konnte. Zum Abschluss rundete auch der Wert des Cronbach'schen Alphas das positive Gesamtbild durch den Wert von 0,873 ab, wodurch dem Messmodell eine hohe Reliabilität attestiert werden konnte. Die Zusammenfassung der entsprechenden Ergebnisse befindet sich in der nachfolgenden Tabelle 18:

---

[502] In Bezug auf Querladungen fordern BACKHAUS et al., dass diese ab einem Wert von 0,5 auch inhaltlich interpretiert werden sollten; vgl. hierzu BACKHAUS, K.; ERICHSON, B.; PLINKE, W. et al. (2003), S. 299.

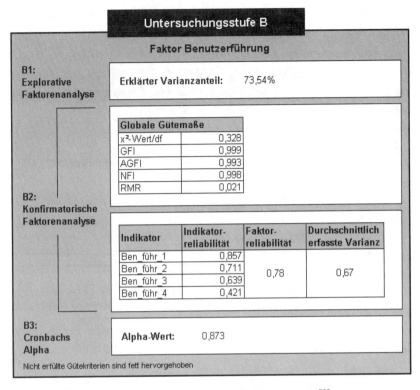

Tabelle 18: Untersuchungsstufe B des Faktors Benutzerführung[503]

Bereits in der Untersuchungsstufe A zeigte der Indikator Training_3 eine vergleichsweise geringe Faktorladung auf den Faktor Training und eine vergleichsweise hohe Querladung auf den Faktor Management Unterstützung. Diese Ergebnisse können als Vorboten des Ergebnisses im Rahmen der Untersuchungsstufe B2 eingestuft werden, demzufolge der Indikator Training_3 aufgrund einer geringen Indikatorreliabilität von < 0,4 ausgeschlossen werden musste. Die sich anschließende erneute Durchführung der Untersuchungsstufen B1 bis B3 führte zur Entwicklung eines Messmodells mit zwei Indikatoren, dessen positiv zu beurteilende Gütekriterien in der nachfolgenden Tabelle zusammengefasst sind. Der erklärte Varianzanteil nimmt mit über 93 Prozent einen sehr großen Wert an. Auch die Indikatorreliabilitäten, die Faktorreliabilität und die DEV sprechen für ein gutes Messmodell. Diese positive Ge-

---

[503] Eigene Darstellung.

samteinschätzung wird auch durch den hohen Wert des Cronbach'schen Alphas von 0,926 bestätigt.

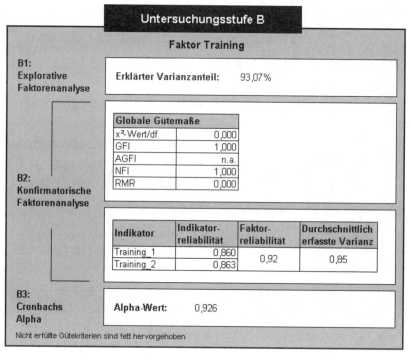

Tabelle 19: Untersuchungsstufe B des Faktors Training[504]

Ein ebenfalls zufrieden stellendes Ausmaß an Reliabilität und Validität ist für das Messmodell des Faktors Management Unterstützung zu konstatieren. Im Verlauf der explorativen Faktorenanalyse wurden über 79 Prozent der Varianz erklärt. Da in der sich anschließenden konfirmatorischen Faktorenanalyse alle globalen sowie lokalen Gütekriterien mit äußerst positiv zu beurteilenden Werten erreicht wurden und auch das Cronbach'sche Alpha mit einem Wert von 0,872 auf eine hohe Reliabilität hindeutet, kann die Operationalisierung des Faktors Management Unterstützung mit der Ergebniszusammenfassung in Tabelle 20 abgeschlossen werden.

---

504 Eigene Darstellung.

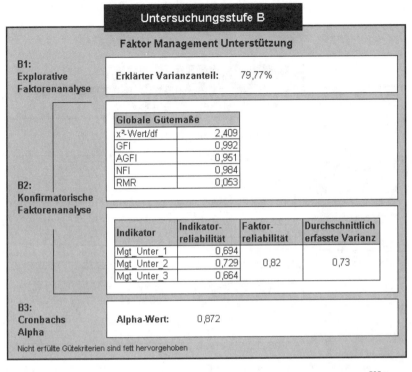

Tabelle 20: Untersuchungsstufe B des Faktors Management Unterstützung[505]

Zum Abschluss der Untersuchungsstufe B galt es nun, das Messmodell des Faktors Interneterfahrung valide und reliabel zu gestalten. Die explorative Faktorenanalyse des Faktors Interneterfahrung führte zu einem erklärten Varianzanteil von 76 Prozent. Bei der sich anschließenden konfirmatorischen Faktorenanalyse wurden zwei lokale Gütekriterien verletzt, so dass nach dem definierten Vorgehensmodell eigentlich der entsprechende Indikator hätte eliminiert werden müssen. Da das Messmodell aber aufgrund des bereits in der Untersuchungsstufe A erfolgten Indikator-Ausschlusses nur noch aus zwei Indikatoren bestand, soll es trotz der verletzten Kriterien angenommen werden, um den wichtigen Aspekt der Interneterfahrung im weiteren Ablauf der Untersuchung berücksichtigen zu können.[506] Die entsprechenden Ergeb-

---

505 Eigene Darstellung.

506 In der Forschung ist es häufige Praxis, dass Messmodelle trotz verfehlter Anforderungen an die Gütekriterien im weiteren Ablauf der Untersuchung verwendet werden; vgl. hierzu CHEN, L.; TAN,

nisse der Untersuchungsstufe B1 bis B3 für den Faktor Interneterfahrung sind in der nachfolgenden Tabelle 21 zusammengestellt:

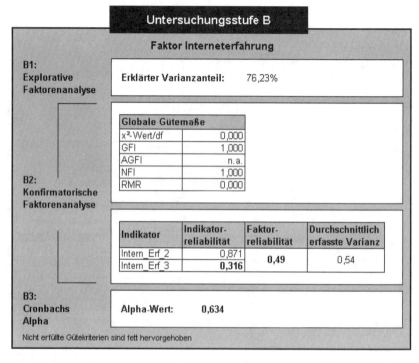

Tabelle 21: Untersuchungsstufe B des Faktors Interneterfahrung[507]

In der sich anschließenden Untersuchungsstufe C erfolgte nun wieder die simultane Analyse der gesamten Indikatoren und Faktoren der hypothetischen Dimension Wahrgenommene Nutzungsfreundlichkeit. In der Untersuchungsstufe C1 wurde zunächst eine konfirmatorische Faktorenanalyse für alle vier Faktoren der Dimension durchgeführt. Diese führte im Hinblick auf die Gütekriterien zu sehr guten Ergebnissen. Die globalen Gütekriterien lagen insgesamt sehr deutlich über bzw. unter den geforderten individuellen Grenzwerten. Bei den lokalen Gütekriterien ist mit der Indikatorreliabilität des Indikators Intern_Erf_3 lediglich ein lokales Gütekriterium nicht

---

J. (2004), S. 81ff; TAYLOR, S.; TODD, P. A. (1995), S. 81ff; CHAU, P. Y. K.; LAI, V. S. K. (2003), S. 131ff.
507 Eigene Darstellung.

erfüllt. Hierbei handelt es sich noch um den Indikator, der bereits während der Untersuchungsstufe B2 die Anforderungen nicht erfüllt hatte, jedoch nicht eliminiert wurde, um den zugrunde liegenden Faktor im weiteren Untersuchungsverlauf durch ein Messmodell mit zwei Indikatoren berücksichtigen zu können. Darüber hinaus wurde im Vorgehensmodell für die Untersuchungsstufe C1 lediglich eine Erfüllung der lokalen Gütekriterien von mindestens 50 Prozent gefordert.[508] Die entsprechende Zusammenfassung ergibt sich aus der nachfolgenden Tabelle 22:

Untersuchungsstufe C1

Dimension Wahrgenommene Nutzungsfreundlichkeit

Globale Gütemaße	
x^2-Wert/df	0,444
GFI	0,988
AGFI	0,980
NFI	0,978
RMR	0,043

Faktor	Indikator	Indikatorreliabilität	Faktorreliabilität	Durchschnittlich erfasste Varianz
Faktor Benutzerführung	Ben_führ_1	0,736	0,83	0,67
	Ben_führ_2	0,711		
	Ben_führ_3	0,558		
	Ben_führ_4	0,564		
Faktor Training	Training_1	0,855	0,91	0,85
	Training_2	0,868		
Faktor Management Unterstützung	Mgt_Unter_1	0,682	0,84	0,74
	Mgt_Unter_2	0,640		
	Mgt_Unter_3	0,782		
Faktor Interneterfahrung	Intern_Erf_2	**0,372**	0,77	0,62
	Intern_Erf_3	0,739		

Nicht erfüllte Gütekriterien sind fett hervorgehoben

Tabelle 22: Untersuchungsstufe C1 des zweiten Teilmodells[509]

---

508 Vgl. auch die Vorgehensbeschreibung zur Operationalisierung der Konstrukte im Abschnitt 4.1.6. auf S. 113ff.
509 Eigene Darstellung.

Als nächster Schritt stand nun die Überprüfung der Diskriminanzvalidität anhand des χ^2-Differenztests und des Fornell-Larcker-Kriteriums an. Die entsprechenden Ergebnisse sind in der nachfolgenden Tabelle zusammengefasst und zeugen davon, dass die Messmodelle diskriminant valide sind und damit die unterstellte vierfaktorielle Struktur der Dimension Wahrgenommene Nutzungsfreundlichkeit aufgrund dieser Analysen bis auf weiteres nicht widerlegt wird. Somit kann die Operationalisierung der Messmodelle für die Dimension Wahrgenommene Nutzungsfreundlichkeit abgeschlossen werden. Die entsprechenden Ergebnisse sind in der nachfolgenden Tabelle 23 dargestellt:

Untersuchungsstufe C2 und C3
Dimension Wahrgenommene Nutzungsfreundlichkeit

		Benutzer-führung	Training	Mgt. Unterstützung
Chi-Quadrat-Differenztest		Chi-Quadrat Differenzen		
	Training	35,70		
	Management Unterstützung	44,70	46,00	
	Internet-erfahrung	78,30	38,50	45,40

		Durchschn. erfasste Varianz	Benutzer-führung	Training	Mgt. Unterstützung
Fornell-Larcker-Kriterium			0,67	0,85	0,74
	Benutzer-führung	0,67	Quadrierte Korrelationen der Faktoren		
	Training	0,85	0,135		
	Management Unterstützung	0,74	0,171	0,048	
	Internet-erfahrung	0,62	0,032	0,003	0,005

Nicht erfüllte Gütekriterien sind fett hervorgehoben

Tabelle 23: Untersuchungsstufen C2 und C3 des zweiten Teilmodells[510]

---

510 Eigene Darstellung.

Ehe das zweite Kausalmodell spezifiziert, berechnet und ausgewertet werden kann, steht noch die Entwicklung des Messmodells der latenten endogenen Variablen aus. Die entsprechenden Indikatoren sind in der nachfolgenden Tabelle dargestellt:

Latente endogene Variable	Indikatoren (Verkürzte, zusammenfassende Darstellung)	SPSS-Notation
Wahrgenommene Nutzungsfreundlichkeit	• Leichte Erlernbarkeit des Umgangs mit dem Portal	Wahrg_N_F_1
	• Umgang mit dem Portal ist nicht kompliziert	Wahrg_N_F_2
	• Gewünschte Aufgaben können leicht durchgeführt werden	Wahrg_N_F_3
	• Gute Einprägbarkeit der Anwendung ist gegeben	Wahrg_N_F_4
	• Insgesamt hohe Nutzungsfreundlichkeit des Portals	Wahrg_N_F_5

Tabelle 24: Indikatoren der endogenen Variablen des zweiten Teilmodells [511]

Die Operationalisierung der latenten Variablen Wahrgenommene Nutzungsfreundlichkeit konnte mit einem einzigen Analysedurchlauf vorgenommen werden, ohne dass Indikatoren ausgeschlossen werden mussten. Allen globalen und lokalen Gütekriterien wurde sehr gut entsprochen, was in der folgenden Tabelle 25 noch einmal zusammengefasst wird:

---

511 Eigene Darstellung. Für eine detaillierte Darstellung der Indikatoren im tatsächlichen Wortlaut vgl. den Fragenbogen im Anhang 1 auf S. 179ff.

Untersuchungsstufe B

Endogene Varialbe Wahrgenommene Nutzungsfreundlichkeit

B1: Explorative Faktorenanalyse

Erklärter Varianzanteil: 73,00%

B2: Konfirmatorische Faktorenanalyse

Globale Gütemaße	
x^2-Wert/df	0,426
GFI	0,995
AGFI	0,985
NFI	0,992
RMR	0,031

Indikator	Indikator-reliabilität	Faktor-reliabilität	Durchschnittlich erfasste Varianz
Wahrg_N_F_1	0,690		
Wahrg_N_F_2	0,698		
Wahrg_N_F_3	0,786	0,81	0,72
Wahrg_N_F_4	0,463		
Wahrg_N_F_5	0,690		

B3: Cronbachs Alpha

Alpha-Wert: 0,907

Nicht erfüllte Gütekriterien sind fett hervorgehoben

Tabelle 25: Untersuchungsstufe B der Wahrgenommenen Nutzungsfreundlichkeit[512]

---

512 Eigene Darstellung.

4.2.3.2. Kausalmodell zu den Einflussfaktoren der Dimension Wahrgenommene Nutzungsfreundlichkeit

Analog des Vorgehens bei dem ersten Kausalmodell wurde das nachfolgende Modell wieder auf Basis der entwickelten Hypothesen zu den Wirkungszusammenhängen und den Einflussfaktoren der Dimension der Wahrgenommenen Nutzungsfreundlichkeit spezifiziert. Die folgende Abbildung 25 fasst die wesentlichen Ergebnisse der Modellberechnung in Form von standardisierten Werten zusammen.[513]

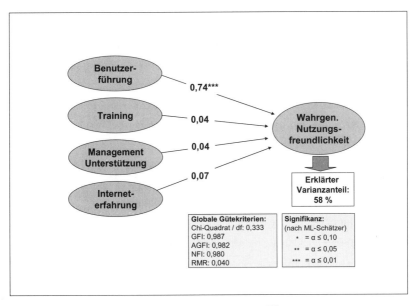

Abbildung 25: Kausalmodell des zweiten Teilmodells[514]

Das Ergebnis zeigt zunächst, dass durch die vier Faktoren ein Anteil von 58 Prozent der Varianz der Wahrgenommenen Nutzungsfreundlichkeit erklärt wird (R^2 = 0,58). Dieser Wert kann als befriedigend beurteilt werden, da er deutlich über dem häufig geforderten Mindestwert von 50 Prozent liegt. Darüber hinaus bestätigt das Niveau der erklärten Varianz, dass die wesentlichen Einflussfaktoren der Wahrgenommenen

---

513 Eigene Darstellung. Eine deutlich detailliertere Darstellung, die u.a. die Kovarianzen und die Faktorladungen zwischen den Indikatorvariablen und den Faktoren beinhaltet, befindet sich in Form eines Exportes aus der AMOS-Software im Anhang 5 auf S. 188.
514 Eigene Darstellung.

Nutzungsfreundlichkeit offensichtlich im Modell berücksichtigt sind.[515] Die Betrachtung der Pfadkoeffizienten verdeutlicht, dass ihre Vorzeichen durchweg positiv sind und sich demzufolge mit den Ausgangshypothesen über die positiven Wirkungszusammenhänge decken. Die Benutzerführung weist mit einem Pfadkoeffizienten von 0,74 den größten Einfluss auf die Wahrgenommene Nutzungsfreundlichkeit auf. Darüber hinaus ist der Pfadkoeffizient auf einem Niveau von $\alpha \leq 0,01$ signifikant. Die drei Faktoren Training, Management Unterstützung und Interneterfahrung weisen deutlich geringere und nicht signifikante Pfadkoeffizienten auf, wobei sie dennoch einen Beitrag zur Erklärung der endogenen Variablen leisten. Da es die Zielsetzung dieser Arbeit ist, die Akzeptanz von Firmenkundenportalen möglichst umfänglich zu erklären, sollen die genannten Faktoren dennoch in dem weiteren Gang der Untersuchung berücksichtigt werden.[516] Überdies lässt sich die geringe Bedeutung der Faktoren Training und Management Unterstützung inhaltlich auch durch die Vermutung erklären, dass beide Faktoren für die gelebte betriebliche Praxis keine besondere Relevanz aufweisen und von daher auch durch die befragten Personen nicht nennenswert wahrgenommen wurden. Im Rückschluss könnte dies bedeuten, dass die Wahrgenommene Nutzungsfreundlichkeit der Anwender in der betrieblichen Praxis positiv beeinflusst werden könnte, wenn dem Training und der Unterstützung durch die Führungskräfte zukünftig eine höhere Bedeutung beigemessen werden würde. Weiterhin kann die geringe Bedeutung der Management Unterstützung auch durch den Umstand erklärt werden, dass 81 Prozent der befragten Personen der ersten oder zweiten Führungsebene und somit dem Management des jeweiligen Unternehmens zuzurechnen sind.[517]

Abschließend soll das Modell noch anhand der globalen und lokalen Gütekriterien beurteilt werden: Wie der Abbildung 25 und der Tabelle 26 entnommen werden kann, werden die globalen Gütekriterien gesamthaft erfüllt. Auch in Bezug auf die lokalen Gütekriterien ist das Modell sehr positiv zu bewerten, da lediglich ein lokales Gütekriterium - die Indikatorreliabilität des bereits zuvor auffälligen Indikators Intern_Erf_2 - verletzt ist.

---

515 Vgl. CASPAR, M. (2002), S. 226; CHAU, P. Y. K.; LAI, V. S. K. (2003), S. 135.
516 Für ein ähnliches Vorgehen vgl. BETZ, J. (2003), S. 139f.
517 Vgl. hierzu auch die Abbildung 17 auf S. 89.

Messmodell II

Lokale Gütekriterien der Dimension Wahrgenommene Nutzungsfreundlichkeit

	Indikator	Indikator-reliabilität	Faktor-reliabilität	Durchschnittlich erfasste Varianz
Faktor Benutzerführung	Ben_führ_1	0,697	0,82	0,67
	Ben_führ_2	0,755		
	Ben_führ_3	0,593		
	Ben_führ_4	0,534		
Faktor Training	Training_1	0,825	0,91	0,85
	Training_2	0,899		
Faktor Management Unterstützung	Mgt_Unter_1	0,728	0,84	0,74
	Mgt_Unter_2	0,606		
	Mgt_Unter_3	0,770		
Faktor Interneterfahrung	Intern_Erf_2	**0,377**	0,76	0,61
	Intern_Erf_3	0,729		
Dimension Wahrgen. Nutzungs- freundlichkeit	Wahrg_N_F_1	0,678	0,84	0,75
	Wahrg_N_F_2	0,665		
	Wahrg_N_F_3	0,737		
	Wahrg_N_F_4	0,467		
	Wahrg_N_F_5	0,782		

Nicht erfüllte Gütekriterien sind fett hervorgehoben

Tabelle 26: Messmodell des zweiten Teilmodells[518]

---

518 Eigene Darstellung.

4.2.4. Drittes Teilmodell zum Einfluss des Faktors Vertrauen auf die Nutzungseinstellung

4.2.4.1. Operationalisierung der Messmodelle der latenten Variablen

Im Folgenden sollen die Operationalisierungen der latenten exogenen Variablen Vertrauen und der latenten endogenen Variablen Nutzungseinstellung behandelt werden. Da es sich bei der Variablen Vertrauen um ein einfaktorielles Messmodell handelt, können die Untersuchungsstufen A und C entfallen, so dass lediglich die Untersuchungsstufe B zu durchlaufen ist. Die entsprechenden Indikatoren zur Operationalisierung der Variablen Vertrauen lassen sich der nachfolgenden Tabelle 27 entnehmen:

Faktor	Indikatoren (Verkürzte, zusammenfassende Darstellung)	SPSS-Notation
Vertrauen	• Vertrauen in die Bank / Sparkasse ist gegeben	Vertrauen_1
	• Vertrauen in das Firmenkundenportal ist gegeben	Vertrauen_2
	• Einschätzung, dass das Leistungsversprechen gehalten wird	Vertrauen_3
	• Annahme, dass die Kundeninteressen berücksichtigt werden	Vertrauen_4

Tabelle 27: Indikatoren der exogenen Variablen Vertrauen[519]

Im ersten Durchlauf der Untersuchungsstufe B1 wurde auf Basis des Kaiser-Kriteriums ein Faktor extrahiert. Der Anteil der erklärten Varianz betrug 61,8 Prozent. Da jedoch in der sich anschließenden konfirmatorischen Faktorenanalyse der Indikator Vertrauen_4 mit einer Indikatorreliabilität von 0,358 ausgeschlossen werden musste, wurde die explorative Faktorenanalyse noch einmal mit dem nunmehr auf drei Indikatoren basierenden Messmodell durchgeführt. Dabei konnte im Rahmen der explorativen Faktorenanalyse ein erklärter Varianzanteil von über 69 Prozent erreicht werden. In der folgenden konfirmatorischen Faktorenanalyse wurden alle globalen sowie lokalen Gütekriterien sehr deutlich erreicht. Auch der Wert des Cronbach'schen Alphas lässt den Rückschluss auf ein reliables Messmodell zu. Die entsprechenden Ergebnisse sind in der nachfolgenden Tabelle 28 zusammengefasst:

---

519 Eigene Darstellung. Für eine detaillierte Darstellung der Indikatoren im tatsächlichen Wortlaut vgl. den Fragebogen im Anhang 1 auf S. 179ff.

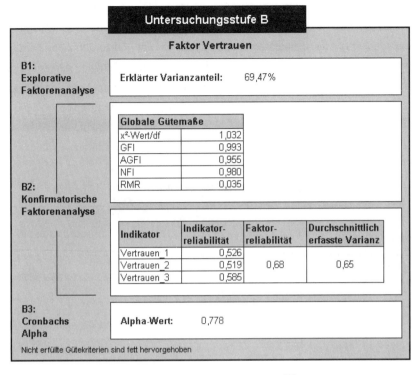

Tabelle 28: Untersuchungsstufe B des Faktors Vertrauen[520]

Bevor das dritte Kausalmodell ausgewertet werden kann, steht die Entwicklung des Messmodells der latenten endogenen Variablen an. Die entsprechenden Indikatoren sind in der nachfolgenden Tabelle 29 dargestellt:

Latente endogene Variable	Indikatoren (Verkürzte, zusammenfassende Darstellung)	SPSS-Notation
Nutzungseinstellung	• Positive Einstellung, das Firmenkundenportal zu nutzen	Nutz_Einst_1
	• Nutzung anstelle von Offline-Transaktionen ist wünschenswert	Nutz_Einst_2
	• Bevorzugung des Portals anstelle von Offline-Transaktionen	Nutz_Einst_3
	• Insgesamt positive Nutzungseinstellung	Nutz_Einst_4

Tabelle 29: Indikatoren der endogenen Variablen Nutzungseinstellung[521]

---

520 Eigene Darstellung.
521 Eigene Darstellung. Für eine detaillierte Darstellung der Indikatoren im tatsächlichen Wortlaut vgl. den Fragenbogen im Anhang 1 auf S. 179ff.

Bereits in der durchgeführten explorativen Faktorenanalyse deutete sich mit einem geringen Wert der erklärten Varianz von zirka 59 Prozent an, dass das Ausgangs-Messmodell mit vier Indikatoren den Ansprüchen auf Reliabilität nicht genügen würde. Diese Vermutung wurde während der konfirmatorischen Faktorenanalyse bestätigt, in deren ersten beiden Durchläufen die Indikatoren Nutz_Einst_1 und Nutz_Einst_4 mit Indikatorreliabilitäten von 0,189 und 0,251 ausgeschlossen wurden. Es resultierte ein reliables und valides Messmodell mit zwei Indikatoren, deren globale und lokale Gütekriterien der nachfolgenden Tabelle 30 zu entnehmen sind:

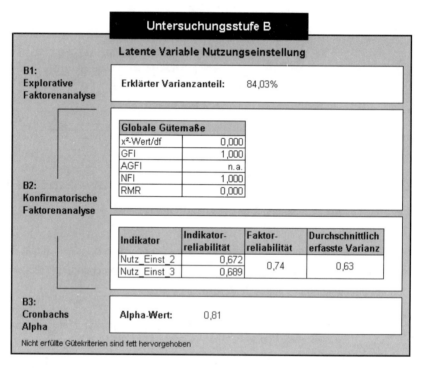

Tabelle 30: Untersuchungsstufe B der Variablen Nutzungseinstellung[522]

---

522 Eigene Darstellung.

4.2.4.2. Kausalmodell zum Einfluss der Variablen Vertrauen auf die Variable Nutzungseinstellung

Gemäß der vermuteten Wirkungszusammenhänge zwischen der exogenen Variablen Vertrauen und der endogenen Variablen Nutzungseinstellung wurde das nachfolgende dritte Kausalmodell spezifiziert. Die Abbildung 26 fasst die wesentlichen standardisierten Modellparameter aus der Berechnung zusammen:

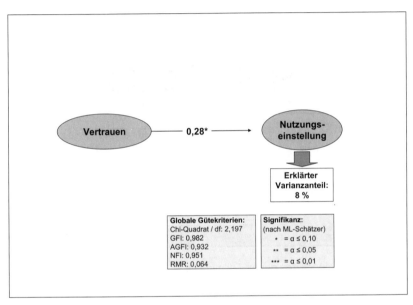

Abbildung 26: Kausalmodell des dritten Teilmodells[523]

Die Ergebnisse zeigen, dass der Faktor Vertrauen einen signifikanten Einfluss auf die Nutzungseinstellung hat und folglich 8 Prozent (R^2 = 0,08) der Varianz der Nutzungseinstellung erklärt. Da die aktuelle Analyse bewusst und ausschließlich auf den Teilaspekt Vertrauen limitiert ist, kann dieser Wert als gutes Ergebnis gekennzeichnet werden. Das positive Vorzeichen des Pfadkoeffizienten, der mit einem Wert von 0,28 einen deutlichen Einfluss auf die Nutzungseinstellung hat, entspricht wie in den vorangegangenen Modellen wiederum den ex-ante formulierten Hypothesen eines

---

[523] Eigene Darstellung. Eine deutlich detailliertere Darstellung, die u.a. die Kovarianzen und die Faktorladungen zwischen den Indikatorvariablen und den Faktoren beinhaltet, befindet sich in Form eines Exportes aus der AMOS-Software im Anhang 6 auf S. 189.

positiven Wirkungszusammenhangs. Darüber hinaus ist der Pfadkoeffizient auf einem Konfidenzniveau von $\alpha \leq 0{,}1$ signifikant.

Abschließend gilt es, die Gütekriterien zur Beurteilung des Modells heranzuziehen. Wie in den vorherigen Modellen sind auch in diesem Fall die Anforderungen an die globalen Gütekriterien gemäß der Abbildung 26 vollumfänglich erfüllt. Abgesehen von zwei Ausnahmen ist dies auch für die lokalen Gütekriterien der Fall (Tabelle 31), so dass zusammenfassend und abschließend ein positives Fazit gezogen und zur Betrachtung des Gesamtmodells übergegangen werden kann.

Messmodell III

Lokale Gütekriterien des Messmodells III

	Indikator	Indikator-reliabilität	Faktor-reliabilität	Durchschnittlich erfasste Varianz
Faktor Vertrauen	Vertrauen_1	**0,371**	0,65	0,66
	Vertrauen_2	0,465		
	Vertrauen_3	0,788		
Latente Variable Nutzungseinstellung	Nutz_Einst_2	0,931	**0,28**	0,67
	Nutz_Einst_3	0,498		

Nicht erfüllte Gütekriterien sind fett hervorgehoben

Tabelle 31: Messmodell des dritten Teilmodells[524]

---

524 Eigene Darstellung.

4.2.5. Gesamtmodell zur Akzeptanz von Firmenkundenportalen

Nach der Entwicklung der zugrunde liegenden Messmodelle und ihrer Prüfung auf Reliabilität und Validität sollen jetzt die hypothetischen Wirkungszusammenhänge in einem Gesamtmodell simultan und unverzerrt überprüft werden. Wesentliche Ergebnisse der Modellspezifizierung und -berechnung sind in Form von standardisierten Werten in der nachfolgenden Abbildung 27 zusammengefasst:[525]

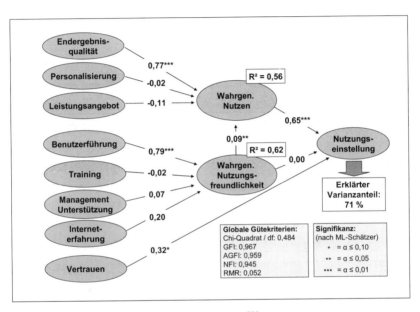

Abbildung 27: Kausalmodell des Gesamtmodells[526]

Im Ergebnis werden 71 Prozent der Varianz der Nutzungseinstellung durch das Modell und die berücksichtigten Einflussfaktoren erklärt ($R^2 = 0{,}71$), was als sehr gutes Ergebnis einzuschätzen ist,[527] da die unabhängigen Variablen ganz offensichtlich einen signifikanten Beitrag zur Erklärung der abhängigen Variablen leisten. Auch für

---

525 Eigene Darstellung. Eine deutlich detailliertere Darstellung, die u.a. die Kovarianzen und die Faktorladungen zwischen den Indikatorvariablen und den Faktoren beinhaltet, befindet sich in Form eines Exportes aus der AMOS-Software im Anhang 7 auf S. 190.

526 Eigene Darstellung.

527 Vgl. hierzu die Einschätzungen von BÖING, C. (2001), S. 212; CASPAR, M. (2002), S. 226; SUH, B.; HAN, I. (2002), S. 257ff; JIANG, J. J.; HSU, M. K.; KLEIN, G. et al. (2000), S. 271ff.

die anderen beiden abhängigen Variablen Wahrgenommene Nutzungsfreundlichkeit und Wahrgenommener Nutzen werden mit 62 Prozent ($R^2 = 0{,}62$) und 56 Prozent ($R^2 = 0{,}56$) befriedigende Werte erreicht.

Im Folgenden sollen sukzessive die einzelnen standardisierten Pfadkoeffizienten näher betrachtet werden. Die entsprechenden Werte der Faktoren Endergebnisqualität, Benutzerführung und Vertrauen weisen positive Vorzeichen auf, haben jeweils einen großen Einfluss auf die abhängigen Variablen und sind darüber hinaus auf einem Konfidenzniveau von $\alpha \leq 0{,}01$ (Endergebnisqualität und Benutzerführung) bzw. von $\alpha \leq 0{,}1$ (Vertrauen) signifikant. Die Faktoren Personalisierung und Training weisen zum einen sehr geringe und nicht signifikante Pfadkoeffizienten auf, die darüber hinaus wegen ihres negativen Vorzeichens überraschen. Gemäß den vorhergegangenen Erklärungsansätzen der entsprechenden Teilmodelle könnte zumindest die geringe Bedeutung dadurch erklärt werden, dass beide Faktoren für die tatsächliche praktische Anwendung durch die Nutzer im betrieblichen Alltag (noch) keine nennenswerte Bedeutung haben. Gleiches gilt für den Faktor Management Unterstützung, der im Gegensatz zu den beiden vorgenannten Faktoren zumindest das erwartete Vorzeichen aufweist. Auch das Vorzeichen des nicht signifikanten Pfadkoeffizienten des Faktors Leistungsangebot überrascht insofern, als im Verlauf der Hypothesenbildung ein positives Vorzeichen erwartet wurde. Das vorliegende Ergebnis eines negativen Vorzeichens könnte dadurch erklärt werden, dass die Anwender mit dem gegenwärtigen Leistungsangebot bereits tendenziell überfordert sind und daher ein ausgeweitetes Leistungsspektrum ceteris paribus zu einer geringer werdenden Nutzenwahrnehmung führt.

Zum Abschluss soll noch der Pfadkoeffizient der Interneterfahrung bewertet werden: Dieser weist mit einem Wert von 0,2 einen signifikanten Einfluss auf die Wahrgenommene Nutzungsfreundlichkeit auf. Während das positive Vorzeichen den ursprünglichen Erwartungen entspricht, erreicht der Pfadkoeffizient nicht das für diese Untersuchung geforderte minimale Konfidenzniveau von $\alpha \leq 0{,}1$. Auch der Pfadkoeffizient von 0,00 zwischen der Wahrgenommenen Nutzungsfreundlichkeit und der Nutzungseinstellung kann inhaltlich nicht erklärt werden und steht überdies im deutlichen Widerspruch zu vorherigen empirischen TAM-Untersuchungen.[528]

Zum Abschluss soll das Modell noch anhand der globalen und lokalen Gütekriterien beurteilt werden. Der Abbildung 27 entsprechend wurden alle globalen Gütekriterien komfortabel erreicht. Da gemäß der Tabelle 32 auch dem Anspruch einer fünfzigprozentigen Erreichung der lokalen Gütekriterien sehr deutlich entsprochen wurde, braucht das Modell auf dieser Basis nicht zurückgewiesen zu werden.

---

[528] Vgl. diesbezüglich zum Beispiel die Ergebnisse der empirischen Untersuchungen von AL-GAHTANI, S.; KING, M. (1999), S. 287; DAVIS, F. D.; BAGOZZI, R. P.; WARSHAW, P. R. (1989), S. 992; HORTON, R. P.; BUCK, T.; WATERSON, P. E. et al. (2001), S. 244; MOON, J.; KIM, Y. (2001), S. 221ff und VENKATESH, V. (2000), S. 357. Zusammenfassend kommt allerdings auch eine Meta-Analyse von verschiedenen empirischen TAM-Studien für unterschiedliche IT-Systeme (Hard- und Software) zu dem Ergebnis, dass die Wahrgenommene Nutzungsfreundlichkeit ein weniger stabiler Einflussfaktor der Nutzungseinstellung ist als der Wahrgenommene Nutzen; vgl. LEE, Y.; KOZAR, K. A.; LARSEN, K. R. T. (2003), S. 759.

Gesamtmodell

Lokale Gütekriterien

	Indikator	Indikator-reliabilität	Faktor-reliabilität	Durchschnittlich erfasste Varianz
Faktor Endergebnisqualität	E_Erg_Qual_1	0,492	0,54	0,50
	E_Erg_Qual_2	0,437		
	E_Erg_Qual_3	0,417		
Faktor Personalisierung	Personali_1	0,694	0,73	0,63
	Personali_2	0,633		
Faktor Leistungsangebot	Leist_Ang_2	**0,266**	0,37	0,55
	Leist_Ang_3	0,829		
Faktor Benutzerführung	Ben_führ_1	0,705	0,81	0,66
	Ben_führ_2	0,711		
	Ben_führ_3	0,574		
	Ben_führ_4	0,540		
Faktor Training	Training_1	0,830	0,91	0,85
	Training_2	0,892		
Faktor Management Unterstützung	Mgt_Unter_1	0,733	0,83	0,73
	Mgt_Unter_2	0,611		
	Mgt_Unter_3	0,740		
Faktor Interneterfahrung	Intern_Erf_2	0,419	0,55	0,47
	Intern_Erf_3	0,485		
Faktor Vertrauen	Vertrauen_1	0,481	0,64	0,66
	Vertrauen_2	0,423		
	Vertrauen_3	0,743		
Dimension Wahrgen. Nutzen	Wahrg_Nutz_1	0,485	0,69	0,57
	Wahrg_Nutz_2	0,640		
	Wahrg_Nutz_3	**0,320**		
Dimension Wahrgen. Nutzungsfreundlichkeit	Wahrg_N_F_1	0,607	0,91	0,76
	Wahrg_N_F_2	0,613		
	Wahrg_N_F_3	0,787		
	Wahrg_N_F_4	0,565		
	Wahrg_N_F_5	0,773		
Nutzungseinstellung	Nutz_Einst_2	**0,130**	0,46	0,41
	Nutz_Einst_3	0,690		

Nicht erfüllte Gütekriterien sind fett hervorgehoben

Tabelle 32: Messmodell des Gesamtmodells[529]

Bei dem zuvor beschriebenen Gesamtmodell mussten eine Reihe von Forschungshypothesen zu den Einflussfaktoren der Akzeptanz von Firmenkundenportalen abgelehnt werden,[530] da sich die entsprechenden Pfadkoeffizienten im Verlauf des t-Tests als nicht signifikant erwiesen. Dennoch wurde das umfängliche Modell nicht

---

529 Eigene Darstellung.

530 Für eine Übersicht der falsifizierten bzw. nicht falsifizierten Forschungshypothesen vgl. die Zusammenfassung der empirischen Befunde in der Tabelle 33 auf S. 168.

verworfen, da auch die nicht signifikanten Pfadkoeffizienten zur Erklärung der Nutzungseinstellung beitragen und es explizite Zielsetzung dieser Arbeit ist, ein möglichst umfängliches Erklärungsmodell zu entwickeln.[531] Außerdem wurden zumindest die Vorzeichen der Wirkungsbeziehungen im Rahmen der ersten beiden Teilmodelle bestätigt und mögliche Ansätze zur Erklärung diskutiert, warum relevante Einflussfaktoren der Nutzungseinstellung ggf. erst zukünftig eine größere Bedeutung im betrieblichen Arbeitsalltag erfahren könnten.

Der Vollständigkeit halber soll aber an dieser Stelle abschließend noch einmal ein reduziertes Modell spezifiziert und berechnet werden, das lediglich die signifikanten Faktoren berücksichtigt. Die wesentlichen Modellparameter sind in der nachfolgenden Abbildung 28 dargestellt. Ein Abgleich mit dem zuvor analysierten Gesamtmodell ergibt, dass insgesamt fünf Faktoren in diesem Modell nicht berücksichtigt sind.

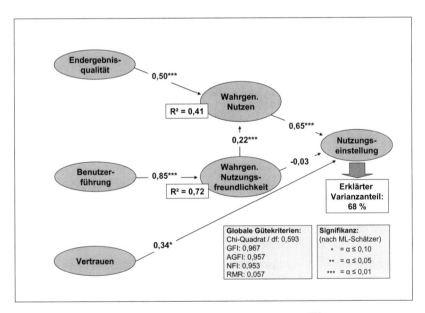

Abbildung 28: Kausalmodell des reduzierten Gesamtmodells[532]

---

531 Beispielsweise geht BETZ in seiner Arbeit über die Akzeptanz des E-Commerce in der Automobilwirtschaft so vor, dass auch nicht signifikante Faktoren mit geringen Pfadkoeffizienten nicht aus dem Modell ausgeschlossen werden; vgl. BETZ, J. (2003), S. 139.

532 Eigene Darstellung. Eine deutlich detailliertere Darstellung, die u.a. die Kovarianzen und die Faktorladungen zwischen den Indikatorvariablen und den Faktoren beinhaltet, befindet sich in Form eines Exportes aus der AMOS-Software im Anhang 8 auf S. 191.

In diesem reduzierten Gesamtmodell werden 68 Prozent der Varianz der Nutzungseinstellung erklärt ($R^2 = 0,68$), was wiederum als guter Wert einzustufen ist. Folglich hat der Ausschluss von fünf Faktoren im Vergleich mit dem Gesamtmodell und die damit verbundene umfassende Reduktion der Modellkomplexität lediglich dazu geführt, dass die erklärte Varianz des interessierenden Konstrukts um drei Prozentpunkte niedriger ausfällt. Auch die globalen und lokalen Gütekriterien deuten auf eine gute Modellanpassung hin.[533]

Nachdem die Reliabilität sowie die Diskriminanz- und Konvergenzvalidität bereits bei der Spezifizierung der Teilmodelle untersucht worden war, gilt es im Kontext des hiermit vorliegenden Gesamtmodells weiterhin, die Inhaltsvalidität und die nomologische Validität zu beurteilen: Dabei impliziert die Forderung nach Inhaltsvalidität zum einen, dass die einzelnen Faktoren zur Erklärung des interessierenden Konstrukts inhaltlich relevant und zum anderen inhaltlich vollständig sein müssen.[534] Der ersten Forderung nach Relevanz der Faktoren, derzufolge alle Faktoren auch einen inhaltlichen Beitrag zur Erklärung der abhängigen Variablen zu leisten haben, genügt bei strenger Auslegung lediglich das reduzierte Gesamtmodell, bei dem alle Faktoren signifikant sind. Die Anforderung der inhaltlichen Vollständigkeit wird grundsätzlich erfüllt, da sowohl das Gesamtmodell als auch das reduzierte Gesamtmodell mit 71 bzw. 68 Prozent einen hohen Anteil der Varianz der abhängigen Variablen erklären. Somit kann für das entwickelte Kausalmodell die Inhaltsvalidität festgestellt werden.

Abschließend ist die nomologische Validität zu prüfen, die voraussetzt, dass ein Messmodell theoriegeleitet entwickelt worden ist.[535] Dieser Forderung wurde im Verlauf der Arbeit entsprochen, da die Hypothesen über die Einflussfaktoren der Akzeptanz von Firmenkundenportalen auf Basis theoretischer Vorüberlegungen und der entsprechenden Berücksichtigung wissenschaftlicher Forschungsergebnisse zu diesem erweiterten Themenfeld entwickelt worden sind. Überdies führt BÖING den Determinationskoeffizienten als geeignetes quantitatives Maß zur Überprüfung der no-

---

533 Die lokalen Gütekriterien sind in tabellarischer Form im Anhang 9 auf S. 192 zusammengefasst.

534 Vgl. BETZ, J. (2003), S. 137; HILDEBRANDT, L. (1998), S. 89 und HOMBURG, C.; GIERING, A. (1996), S. 7.

535 Vgl. BAGOZZI, R. P. (1980), S. 129; HILDEBRANDT, L. (1998), S. 93; PETER, J. P. (1981), S. 137f. RUEKERT et al. definieren die nomologische Validität wie folgt: „Nomological validity refers to the relationship between measures representing theoretically related constructs."; RUEKERT, R. W.; CHURCHILL JR., G. A. (1984), S. 231.

mologischen Validität an.[536] Auch in diesem Fall kann die nomologische Validität als gegeben eingestuft werden, da insgesamt ein hoher Anteil der Varianz der endogenen Variablen durch das entwickelte Modell erklärt wurde.

Folglich bleibt zusammenfassend festzustellen, dass die entwickelten Kausalmodelle in Form ihrer jeweils zugrunde liegenden Mess- und Strukturmodelle auf Reliabilität und Validität überprüft wurden. Die Validitätsprüfung umfasste im Detail die Konvergenz-, Diskriminanz- und Inhaltsvalidität sowie die nomologische Validität. Als Fazit ist das Ergebnis festzuhalten, dass damit von der Entwicklung und Operationalisierung von reliablen und validen Konstrukten ausgegangen werden kann.[537]

---

536 Vgl. BÖING, C. (2001), S. 107.

537 Das dieser Arbeit zugrunde liegende Vorgehen zur Entwicklung reliabler und valider Mess- und Strukturmodelle wurde auf Grundlage der Empfehlungen von HOMBURG et al. entwickelt; vgl. hierzu HOMBURG, C.; GIERING, A. (1996) und HOMBURG, C.; GIERING, A. (1998).

4.3. Deskriptive Befragungsergebnisse zur Akzeptanz von Firmenkundenportalen

Neben der Überprüfung des postulierten Akzeptanzmodells und der Charakterisierung der Stichprobe war ein weiteres Ziel der durchgeführten Befragung, Informationen über den aktuellen Stand der Nutzung von Firmenkundenportalen in der Bundesrepublik Deutschland zu sammeln. Für diesen Zweck wurden bei der Konzeption der Datenerhebung entsprechende Fragen in den zweiten Abschnitt des Fragebogens aufgenommen.[538] Die Analyse ausgewählter Ergebnisse, die aus Sicht des Verfassers besonders interessant sind, ist nachfolgend zusammengefasst.

Als Einstieg in die Auswertungen bietet sich eine Betrachtung des aktuellen Status der Nutzung von Firmenkundenportalen an. Im Verlauf der Befragung gab der aus Sicht des Verfassers überraschend hohe Anteil von 65 Prozent der Unternehmen an, mindestens ein Firmenkundenportal zu nutzen (siehe Abbildung 29). In Bezug auf die zukünftige Nutzung schätzten 68 Prozent dieser Unternehmen, dass die Nutzungsintensität in Zukunft etwa gleich bleiben würde, während 32 Prozent von einer Ausweitung der Nutzungsintensität ausgingen.

Somit nutzten lediglich 35 Prozent der Unternehmen in der Stichprobe kein Firmenkundenportal. Von diesen gaben 82 Prozent an, die Nutzung eines Firmenkundenportals noch nicht geprüft zu haben.

---

538 Der Fragebogen befindet sich im Anhang 1 auf S. 179ff.

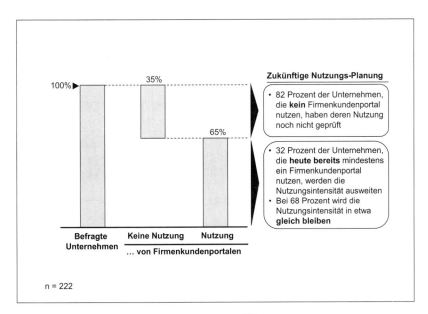

Abbildung 29: Aktuelle und zukünftige Nutzung[539]

Im Folgenden sollen die Befragungsergebnisse aus den Unternehmen vertiefend analysiert werden, die bereits heute mindestens ein Firmenkundenportal nutzen.

Bezüglich ihres Nutzungsverhaltens gaben 61 Prozent der befragten Unternehmen an, seit mindestens drei Jahren ein oder mehrere Firmenkundenportale für die Abwicklung ihrer Finanzgeschäfte zu nutzen (siehe Abbildung 30). 76 Prozent von ihnen nutzten ein solches Portal täglich, 19 Prozent wöchentlich. Knapp die Hälfte der Unternehmen nutzte mehr als ein Firmenkundenportal.

---

539 Eigene Darstellung.

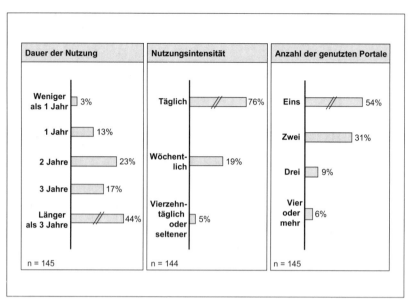

Abbildung 30: Nutzungsverhalten der Unternehmen[540]

Weiterhin ist von Interesse, ob und in welcher Form die Mitarbeiter der Unternehmen als Anwender der Portale Schulungen bzw. Nutzungsinformationen von den Banken / Sparkassen bzw. Unternehmen erhalten haben. Der Abbildung 31 zufolge wurden in 56 Prozent der Unternehmen, die ein Firmenkundenportal nutzten, die entsprechenden Mitarbeiter seitens des Portalbetreibers nicht geschult bzw. informiert. In 44 Prozent der Unternehmen wurden die Anwender im Hinblick auf die Nutzung der Portale in Form von Schulungen, Informationsunterlagen oder Hinweisen unterstützt. Diesbezüglich hatten seitens der Bank oder Sparkasse durchgeführte Schulungen die größte Bedeutung, wobei auch die jeweiligen Unternehmen ihre Mitarbeiter sowohl mit Schulungen als auch mit Nutzungshinweisen unterstützten.

---

540 Eigene Darstellung.

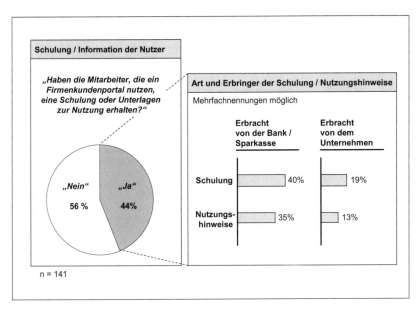

Abbildung 31: Schulung und Information der Anwender[541]

Weiterhin ist von Interesse, welche Arten von Bankgeschäften mittels der Portale zum Zeitpunkt der Befragung abgewickelt wurden. Die entsprechenden Ergebnisse sind in der Abbildung 32 zusammengefasst:

---

541 Eigene Darstellung.

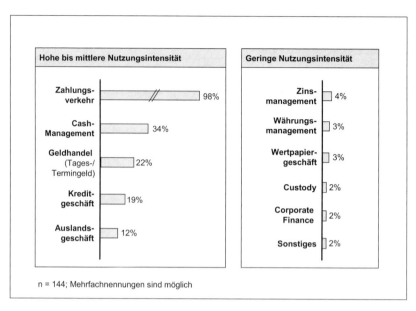

Abbildung 32: Mittels Firmenkundenportalen durchgeführte Finanzgeschäfte[542]

Gemäß der Abbildung 32 war die Durchführung des Zahlungsverkehrs die Funktionalität, welche mit 98 Prozent von fast allen Unternehmen genutzt wurde. Weitere Arten von Finanzgeschäften, die von vielen bzw. einigen Unternehmen mittels Firmenkundenportalen abgewickelt wurden, waren das Cash-Management, der Geldhandel, das Kredit- sowie das Auslandsgeschäft. Nur von nachrangiger Bedeutung waren beispielsweise das Zins- und Währungsmanagement.

Natürlich ist ein Erklärungsansatz für die nachrangige Bedeutung von Finanzgeschäften außerhalb des Zahlungsverkehrs in dem Umstand zu finden, dass viele dieser Finanzgeschäfte - zum Beispiel das Auslandsgeschäft - nicht für alle Unternehmen relevant sind. Ein weiterer Erklärungsansatz ist allerdings auch im gegenwärtigen Entwicklungsstatus der Firmenkundenportale zu sehen, womit nunmehr auf die nachfolgende Analyse in der Abbildung 33 übergeleitet wird.

---

542 Eigene Darstellung.

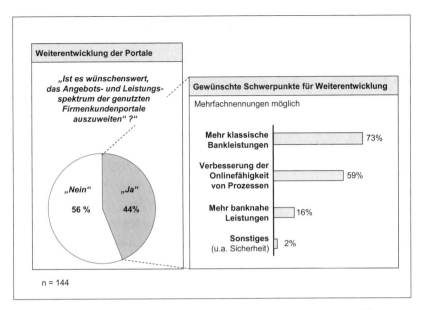

Abbildung 33: Gewünschte Weiterentwicklung des Leistungsspektrums[543]

Die Abbildung 33 zeigt, dass immerhin 44 Prozent der Unternehmen eine Weiterentwicklung der Firmenkundenportale als wünschenswert einstuften. Schwerpunkte dieser seitens der Kunden gewünschten Weiterentwicklung lagen neben der Komplettierung des Angebots von klassischen Bankleistungen auch in der Verbesserung der Onlinefähigkeit von Prozessen. Diese Priorität gaben immerhin 59 Prozent der Kunden an, die eine Weiterentwicklung der Portale für notwendig bzw. wünschenswert hielten.

---

543 Eigene Darstellung.

4.4. Zusammenfassung der empirischen Untersuchungsergebnisse

Zur Erklärung und Messung der Akzeptanz von Firmenkundenportalen wurde im Abschnitt 3.4. auf Basis zentraler Konstrukte des Technology Acceptance Model (TAM) von DAVIS ein Modell entwickelt, welches die fortlaufende Nutzung der Portale durch die Firmenkunden erklären sollte. Die Erweiterung des Modells erfolgte auf der Grundlage von insgesamt acht abgeleiteten Forschungshypothesen, die das zugrunde liegende Modell um eine entsprechende Anzahl von latenten Variablen erweitern. Um das entwickelte Modell empirisch überprüfen zu können, wurde unter Rückgriff auf bereits bestehende Messmodelle (Indikatoren) ein Fragebogen entwickelt, der neben den Indikatoren zur Messung der latenten Variablen auch weitere deskriptive Aspekte der Portalnutzung abdeckte. Das Gesamtmodell ist in der Abbildung 16 auf der Seite 83 dargestellt.

Im folgenden Untersuchungsschritt wurden mittels des entwickelten Fragebogens im Jahr 2005 insgesamt 1.716 zufällig ausgewählte Unternehmen bezüglich ihrer Nutzung bzw. Nichtnutzung von Firmenkundenportalen befragt. Die Datenerhebung führte zu einem Rücklauf von insgesamt 222 verwendbaren Fragebögen (Rücklaufquote: 12,9 Prozent). Die damit vorliegenden empirischen Primärdaten wurden zur Verfolgung der Zielsetzung dieser Arbeit in zwei inhaltlich zu trennenden Bereichen ausgewertet:

1. Empirische Überprüfung des hypothetischen Modells und der zugrunde liegenden modellspezifischen Wirkungszusammenhänge;
2. Beleuchtung und Darstellung des Ausmaßes der gegenwärtigen Akzeptanz von Firmenkundenportalen anhand ausgewählter deskriptiver Statistiken.

Die Ergebnisse zum zweiten Aufzählungspunkt sind auf wenigen Seiten im Kapitel 4.3. zusammengefasst. Da sie als selbsterklärend einzuschätzen sind, soll an dieser Stelle nicht weiter auf sie eingegangen werden.

Die im ersten Aufzählungspunkt adressierte empirische Überprüfung des hypothetischen Modells anhand kausalanalytischer Methoden ist als das wesentliche empirische Ergebnis dieser Arbeit anzusehen. Dieses Ergebnis wurde durch einen Untersuchungsablauf erreicht, demzufolge die latenten exogenen Variablen zunächst analog der ex-ante hypothetisierten dimensionalen Struktur in Form von zwei Teilmodellen analysiert wurden. Nachdem für die den Dimensionen zugrunde liegenden Faktoren reliable und valide Messmodelle entwickelt worden waren, erfolgte die Verdichtung der Faktoren zu zwei Dimensionen sowie die anschließende Überprüfung der hypothetischen Wirkungszusammenhänge durch die entsprechenden Strukturmodelle. Ein drittes Teilmodell befasste sich ausschließlich mit den Messmodellen und dem Strukturmodell zwischen einer latenten exogenen Variablen (Vertrauen) und der latenten endogenen Variablen des gesamten Modells, der Nutzungseinstellung.

Nachdem die einzelnen Modellbestandteile bezüglich ihrer Reliabilität und Diskriminanz- sowie Konvergenzvalidität im Rahmen der drei Teilmodelle mit positivem Prüfungsergebnis behandelt worden waren, erfolgte die Überprüfung aller hypothetischen Wirkungszusammenhänge im Rahmen eines simultan berechneten Gesamtmodells. Die entsprechenden Ergebnisse der Berechnung des Gesamtmodells wurden in der Abbildung 27 auf Seite 153 zusammengefasst.

Da verschiedene Einflussfaktoren des Gesamtmodells gemäß ihres standardisierten Pfadkoeffizienten nur einen geringen Einfluss auf die endogenen Variablen ausübten und darüber hinaus auch auf einem Anspruchsniveau von $\alpha \leq 0{,}1$ nicht signifikant waren, bot sich die weitere Analyse eines reduzierten Gesamtmodells an. In diesem wurden lediglich die Wirkungszusammenhänge in einer simultanen Berechnung beleuchtet, die sich bei der Analyse des Gesamtmodells als signifikant erwiesen hatten. Eine Zusammenfassung der Berechnungsergebnisse des reduzierten Gesamtmodells lässt sich der Abbildung 28 auf Seite 157 entnehmen.

Für das Gesamtmodell und das reduzierte Gesamtmodell galt es nun abschließend, die nomologische und inhaltliche Validität zu überprüfen. Die entsprechende Prüfung der nomologischen Validität kam zu einem positiven Ergebnis. Gleiches gilt für die Inhaltsvalidität, welche unter anderem deshalb als gegeben angesehen werden kann, weil beide Modelle einen hohen Varianzanteil (R^2) der latenten endogenen Variablen erklären: Dieser beträgt 71 Prozent für das Gesamtmodell ($R^2 = 0{,}71$) und 68 Prozent für das reduzierte Gesamtmodell ($R^2 = 0{,}68$).

Abschließend steht im Rahmen dieser Zusammenfassung noch aus, die abgeleiteten Forschungshypothesen durch den Abgleich mit den Ergebnissen des Gesamtmodells zu überprüfen. Hiermit schließt sich der Kreis, da die ursprünglich im Abschnitt 3.4.1. entwickelten Hypothesen nunmehr anhand der empirischen Ergebnisse überprüft werden. Die entsprechenden Befunde sind in der nachfolgenden Tabelle 33 zusammengefasst:

Hypothese	Inhalt / Formulierung	Befund
Hypothese 1	Je höher die Qualität des Transaktionsprozesses und der auf dem Firmenkundenportal angebotenen Finanzdienstleistungen ist, desto höher ist der seitens des Kunden Wahrgenommene Nutzen.	Nicht falsifiziert
Hypothese 2	Je ausgereifter die technischen Lösungen zur Personalisierung des Firmenkundenportals und / oder der auf dem Portal angebotenen Finanzdienstleistungen sind, desto höher ist der seitens des Kunden Wahrgenommene Nutzen.	Falsifiziert
Hypothese 3	Je breiter das Leistungsangebot an klassischen Bankprodukten, komplementären banknahen Produkten und bankspezifischen Mehrwertdiensten ist, die auf dem Firmenkundenportal angeboten werden, desto höher ist der seitens des Kunden Wahrgenommene Nutzen.	Falsifiziert
Hypothese 4	Je besser die Benutzerführung eines Firmenkundenportals ist, desto höher ist die seitens der Kunden Wahrgenommene Nutzungsfreundlichkeit.	Nicht falsifiziert
Hypothese 5	Die Durchführung von Schulungen über die vorteilhafte Benutzung von Firmenkundenportalen führt bei den Nutzern zu einer Erhöhung der Wahrgenommenen Nutzungsfreundlichkeit.	Falsifiziert
Hypothese 6	Die Unterstützung des Managements bei der Benutzung von Firmenkundenportalen führt seitens der Nutzer zu einer Erhöhung der Wahrgenommenen Nutzungsfreundlichkeit.	Falsifiziert
Hypothese 7	Je ausgeprägter die bisherige Erfahrung der Anwender in Bezug auf die Computer- und Internetnutzung ist, desto höher ist die Wahrgenommene Nutzungsfreundlichkeit.	Falsifiziert
Hypothese 8	Je größer das Vertrauen des Kunden in den Finanzdienstleister und in das Firmenkundenportal ist, desto ausgeprägter ist seine positive Einstellung, das Firmenkundenportal zu nutzen.	Nicht falsifiziert

Tabelle 33: Empirischer Befund in Bezug auf die Forschungshypothesen[544]

---

544 Eigene Darstellung.

5. Implikationen für Wissenschaft und Praxis

5.1. Implikationen für die Wissenschaft

Auf übergeordneter Ebene hat diese Arbeit aus Sicht der Wissenschaft durch ihr qualitativ-exploratives und empirisch-konfirmatorisches Forschungsdesign einen Beitrag dazu geleistet, die identifizierte Forschungslücke im Bereich des Internetbankings für Firmenkunden partiell zu schließen: Im Ergebnis liegt nunmehr ein weiterentwickeltes, leistungsstarkes Akzeptanzmodell für die Nutzung von Firmenkundenportalen vor, das mit 71 Prozent einen sehr hohen Anteil der Varianz der Nutzungseinstellung erklärt. Zwei Aspekte dieses Forschungsfortschritts sind hier besonders herauszuheben: Zum einen hat diese Arbeit im Untersuchungskontext Internetbanking eine aus wissenschaftlicher und empirischer Sicht längst gebotene Differenzierung zwischen Privat- und Firmenkundengeschäft vollzogen. Diese scheint dem Autor zwingend geboten, da nicht per se angenommen werden kann und sollte, dass die Einflussfaktoren der Nutzung des Internetbankings im privaten und beruflichen Umfeld identisch sind. Zum zweiten trägt diese Untersuchung dazu bei, aus wissenschaftlicher Sicht und aus der Perspektive der Wirtschaftssubjekte zu verstehen, warum Unternehmen und Individuen die entwickelten Portale nutzen und welche Faktoren die Nutzungseinstellung bzw. Nutzung beeinflussen. Dieses Ergebnis wurde erreicht, indem das international viel beachtete TAM als Erklärungsmodell für die Technologieakzeptanz auf den Forschungsschwerpunkt Firmenkundenportal angepasst und zum ersten Mal im deutschen Sprachraum eingesetzt wurde. So kann durch diese Arbeit bestätigt werden, dass das TAM ein leistungsstarkes Erklärungsmodell für die Akzeptanz von Firmenkundenportalen ist.

Ausgehend von dem geleisteten Erkenntniszugewinn zeichnen sich weitere Forschungsbereiche ab, die sich als logische Anknüpfungspunkte ergeben und im Fokus zukünftiger wissenschaftlicher Arbeiten stehen könnten und sollten. Auf diese soll nachfolgend eingegangen werden:

- Das im Verlauf dieser Arbeit entwickelte Akzeptanzmodell ist anhand eines Datensatzes überprüft worden, der zu einem bestimmten Zeitpunkt erhoben wurde und darüber hinaus als kleine Stichprobe etikettiert werden muss. Ein Ansatzpunkt für zukünftige Forschungsvorhaben könnte somit darin liegen, das bestehende Modell in Bezug auf seine Validität und Test-Retest-Reliabilität mit einer größeren Stichprobe und im Rahmen von Zeitreihenvergleichen zu überprüfen.

- An den vorherigen Aufzählungspunkt schließt sich inhaltlich auch der mögliche Forschungsansatz an, die Gruppe der Firmenkunden nicht als homogene Masse zu behandeln, sondern innerhalb der gewerblichen Kundengruppe zwischen weiteren strategischen Kundensegmenten zu differenzieren (z.B. nach zunehmender Unternehmensgröße: Gewerbekunden, Firmenkunden, Unternehmenskunden). So könnten für diese verschiedenen strategischen Segmente innerhalb der gewerblichen Kundengruppe spezifische Akzeptanzmodelle entwickelt und anhand einer dann allerdings deutlich größeren Stichprobe überprüft werden. Alternativ könnte ein besseres Verständnis über die Anforderungen verschiedener Unternehmensgrößenklassen auch anhand der Auswertung des Nutzungsverhaltens der Portale erreicht werden, zum Beispiel mittels der Analyse von Log-Files.
- Im Rahmen dieser Arbeit wurde aufgrund der begründeten Annahme, dass sich die Erklärungsmodelle zur Online-Akzeptanz zwischen Privat- und Firmenkunden unterscheiden, ein spezifisches Modell für Firmenkunden behandelt. Letztlich sind die Nutzer der Portalangebote jedoch auch im beruflichen Umfeld einzelne Menschen. Aufbauend auf den hiermit vorliegenden Erkenntnissen könnte daher ein Modell zur Messung der Akzeptanz von Privatkundenportalen entwickelt werden.
- Ein weiterer interessanter Anknüpfungspunkt für zukünftige Forschungsarbeiten ist in einer Detaillierung und Erweiterung der Einflussfaktoren der Online-Akzeptanz zu sehen. Da das entwickelte und überprüfte Modell einen Varianzanteil von 71 Prozent erklärt, müssen noch weitere Faktoren mit maßgeblichem Einfluss vorliegen, die in dem vorliegenden Modell nicht berücksichtigt sind. Auch die weitere Auffächerung der in dieser Arbeit behandelten Konstrukte (z.B. Benutzerführung) steht exemplarisch für spannende und umfassende Forschungsvorhaben.

Als Fazit soll festgehalten werden, dass die vorliegende Arbeit einen inhaltlich und methodisch fundierten Schritt zur Schließung der identifizierten wissenschaftlichen Lücke im Bereich der Forschung zur Online-Akzeptanz im Firmenkundengeschäft leistet. Wie die aufgeführten Ansätze für weitere Forschungsvorhaben zeigen, besteht auch weiterhin ein hoher Bedarf an weiterführenden empirischen Arbeiten.

5.2. Implikationen für die Praxis

Mit dem vorliegenden Akzeptanzmodell liegt der Praxis ein Instrument vor, anhand dessen das Ausmaß der Online-Akzeptanz eines spezifischen Firmenkundenportals erklärt, gemessen und prognostiziert werden kann. Von besonderer Bedeutung ist in diesem Zusammenhang, dass die relevanten Stellhebel der Akzeptanz von Firmenkundenportalen explizit im Modell berücksichtigt sind und darüber hinaus einen gebotenen Konkretisierungsgrad aufweisen, der die Ableitung konkreter Handlungsempfehlungen ermöglicht. In Bezug auf die Neu- und Weiterentwicklung der Portalangebote macht das Modell auf übergeordneter Ebene deutlich, dass den beiden zentralen Determinanten der Nutzungseinstellung - also dem Wahrgenommenen Nutzen und der Wahrgenommenen Nutzungsfreundlichkeit - besonderes Augenmerk zu schenken ist. Für die konkrete Bereitstellung des jeweiligen Angebots gibt das Modell weiterhin Auskunft darüber, welche Aspekte in Bezug auf die technisch-funktionale Ausgestaltung und die kommunikative Begleitung und Marktbearbeitung besonders zu beachten sind. Zusammenfassend beschränken sich die Implikationen für die Praxis jedoch nicht nur auf das Akzeptanzmodell an sich, da sich auch aus den Befragungsergebnissen zu der deskriptiven Statistik Handlungsempfehlungen ableiten lassen. Ausgehend von diesen Vorüberlegungen sollen nachfolgend die Implikationen dieser Arbeit in Form von konkreten Handlungsempfehlungen zusammengefasst und diskutiert werden. Die sich aus dem Akzeptanzmodell ergebenden Aspekte sind in den folgenden Abbildungen 34 und 35 zusammengefasst:

Aus dem **Akzeptanzmodell** abgeleitete Erkenntnisse dieser Arbeit	Aus den Erkenntnissen abzuleitende **Handlungsempfehlungen** für die Praxis
Die Qualität des Transaktionsprozesses und der angebotenen Finanzdienstleistungen hat einen großen Einfluss auf den Wahrgenommenen Nutzen.*	• Ausbau des Angebots durchgängig onlinefähiger Transaktionsprozesse bei weitestgehender Vermeidung von Medienbrüchen • Investition in qualitativ hochwertige Online-Produkte (z.B. durch Differenzierung zu Offline durch höheren Grad der Parametrisierung / Individualisierung)
Angebote zur Personalisierung des Portals und / oder der angebotenen Produkte erhöhen den Wahrgenommenen Nutzen.**	• Integration systembasierter und durch Kunden auszuwählender Personalisierungsoptionen in das Firmenkundenportal • Nutzung der Integration des Kunden in den Dienstleistungserstellungsprozess zur Konfigurierung personalisierter Produkte
Die Breite des Leistungsangebots erhöht den Wahrgenommenen Nutzen.**	• Ausbau des Angebots an klassischen Bankprodukten, banknahen Produkten (z.B. bAV) und bankspezifischen Mehrwertdiensten • Verzicht auf Angebote ohne Finanzbezug (z.B. Wetternachrichten)
Eine gute Benutzerführung wirkt positiv auf den Wahrgenommenen Nutzen.*	Weiterentwicklung der grafischen Darstellung und der Navigation zu einem einfachen, hochwertigen und übersichtlichen Screen Design

* Erkenntnis aus dem jeweiligen Teilmodell und dem Gesamtmodell (nicht falsifizierte Hypothese)
** Positiver unmittelbarer Einfluss auf den Wahrgenommenen Nutzen gemäß des ersten Teilmodells
(Hypothese aufgrund fehlender Signifikanz falsifiziert)

Abbildung 34: Aus dem Modell abzuleitende Handlungsempfehlungen (I / II)[545]

Aus dem **Akzeptanzmodell** abgeleitete Erkenntnisse dieser Arbeit	Aus den Erkenntnissen abzuleitende **Handlungsempfehlungen** für die Praxis
Wahrgenommene Schulungsangebote führen seitens der Anwender zu einer erhöhten Wahrgenommenen Nutzungsfreudlichkeit.**	• Ausbau des anbieterseitigen Angebots, z. B. in Form von Präsenzschulungen, Web-based-Trainings und Schulungsunterlagen • Motivation der Kunden, die eigenen Mitarbeiter zu schulen
Die Unterstützung des Managements führt seitens der Anwender zu einer erhöhten Wahrgenommenen Nutzungsfreudlichkeit.**	• Adressierung des Managements von Kunden mit geringer Nutzungsintensität und Kommunikation der Vorteile des Internetbankings • Schaffung von Nutzungsanreizen, zum Beispiel durch partielle Weitergabe der Kostenvorteile
Je ausgeprägter die bisherige Erfahrung in Bezug auf die Computer- und Internetnutzung ist, desto höher ist die individuell empfundene Nutzungsfreudlichkeit.**	• Heranführung der Mitarbeiter des Kunden durch Vorstellung wesentlicher Anwendungsbereiche der Portale durch die Anbieter (z.B. Betreuer) • Angebot von „guided tours" und Web-based-Trainings
Je ausgeprägter das Vertrauen der potenziellen Nutzer ist, desto ausgeprägter ist eine positive Nutzungseinstellung.*	• Investition in vertrauensbildende Maßnahmen (z.B. sichere Infrastruktur, Schulungs- und Informationsveranstaltungen, offene Kommunikation von Sicherheitsrisiken und Darlegung von Maßnahmen zur Begegnung derselben)

* Erkenntnis aus dem jeweiligen Teilmodell und dem Gesamtmodell (nicht falsifizierte Hypothese)
** Positiver unmittelbarer Einfluss auf die Wahrgenommene Nutzungsfreudlichkeit gemäß des zweiten Teilmodells
(Hypothese aufgrund fehlender Signifikanz falsifiziert)

Abbildung 35: Aus dem Modell abzuleitende Handlungsempfehlungen (II / II)[546]

---

545 Eigene Darstellung.

546 Eigene Darstellung.

Die Inhalte der Abbildung 34 verdeutlichen, dass die aufgeführten vier Einflussfaktoren der Akzeptanz laut Studium der einschlägigen Veröffentlichungen aus der Wirtschaftspresse die Bereiche sind, an denen zumindest einige Anbieter von Firmenkundenportalen bereits intensiv arbeiten. So hat das Kapitel 2.3.2. eine Zusammenfassung darüber gegeben, dass beispielsweise die Entwicklung durchgängig onlinefähiger Transaktionsprozesse und die Bereitstellung von Funktionalitäten zur Personalisierung einen hohen Stellenwert bei der Weiterentwicklung der Portale einnehmen.

Zusammenfassend haben aber auch die Ergebnisse zur deskriptiven Statistik gezeigt, dass mehrere der hier genannten Einflussfaktoren der Online-Akzeptanz aus Sicht der befragten Kunden noch kein zufrieden stellendes Niveau erreicht haben. Diese Erkenntnisse schlagen also die Brücke von den modellspezifischen Ergebnissen dieser Arbeit zu denen der deskriptiven Statistik. Daher sollen im Folgenden einige ausgewählte Ergebnisse der deskriptiven Statistik diskutiert und ebenfalls bezüglich ihrer Implikationen für die Unternehmenspraxis bewertet werden:

- Die Befragung hat ergeben, dass deutlich weniger als die Hälfte der befragten Personen eine Schulung oder sonstige Informationen zur Nutzung erhalten hatte (44 Prozent). Da auch bei einer hohen Anzahl der Nutzer, die im Hinblick auf die Portalnutzung geschult wurden, der jeweilige Arbeitgeber die entsprechende Durchführung initiiert und verantwortet hat, liegt der Schluss nahe, dass die Anbieter der Portale ihre Anstrengungen in diesem Bereich intensivieren könnten und sollten.

- Weiterhin wird bestätigt, dass im Hinblick auf die aus dem Modell abgeleiteten konkreten Empfehlungen Handlungsbedarf besteht. Dies wird durch die folgenden Zahlen verdeutlicht: Fast die Hälfte der Nutzer (44 Prozent) hielt eine Weiterentwicklung der Portalangebote für wünschenswert. Von diesen sahen 73 Prozent die wesentliche Priorität darin, ein breiteres Spektrum an Bankdienstleistungen anzubieten. Für 59 Prozent markierte die Verbesserung der Onlinefähigkeit von Prozessen einen gewünschten Schwerpunkt für die Weiterentwicklung der Angebote.

- Auch die Häufigkeitsverteilung der Portalnutzung in Abhängigkeit des durchgeführten Finanzgeschäfts zeigt, dass lediglich die Abwicklung des Zahlungsverkehrs eine Basisfunktionalität ist, die von fast allen Nutzern durchgeführt wird. Vor dem Hintergrund, dass die Mehrzahl der gewerblichen Kunden Produkte des Aktivgeschäfts nutzt, kann beispielsweise die Bedeutung des zumindest partiell im Internet durchgeführten Aktivgeschäfts nur enttäuschen: Lediglich 19 Prozent der Kunden wickelten ihr Kreditgeschäft zumindest teilweise über ein Firmenkundenportal ab. Auch hier lässt sich der Rückschluss ziehen, dass die Anstrengungen zur Entwicklung onlinefähiger Kreditangebote und die kommunikative Begleitung deren Markteinführung weiter intensiviert werden sollten.

- Abschließend soll noch die Entwicklung der Nutzerzahlen diskutiert werden. Die Ergebnisse der Befragung zeigen, dass immerhin 65 Prozent der befragten Kunden ein oder mehrere Firmenkundenportale nutzten. Ein Blick auf die Dauer der Nutzung zeigt allerdings, dass sich die Adoptionsgeschwindigkeit offensichtlich und naturgemäß verlangsamt hat. Während also die so genannten Early Adopter und mittlerweile auch die breite Mehrheit die Portalangebote bereits nutzen, besteht weiterhin ein großes Potenzial von 35 Prozent Nichtnutzern. Da gemäß der Befragung 82 Prozent der gegenwärtigen Nichtnutzer die Nutzung eines Firmenkundenportals noch nicht geprüft hatten, sollten die Anbieter der Portale ihre Anstrengungen intensivieren, aktuelle Nichtnutzer zu zukünftigen Nutzern weiterzuentwickeln.

Nachdem in diesem Abschnitt verschiedene Implikationen für die betriebliche Praxis diskutiert wurden, soll noch einmal kurz auf den vermuteten Geltungsbereich der vorliegenden Ergebnisse eingegangen werden. Eine Kernfrage ist diesbezüglich in der Übertragbarkeit der Erkenntnisse auf andere Bereiche der Online-Akzeptanz zu sehen, beispielsweise auf Privatkundenportale von Finanzdienstleistern oder auf Firmenkundenportale von Industrieunternehmen. In der Einleitung wurde bereits deutlich gemacht, dass aus Sicht des Verfassers die Spezifität des Erkenntnisobjekts Firmenkundenportal und die Besonderheiten der Finanzdienstleistungen einen eigenständigen Untersuchungsansatz erforderlich machen. Auch wenn die Ergebnisse dieser Arbeit somit keine Allgemeingültigkeit für die Online-Akzeptanz im Business-to-Business-Bereich haben können, ist dennoch von einer gewissen Übertragbarkeit für andere Bereiche mit vergleichbaren Transaktionsprozessen und Produkteigenschaften auszugehen.

6. Zusammenfassung und Fazit

Die Motivation für diese Arbeit lag in dem wenig fortgeschrittenen Forschungs- und Erkenntnisstand über die Einflussfaktoren der Nutzung von Firmenkundenportalen von Banken und Sparkassen. Dieser manifestierte sich in einigen theoretisch-konzeptionellen Veröffentlichungen über Firmenkundenportale, deren Inhalte nicht als konkrete Erkenntnisse, sondern eher als Vermutungen zu bezeichnen sind.[547] Darüber hinaus wurde das Internetbanking bis dato in erster Linie aus dem Blickwinkel des Privatkundengeschäfts beurteilt. Ausgehend von dieser Bestandsaufnahme leitete sich die übergeordnete Zielsetzung dieser Arbeit ab, durch ein explorativ-konfirmatorisches Forschungsdesign einen empirisch abgesicherten Erkenntnisgewinn über die Faktoren zu erlangen, die die kundenseitige Nutzung der Firmenkundenportale erklären. Entsprechende Erkenntnisse sind wichtig, da den Firmenkundenportalen ein großes zukünftiges Potenzial als Service-, Beratungs- und Vertriebsschnittstelle zum Kunden zugemessen wird und die Banken als Anbieter dieser Portale ein hohes Maß an personellen und monetären Ressourcen in ihre Entwicklung investieren. Gleichzeitig stellten allerdings HEYDEMANN und SEIDEL fest, dass ein systematisches, strategisches und konsequent an den Anforderungen der Nutzer orientiertes Vorgehen bei der Konzipierung und Implementierung von Firmenkundenportalen eher die Ausnahme als die Regel ist.[548]

Ausgehend von der zuvor geschilderten übergeordneten Zielsetzung hat sich die Arbeit die folgenden Teilziele gesetzt:
1. Entwicklung eines theoretischen Modells, das die Einflussfaktoren der Nutzung von Firmenkundenportalen durch Firmenkunden beschreibt und das latente Konstrukt Akzeptanz messbar macht;
2. Empirisch-quantitative Überprüfung des entwickelten Modells anhand eines geeigneten statistischen Verfahrens;
3. Messung des gegenwärtigen Ausmaßes der Akzeptanz von Firmenkundenportalen und

---

547 Vgl. hierzu auch die Bestandsaufnahme der Tabelle 4 auf Seite 70.
548 Vgl. HEYDEMANN, N.; SEIDEL, G. (2001), S. 695.

4. Ableitung von konkreten Handlungsempfehlungen und Implikationen für die Praxis, die den Portalanbietern erlauben, die Online-Akzeptanz ihrer Firmenkundenportale zu steigern.

Zur Erreichung der hiermit festgelegten Zielsetzungen wurde inhaltlich wie folgt vorgegangen: Aufbauend auf der Problemstellung und der Zielsetzung wurde im **ersten Kapitel** ein methodisches Vorgehen entwickelt, welches zu gewährleisten hatte, dass die gesetzten Ziele auch erreicht werden konnten.

Im **zweiten Kapitel** folgte die Behandlung wesentlicher begrifflicher und inhaltlicher Grundlagen. Diese umfassten unter anderem eine Darstellung wesentlicher konstitutiver Merkmale des Electronic Business, die Definition der Begriffe Finanzdienstleistung und Firmenkundenportal sowie eine kurze Skizzierung der gegenwärtigen Ausgangslage und Herausforderungen im Firmenkundengeschäft. Weitere Themenschwerpunkte lagen in der Behandlung der kundenseitigen Anforderungen an die Portale, in der Skizzierung der mit den Portalen verfolgten anbieterseitigen Zielsetzungen sowie in einer kurzen Darstellung der typischen Funktion, die den Portalen innerhalb des Multikanal-Systems der Anbieter zugewiesen wird.

Das **dritte Kapitel** setzte sich mit den theoretischen und empirischen Grundlagen dieser Arbeit auseinander. Der Definition des Begriffes Akzeptanz im besonderen Kontext von technologischen Nutzungsinnovationen folgte die Behandlung verschiedener bisheriger Modellansätze der Akzeptanzforschung. Auf dieser Grundlage wurde ein für diese Arbeit zugrunde liegender Anforderungskatalog an das zu verwendende Modell definiert, dessen Anwendung dazu führte, dass das Technology Acceptance Model (TAM) von DAVIS als Ausgangsmodell herangezogen wurde. Dieses Modell fungierte im folgenden gewissermaßen als Nukleus, indem die zentralen TAM-Konstrukte durch insgesamt acht abgeleitete Forschungshypothesen erweitert und so zu dem Akzeptanzmodell weiterentwickelt wurden, das der späteren empirischen Überprüfung zugrunde lag.

Im **vierten Kapitel** folgte die Darstellung des gewählten Forschungsdesigns, die Charakterisierung der Stichprobe von 222 beantworteten Fragebögen aus einer Befragung von 1.716 Firmenkunden sowie die Festlegung des methodischen Vorgehens und der Anforderungen an die Reliabilität und Validität zur Modellüberprüfung. Diese wurde zunächst in Form von drei Teilmodellen vorgenommen. Anschließend wurde das gesamte hypothetische Akzeptanzmodell durch die simultane Berechnung aller zugrunde liegenden Variablen überprüft. Ausgewählte standardisierte Parameter dieser Modellberechnung sind in der folgenden Abbildung 36 zur Übersicht gebracht:

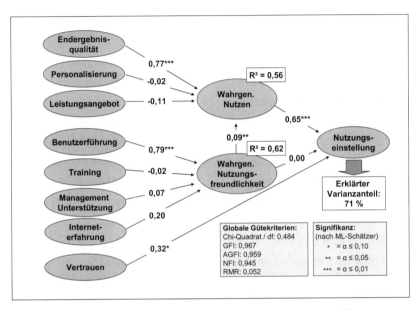

Abbildung 36: Ergebnisse aus der Berechnung des Gesamtmodells[549]

Die Darstellung des Strukturmodells zeigt, dass mit 71 Prozent ($R^2 = 0{,}71$) zwar ein äußerst hoher und damit zufrieden stellender Anteil der abhängigen Variablen Nutzungseinstellung durch die exogenen Variablen erklärt werden konnte. Sie verdeutlicht aber auch, dass auf Basis des vorliegenden Datensatzes lediglich drei der acht hypothetisierten Einflussfaktoren signifikant waren. Auf dieser Grundlage wurden fünf von acht Forschungshypothesen falsifiziert. Weitere empirische Ergebnisse dieser Arbeit können unter der Überschrift „deskriptive Statistiken" zusammengefasst werden, da sie Kernfragen zum gegenwärtigen Ausmaß der Akzeptanz von Firmenkun-

---

[549] Eigene Darstellung. Eine deutlich detailliertere Darstellung, die u.a. die Kovarianzen und die Faktorladungen zwischen den Indikatorvariablen und den Faktoren beinhaltet, befindet sich in Form eines Exportes aus der AMOS-Software im Anhang 7 auf Seite 190.

denportalen in Form einfacher statistischer Auswertungen adressieren. Eine sich hieraus ergebende Erkenntnis war, dass 65 Prozent der im Jahr 2005 befragten Unternehmen mindestens ein Firmenkundenportal nutzten. Von den gegenwärtigen Nutzern hielten immerhin 44 Prozent eine Weiterentwicklung der Portalangebote für wünschenswert, wobei 73 Prozent von ihnen einen besonderen Schwerpunkt in der Verbreiterung des Angebots an Bankprodukten sahen.

Das **fünfte Kapitel** schloss diese Arbeit inhaltlich ab, indem die sich ergebenden Implikationen für Wissenschaft und Praxis diskutiert wurden. Dabei wurde zunächst auf weitere mögliche Forschungsgebiete im näheren Umfeld zu dieser Arbeit eingegangen. Der besondere Schwerpunkt dieses Abschnittes lag jedoch auf der Ableitung konkreter Handlungsempfehlungen für die Praxis, die sich auf der Grundlage der empirischen Ergebnisse ergaben.

Ausgehend von dem dargestellten Untersuchungsablauf und den hier nur kurz skizzierten Ergebnissen kann als abschließendes Fazit festgehalten werden, dass die Arbeit ihre gesetzten Teilziele und die übergeordnete Zielsetzung gesamthaft erreicht hat. Das vorliegende Modell leistet in einem bis dato nicht erforschten Bereich einen hohen Erklärungsbeitrag über die Einflussfaktoren der Nutzung von Firmenkundenportalen. Aus wissenschaftlicher Sicht ist hervorzuheben, dass das international viel beachtete TAM in dieser Arbeit zum ersten Mal im deutschen Sprachraum angewandt und für den Untersuchungsgegenstand Firmenkundenportal weiterentwickelt wurde. Der Unternehmenspraxis liegt nunmehr ein Modell vor, anhand dessen das jeweilige Ausmaß der Online-Akzeptanz erhoben und quantifiziert werden kann. Eine entsprechende, für die einzelnen Anbieter individuell durchzuführende Bestandsaufnahme kann dann im Folgeschritt und in Verbindung mit den im Abschnitt 5.2. abgeleiteten Handlungsempfehlungen gezielt dafür genutzt werden, das jeweilige Portalangebot verstärkt an den Erwartungen der Kunden auszurichten.

Anhang

Anhang 1: Fragebogen zur Erhebung der empirischen Daten

EUROPEAN BUSINESS SCHOOL
International University Schloß Reichartshausen

Sparkasse Dortmund

Forschungsprojekt:

Akzeptanz von Firmenkundenportalen

Prof. Dr. Corinne Faure
Dipl.-Kfm. Moritz Schwencke

Sehr geehrte Damen und Herren,

im Rahmen eines Forschungsprojektes der European Business School zur Akzeptanz von Firmenkundenportalen möchten wir Sie um Ihre Hilfe und Teilnahme bitten.

Ziel der Untersuchung ist es, das Verständnis über die Einflussfaktoren der Nutzung von Firmenkundenportalen, die durch Sparkassen / Banken betrieben werden, zu vertiefen. Daher bitten wir Sie, sich für das Lesen und das Verständnis der folgenden Fragen ausreichend Zeit zu nehmen und diese sorgfältig und vollständig zu beantworten (Dauer: ca. 15 Minuten), damit ein hoher Qualitätsstandard der Daten und deren Auswertung gewährleistet werden kann.

Adressaten dieses Fragebogens sind Mitarbeiter von Unternehmen oder Unternehmer, die in **Finanz- oder Buchhaltungsabteilungen** arbeiten bzw. mit der Abwicklung von Buchhaltungsaufgaben oder Finanztransaktionen betraut sind.

Einige Fragen erwecken den Eindruck, miteinander in Verbindung zu stehen bzw. sehr ähnlich zu sein. Dies geschieht nicht, um Ihre Aussagen noch einmal zu kontrollieren, sondern nur, um die statistische Auswertbarkeit sicherzustellen und die Qualität der Ergebnisse zu erhöhen.

Selbstverständlich werden Ihre Antworten und die Daten vertraulich behandelt! Um Anonymität zu gewährleisten, ist der Fragebogen-Rücklauf von der Identität des Befragten getrennt worden. Daher können Sie unter der Internetadresse www.forschungsprojekt-firmenkundenportale.de die Ergebnisse des Forschungsprojektes bestellen, die Ihnen voraussichtlich im Herbst 2005 zugehen werden.

Für Ihre Mitarbeit an diesem Forschungsvorhaben möchten wir uns bei Ihnen schon im Vorfeld sehr herzlich bedanken!

Bei Fragen wenden Sie sich bitte an:

Moritz Schwencke, *Doktorand an der European Business School*
URL: www.forschungsprojekt-firmenkundenportale.de
Oderberger Str. 36
10435 Berlin
Tel.: 0172 423 19 78
Fax.: 089 / 1488 213 417 *(vertrauliche Internet-Faxbox)*
E-Mail: info@forschungsprojekt-firmenkundenportale.de

FRAGEBOGEN FÜR FIRMENKUNDEN

Adressaten dieses Fragebogens sind Mitarbeiter von Unternehmen oder Unternehmer, die in **Finanz- oder Buchhaltungsabteilungen** arbeiten bzw. mit der Abwicklung von Buchhaltungsaufgaben oder Finanztransaktionen betraut sind.

Als Firmenkundenportal im Sinne dieser Studie ist eine explizit für Firmen- und Gewerbekunden konzipierte und von einer Sparkasse oder Bank betriebene Internetseite bzw. ein explizit für die gewerblichen Kunden vorgesehener (Teil-)Bereich einer Internetseite zu verstehen (z.B. der Bereich „Firmenkunden" auf der Internetseite www.sparkasse-dortmund.de).

Bitte geben Sie zunächst Auskunft über Ihre Person und einigen Basisdaten Ihres Unternehmens und fahren dann mit Ihrem Nutzungsverhalten von Finanzportalen fort. Sofern Sie verschiedene Firmenkundenportale von unterschiedlichen Banken / Sparkassen nutzen, beantworten Sie die Fragen bitte in Bezug auf **das Firmenkundenportal**, das Sie am **intensivsten** nutzen.

Insgesamt möchten wir Sie bitten, die Antworten soweit wie möglich einzutragen und solche Fragen, die Sie als unverständlich, nicht relevant oder zu vertraulich einschätzen, zu überspringen.

ABSCHNITT ❶
Fragen zu Ihrer Person --

1. Alter / Geschlecht:
   Alter: _____   ☐ Männlich   ☐ Weiblich

2. Welche Position bekleiden Sie in Ihrem Unternehmen?
   ☐ Inhaber / Geschäftsführer   ☐ Mitarbeiter Finanzabteilung / Buchhaltung
   ☐ Leiter Finanzabteilung / Buchhaltung   ☐ Andere Position: _____

3. Sind Sie in Ihrem Unternehmen für die Durchführung von Finanztransaktionen verantwortlich? Wenn ja, für welche (Mehrfachnennungen sind möglich)?
   ☐ Ja   ☐ Nein
   ⇩
   ☐ Zahlungsverkehr (Inland / Ausland)   ☐ Auslandsgeschäft
   ☐ Cash-Management   ☐ Währungsmanagement
   ☐ Wertpapierdepotgeschäft (custody)   ☐ Zinsmanagement
   ☐ Wertpapiergeschäft (Asset Management)   ☐ Corporate Finance
   ☐ Kreditgeschäft   ☐ Sonstiges: _____
   ☐ Geldhandel (Tages- und Termingeld)   ☐ Sonstiges: _____

4. Über wie viele Jahre Berufserfahrung verfügen Sie?
   ☐ Weniger als 5 Jahre   ☐ 11 – 20 Jahre
   ☐ 5 – 10 Jahre   ☐ Mehr als 20 Jahre

ABSCHNITT ❷
Allgemeine Fragen zum Unternehmen und zum Nutzungsverhalten von Firmenkundenportalen -----------------

5. Welche Rechtsform liegt Ihrem Unternehmen / Ihrer Firma zugrunde?
   ☐ AG / Aktiengesellschaft   ☐ OHG / Offene Handelsgesellschaft
   ☐ GmbH   ☐ KG / Kommanditgesellschaft
   ☐ GmbH & Co KG   ☐ Sonstige: _____

6. Wann wurde Ihre Firma gegründet?
   ☐ Vor weniger als 5 Jahren   ☐ Vor 15 bis 30 Jahren
   ☐ Vor 5 bis 14 Jahren   ☐ Vor über 30 Jahren

Seite 2 von 7

EUROPEAN BUSINESS SCHOOL
International University Schloß Reichartshausen

Sparkasse Dortmund

7. Wo befindet sich der Hauptsitz Ihrer Firma?
   ☐ In Deutschland
   ☐ In übrigen EU-Ländern (und nicht in Deutschland)
   ☐ In den USA / Nordamerika
   ☐ Sonstige Region

8. Wieviele Mitarbeiter beschäftigt Ihr Unternehmen in Deutschland?
   ☐ Unter 5
   ☐ 5 - 9
   ☐ 10 - 99
   ☐ 100 – 1.000
   ☐ Über 1.000

9. In welcher Höhe lag in etwa der Jahresumsatz Ihres Unternehmens in Deutschland in 2003?
   ☐ Unter 1 Mio. EUR
   ☐ 1 - 2 Mio. EUR
   ☐ 3 - 9 Mio. EUR
   ☐ 10 - 49 Mio. EUR
   ☐ 50 - 100 Mio. EUR
   ☐ Über 100 Mio. EUR

10. Welcher Branche ist Ihr Unternehmen zugehörig (Klassifizierung gemäß W/93)?
    ☐ Ernährung / Tabakverarbeitung (DA)
    ☐ Textil / Bekleidung (DB / DC)
    ☐ Holz / Papier / Verlag / Druck (DD / DE)
    ☐ Mineralölverarbeitung / Kokerei (DF)
    ☐ Chemische Industrie (DG / DH)
    ☐ Metall / Glas / Keramik / Steine / Erden (DJ /DI)
    ☐ Maschinenbau (DK)
    ☐ Elektrotechnik / Feinmechanik / Optik (DL)
    ☐ Fahrzeugbau (DM)
    ☐ Möbel / Schmuck / Sportgeräte / Spielwaren (DN)
    ☐ Energie- und Wasserversorgung (E)
    ☐ Baugewerbe (F)
    ☐ Handel (G)
    ☐ Verkehr (IA60-63)
    ☐ Nachrichtenübermittlung (IA64)
    ☐ Kredit- und Versicherungsgewerbe (J)
    ☐ Öffentliche Verwaltung (L)
    ☐ Gesundheits- / Veterinär- und Sozialwesen (KA70)
    ☐ Grundstücks- und Wohnungswesen (KA 70)
    ☐ Vermietung beweglicher Sachen (KA71)
    ☐ IT-Dienstleistungen (KA 72)
    ☐ Forschung und Entwicklung (KA73)
    ☐ Rechts- / Steuer- und Unternehmensberatung (KA 74)
    ☐ Sonstige: _____

11. Wieviele Hauptbankverbindungen, die regelmäßig genutzt werden und eine gewisse Bedeutung für das Tagesgeschäft haben, unterhält Ihr Unternehmen?
    ☐ Keine
    ☐ 1
    ☐ 2
    ☐ 3
    ☐ Mehr als 3

12. Nutzt Ihr Unternehmen derzeit ein (oder mehrere) Firmenkundenportal(e)* einer Bank / Sparkasse für die Abwicklung seiner Finanzgeschäfte?
    ☐ Ja, täglich (↳ bitte gehen Sie direkt zu **Frage 14**)   ☐ Ja, vierzehntäglich oder seltener (↳ bitte direkt zu **Frage 14**)
    ☐ Ja, wöchentlich (↳ bitte direkt zu **Frage 14**)   ☐ Nein
    ⇩

13. Ihr Unternehmen nutzt derzeit **kein** Firmenkundenportal: Bitte wählen Sie eine Aussage, die auf Ihr Unternehmen am ehesten zutrifft:
    ☐ Wir haben die Nutzung von Firmenkundenportalen noch nicht geprüft.
    ☐ Wir haben die Nutzung von Firmenkundenportalen geprüft und uns gegen eine Nutzung entschlossen.
    ☐ Wir planen die Nutzung von Firmenkundenportalen ab: _____
    ☐ Wir haben in der Vergangenheit ein Firmenkundenportal genutzt und diese Nutzung bereits eingestellt.
    ↳ Die Beantwortung des Fragebogens ist für Sie beendet. Bitte verwenden Sie anschließend den standardisierten Antwort-Bogen auf Seite 7 für die **Rücksendung** des Fragebogens. Vielen Dank für Ihre Teilnahme am Forschungsprojekt!

14. Wieviele Jahre nutzt Ihr Unternehmen bereits mindestens ein Firmenkundenportal?
    ☐ Weniger als 1 Jahr
    ☐ 1 Jahr
    ☐ 2 Jahre
    ☐ 3 Jahre
    ☐ Länger als 3 Jahre

---

* Als Firmenkundenportal im Sinne dieser Studie ist eine explizit für Firmen- und Gewerbekunden konzipierte und von einer Sparkasse oder Bank betriebene Internetseite bzw. ein explizit für die gewerblichen Kunden vorgesehener (Teil-)Bereich einer Internetseite zu verstehen.

15. Bezüglich der **zukünftigen Nutzung** von Firmenkundenportalen: Bitte kreuzen Sie eine Aussage an, die auf Ihr Unternehmen am ehesten zutrifft:
   ☐ Wir werden die Nutzungsintensität ausweiten.
   ☐ Die Nutzung wird in etwa gleich bleiben.
   ☐ Die Nutzungsintensität wird geringer werden.
   ☐ Die Nutzung wird beendet werden.

16. Wieviele - von unterschiedlichen Banken / Sparkassen betriebene - Firmenkundenportale benutzen Sie für die Abwicklung von firmenspezifischen Finanzgeschäften?
   ☐ Keins
   ☐ 1
   ☐ 2
   ☐ 3
   ☐ Mehr als 3

17. Könnte man die Nutzung von Firmenkundenportalen in Ihrem Unternehmen als allgemeine Geschäftspraxis bezeichnen, die von der Unternehmens- bzw. Abteilungsleitung gutgeheißen wird?
   ☐ Ja
   ☐ Eigentlich schon
   ☐ Eigentlich nicht
   ☐ Nein

18. Haben die Mitarbeiter in Ihrem Unternehmen, die Firmenkundenportale nutzen, eine Schulung zur Nutzung eines oder mehrerer Firmenkundenportale erhalten (Mehrfachnennungen sind möglich)?
   ☐ Ja, ein Training / Schulungsunterlagen vom Unternehmen
   ☐ Ja, ein Training / Schulungsunterlagen von der Bank
   ☐ Ja, häufige Nutzungshinweise von der Bank
   ☐ Ja, häufige Nutzungshinweise vom Unternehmen
   ☐ Ja, sonstiges: _____
   ☐ Nein

19. Für welche Art von Finanzgeschäften werden Firmenkundenportale in Ihrem Unternehmen im Regelfall genutzt (Mehrfachnennungen sind möglich)?
   ☐ Zahlungsverkehr (Inland / Ausland)
   ☐ Cash-Management
   ☐ Wertpapierdepotgeschäft (custody)
   ☐ Wertpapiergeschäft (Asset Management)
   ☐ Kreditgeschäft
   ☐ Geldhandel (Tages- und Termingeld)
   ☐ Auslandsgeschäft
   ☐ Währungsmanagement
   ☐ Zinsmanagement
   ☐ Corporate Finance
   ☐ Sonstiges: _____
   ☐ Sonstiges: _____

20. Ist es aus Ihrer Sicht wünschenswert, dass das Angebots- und Leistungsspektrum der genutzten Firmenkundenportale weiter ausgebaut wird?
   ☐ Ja
   ☐ Nein (✋ bitte gehen Sie direkt weiter zu **Frage 22**)

21. In welchen Bereichen wäre aus Ihrer Sicht eine Ausweitung des Angebots- und Leistungsspektrum des von Ihnen genutzten hauptsächlich genutzten Firmenkundenportals wünschenswert (Mehrfachnennungen sind möglich)?
   ☐ Ausweitung des Angebotsspektrums an klassischen Bankleistungen.
   ☐ Ausweitung des Angebotsspektrums an banknahen (z.B. Versicherungen) oder bankfremden Leistungen.
   ☐ Verbesserung der Onlinefähigkeit von Prozessen zur Ermöglichung einer fallabschließenden Bearbeitung.
   ☐ Sonstige: _____

22. Bietet das von Ihrem Unternehmen hauptsächlich genutzte Firmenkundenportal auch **banknahe** Leistungen an (z.B. Versicherungen, o.ä.)? Wenn ja: werden diese von Ihnen genutzt?
   ☐ Banknahe Leistungen werden nicht angeboten.
   ☐ Banknahe Leistungen werden zwar angeboten, jedoch nicht genutzt.
   ☐ Banknahe Leistungen werden angeboten und vierzehntäglich oder seltener genutzt.
   ☐ Banknahe Leistungen werden angeboten und mindestens wöchentlich genutzt.

23. Bietet das von Ihrem Unternehmen hauptsächlich genutzte Firmenkundenportal auch **bankfremde** Leistungen an (z.B. Reisebuchungen, Wetterinformationen o.ä.)? Wenn ja: werden diese von Ihnen genutzt?
   ☐ Bankfremde Leistungen werden nicht angeboten.
   ☐ Bankfremde Leistungen werden zwar angeboten, jedoch nicht genutzt.
   ☐ Bankfremde Leistungen werden angeboten und vierzehntäglich oder seltener genutzt.
   ☐ Bankfremde Leistungen werden angeboten und mindestens wöchentlich genutzt.

EUROPEAN BUSINESS SCHOOL
International University Schloß Reichartshausen

Sparkasse Dortmund

ABSCHNITT ❸
Fragen zu Ihrer Einschätzung in Bezug auf spezifische Aspekte von Firmenkundenportalen --------------------

Anmerkung: Sofern Sie mehrere Firmenkundenportale von verschiedenen Banken / Sparkassen benutzen, beantworten Sie bitte die nachfolgenden Fragen in Bezug auf **das eine Firmenkundenportal**, das von Ihnen am **intensivsten** genutzt wird.

24. Computer- und Interneterfahrung: Ich stimme zu   Ich bin neutral   Ich stimme nicht zu
a.) Insgesamt nutze ich meinen Computer für eine Vielzahl beruflicher Aufgaben.   ☐ ☐ ☐ ☐ ☐
b.) Das Internet nutze ich häufig für berufliche Aufgaben.   ☐ ☐ ☐ ☐ ☐
c.) Für private Zwecke nutze ich häufig das Internet.   ☐ ☐ ☐ ☐ ☐

25. Tatsächliche Nutzung: Täglich   Wöchentlich   Nie
Wie häufig nutzen Sie für die Abwicklung firmenspezifischer Finanzgeschäfte das Firmenkundenportal?   ☐ ☐ ☐ ☐ ☐

26. Persönliche Einstellung: Ich stimme zu   Ich bin neutral   Ich stimme nicht zu
a.) Ich finde es gut, das Firmenkundenportal zu nutzen.   ☐ ☐ ☐ ☐ ☐
b.) Meiner Meinung nach ist es wünschenswert, das Firmenkundenportal anstelle von Offline- / Papier-Transaktionen zu nutzen.   ☐ ☐ ☐ ☐ ☐
c.) Ich würde es bevorzugen, das Firmenkundenportal anstelle von manuellen Transaktionen zu nutzen.   ☐ ☐ ☐ ☐ ☐
d.) Insgesamt habe ich eine positive Einstellung ggü. dem Firmenkundenportal.   ☐ ☐ ☐ ☐ ☐

27. Nutzwert: Ich stimme zu   Ich bin neutral   Ich stimme nicht zu
a.) Die Nutzung des Firmenkundenportals unterstützt wesentliche Teile meiner Arbeit.   ☐ ☐ ☐ ☐ ☐
b.) Die Arbeit mit dem Firmenkundenportal erlaubt mir, meine Arbeit schneller zu erledigen.   ☐ ☐ ☐ ☐ ☐
c.) Die Arbeit mit dem Firmenkundenportal erlaubt mir, meine Arbeit besser zu erledigen.   ☐ ☐ ☐ ☐ ☐
d.) Durch das Firmenkundenportal habe ich Zugang zu qualitativ hochwertigen Informationen.   ☐ ☐ ☐ ☐ ☐
e.) Insgesamt hat das Firmenkundenportal einen hohen Nutzwert für meine Arbeit.   ☐ ☐ ☐ ☐ ☐

28. Nutzungsabsicht: Ich stimme zu   Ich bin neutral   Ich stimme nicht zu
a.) Für die Erledigung meiner Arbeitsaufgaben werde ich zukünftig regelmäßig das Firmenkundenportal nutzen.   ☐ ☐ ☐ ☐ ☐
b.) Ich plane, das Firmenkundenportal in Zukunft häufiger zu nutzen.   ☐ ☐ ☐ ☐ ☐
c.) Ich würde anderen Kollegen empfehlen, das Firmenkundenportal zu nutzen.   ☐ ☐ ☐ ☐ ☐

29. Vertrauen: Ich stimme zu   Ich bin neutral   Ich stimme nicht zu
a.) In die Bank / Sparkasse, die das Firmenkundenportal betreibt, habe ich Vertrauen.   ☐ ☐ ☐ ☐ ☐
b.) In das Firmenkundenportal habe ich Vertrauen.   ☐ ☐ ☐ ☐ ☐
c.) Ich gehe davon aus, dass das Firmenkundenportal sein Leistungsversprechen hält.   ☐ ☐ ☐ ☐ ☐
d.) Ich gehe davon aus, dass das Firmenkundenportal stets die Interessen der Nutzer / Kunden im Auge hat.   ☐ ☐ ☐ ☐ ☐

30. Benutzerfreundlichkeit: Ich stimme zu   Ich bin neutral   Ich stimme nicht zu
a.) Der Umgang mit dem Firmenkundenportal ist leicht zu erlernen.   ☐ ☐ ☐ ☐ ☐
b.) Die Nutzung des Firmenkundenportals ist nicht kompliziert.   ☐ ☐ ☐ ☐ ☐
c.) Bei der Nutzung des Firmenkundenportals fällt es mir leicht, die von mir gewünschten Aufgaben durchzuführen.   ☐ ☐ ☐ ☐ ☐
d.) Es fällt mir leicht zu behalten, wie gewisse Aufgaben / Transaktionen mittels des Firmenkundenportals durchzuführen sind.   ☐ ☐ ☐ ☐ ☐
e.) Insgesamt finde ich das Firmenkundenportal nutzerfreundlich.   ☐ ☐ ☐ ☐ ☐

EUROPEAN BUSINESS SCHOOL
International University Schloß Reichartshausen

Sparkasse Dortmund

31. Personalisierung / Individualisierung: Ich stimme zu   Ich bin neutral   Ich stimme nicht zu
a.) Das Firmenkundenportal erlaubt mir, die von mir benötigten Informationen und Dienstleistungen entsprechend meines persönlichen Bedarfs anzuordnen.   ☐ ☐ ☐ ☐ ☐
b.) Das Firmenkundenportal unterstützt eine individuelle – auf unser Unternehmen zugeschnittene – Kommunikation.   ☐ ☐ ☐ ☐ ☐
c.) Über das Firmenkundenportal unterbreitet uns die Bank / Sparkasse auf unser Unternehmen zugeschnittene Service- und Produktangebote.   ☐ ☐ ☐ ☐ ☐

32. Benutzerführung / Screen Design: Ich stimme zu   Ich bin neutral   Ich stimme nicht zu
a.) Die Gestaltung des Firmenkundenportals ist klar und übersichtlich.   ☐ ☐ ☐ ☐ ☐
b.) Es fällt mir leicht, mich auf dem Firmenkundenportal zurechtzufinden.   ☐ ☐ ☐ ☐ ☐
c.) Die Informationen und Angebote, die ich auf dem Firmenkundenportal suche, sind leicht zu finden.   ☐ ☐ ☐ ☐ ☐
d.) Das Firmenkundenportal nutzt gut verständliche Grafiken.   ☐ ☐ ☐ ☐ ☐

33. Leistungs- und Serviceangebot: Ich stimme zu   Ich bin neutral   Ich stimme nicht zu
a.) Die auf dem Firmenkundenportal angebotenen Services decken meinen arbeitsspezifischen Bedarf gut ab.   ☐ ☐ ☐ ☐ ☐
b.) Durch Kooperationen mit Partnerunternehmen können auf dem Firmenkundenportal mehr und bessere Dienste angeboten werden, als im traditionellen (Offline-) Bereich.   ☐ ☐ ☐ ☐ ☐
c.) Insgesamt bietet mir das Firmenkundenportal die Möglichkeit, meine finanzspezifischen Aufgaben fallabschliessend zu bearbeiten.   ☐ ☐ ☐ ☐ ☐

34. Qualität der Arbeitsergebnisse: Ich stimme zu   Ich bin neutral   Ich stimme nicht zu
a.) Die Qualität der Arbeitsergebnisse, die ich von dem Firmenkundenportal bekomme, ist hoch.   ☐ ☐ ☐ ☐ ☐
b.) Ich habe keine Einwände in Bezug auf die Ergebnisqualität von Transaktionen / Vorgängen, die über das Firmenkundenportal abgewickelt wurden.   ☐ ☐ ☐ ☐ ☐
c.) Im Vergleich mit Offline getätigten Transaktionen, ist die Ergebnisqualität von Transaktionen / Vorgängen, die über das Firmenkundenportal abgewickelt werden, mindestens ebenbürtig.   ☐ ☐ ☐ ☐ ☐

35. Management Unterstützung: Ich stimme zu   Ich bin neutral   Ich stimme nicht zu
a.) Das Management in unserem Unternehmen ist sich der Vorteile, die die Nutzung des Firmenkundenportals bringen kann, bewusst.   ☐ ☐ ☐ ☐ ☐
b.) Die Finanzabteilung liefert die notwendige Unterstützung, um den betreffenden Mitarbeitern zu ermöglichen, das Firmenkundenportal zu nutzen.   ☐ ☐ ☐ ☐ ☐
c.) Die Finanzabteilung fordert / fördert die Nutzung des Firmenkundenportals für die Abwicklung von Finanztransaktionen.   ☐ ☐ ☐ ☐ ☐

36. Training / Support: Ich stimme zu   Ich bin neutral   Ich stimme nicht zu
a.) Für die Nutzung des Firmenkundenportals standen bzw. stehen in <u>ausreichendem</u> Maße Trainingsressourcen zur Verfügung.   ☐ ☐ ☐ ☐ ☐
b.) Für die Nutzung des Firmenkundenportals standen bzw. stehen in <u>ausreichendem</u> Maße Informationsressourcen zur Verfügung.   ☐ ☐ ☐ ☐ ☐
c.) Im Falle von Fragen oder Problemen ist in unserem Unternehmen ein kompetenter Ansprechpartner zu erreichen.   ☐ ☐ ☐ ☐ ☐
d.) Im Falle von Fragen oder Problemen ist eine Helpline oder eine Auskunftsperson seitens der Bank zur Unterstützung erreichbar.   ☐ ☐ ☐ ☐ ☐

Vielen Dank für Ihre Teilnahme!

- Standardisierte Antwort per Post oder Fax -

Forschungsprojekt Akzeptanz von Firmenkundenportalen

- Antwort per Post -

Herrn
Moritz Schwencke
Forschungsprojekt Firmenkundenportale
Oderberger Str. 36
10435 Berlin

- Antwort per Fax (auf eine vertrauliche Internet-Faxbox) -
Herrn Moritz Schwencke, Fax: 089 / 1488 213 417

Wichtig: Bei Interesse können Sie die Ergebnisse der Analyse – Ihre Identität wird von der Beantwortung des Fragebogens getrennt – unter **www.forschungsprojekt-firmenkundenportale.de** bestellen.

Alternativ können Sie nachfolgend Ihre Anschrift und E-Mail-Adresse angeben, damit wir Ihnen die Studie zusenden können:

Firma: _____

Abteilung: _____

Name: _____

Titel: _____

Anschrift: _____

E-Mail: _____

Bitte verwenden Sie dieses Deckblatt für die Rücksendung Ihrer Antwort. Vielen Dank!

Anhang 2: An Datenerhebung beteiligte Sparkassen

Nr.	Sparkasse	Anzahl Fragebögen	Art der Übermittlung
1	SK Vogtland	30	Übergabe durch Betreuer
2	SK Südholstein	25	Übergabe durch Betreuer
3	SK Wartburg	80	Übergabe durch Betreuer
4	SSK Neumünster	72	Übergabe durch Betreuer
5	SSK Augsburg	49	Übergabe durch Betreuer
6	SK Rastatt-Gernsbach	60	Übergabe durch Betreuer
7	SK Bremerhaven	42	Übergabe durch Betreuer
8	SK Celle	30	Übergabe durch Betreuer
9	SK Saarpfalz	175	Versendung
10	SK Vorderpfalz	28	Übergabe durch Betreuer
11	SK Trier	150	Versendung
12	KSK Ludwigsburg	200	Versendung
13	SK Münsterland Ost	200	Versendung
14	SK Dortmund	575	Versendung
	Gesamt	1716	

Anhang 3: Screenshot der Internetseite des Forschungsprojektes

Anhang 4: AMOS-Export des ersten Messmodells

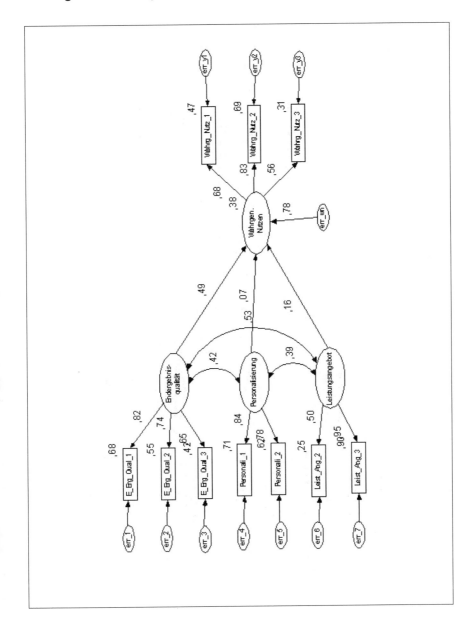

Anhang 5: AMOS-Export des zweiten Messmodells

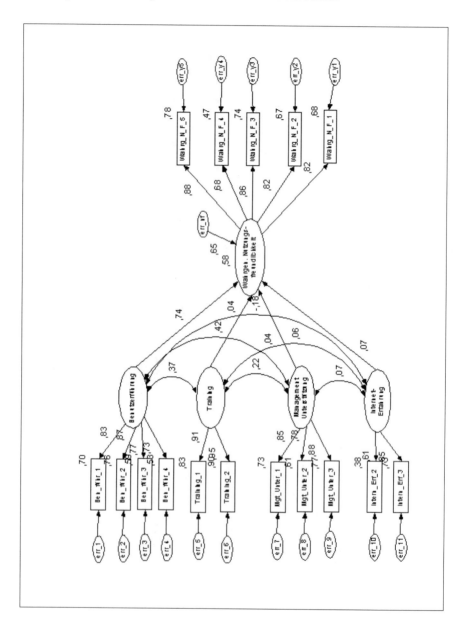

Anhang 6: AMOS-Export des dritten Messmodells

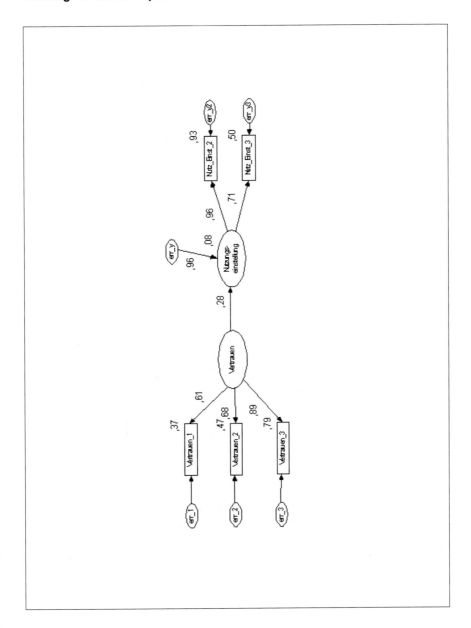

Anhang 7: AMOS-Export des Gesamtmodells

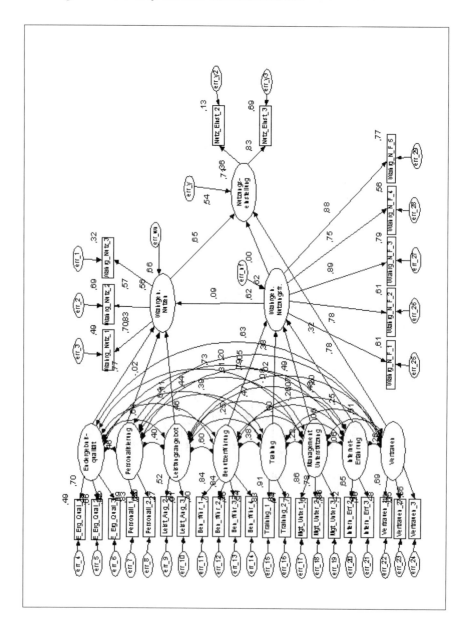

Anhang 8: AMOS-Export des reduzierten Gesamtmodells

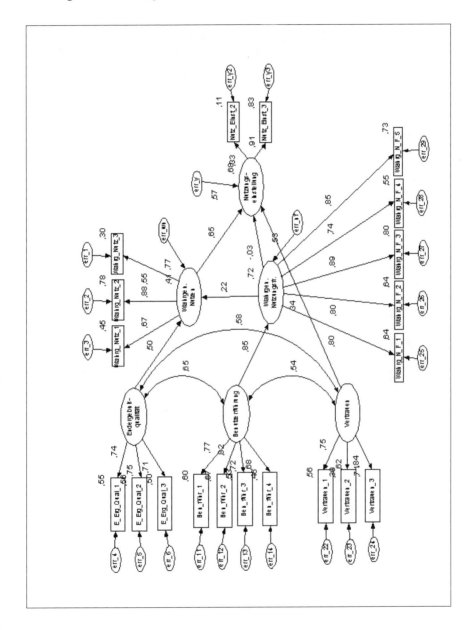

Anhang 9: Messmodell des reduzierten Gesamtmodells

Reduziertes Gesamtmodell

Lokale Gütekriterien

Faktor	Indikator	Indikator-reliabilität	Faktor-reliabilität	Durchschnittlich erfasste Varianz
Faktor Endergebnisqualität	E_Erg_Qual_1	0,548	0,65	0,58
	E_Erg_Qual_2	0,559		
	E_Erg_Qual_3	0,498		
Faktor Benutzerführung	Ben_führ_1	0,598	0,73	0,59
	Ben_führ_2	0,672		
	Ben_führ_3	0,525		
	Ben_führ_4	0,458		
Faktor Vertrauen	Vertrauen_1	0,562	0,61	0,65
	Vertrauen_2	**0,388**		
	Vertrauen_3	0,714		
Dimension Wahrgen. Nutzen	Wahrg_Nutz_1	0,452	0,60	0,58
	Wahrg_Nutz_2	0,778		
	Wahrg_Nutz_3	**0,298**		
Dimension Wahrgen. Nutzungsfreundlichkeit	Wahrg_N_F_1	0,638	0,92	0,77
	Wahrg_N_F_2	0,642		
	Wahrg_N_F_3	0,798		
	Wahrg_N_F_4	0,554		
	Wahrg_N_F_5	0,730		
Nutzungseinstellung	Nutz_Einst_2	**0,108**	**0,47**	**0,44**
	Nutz_Einst_3	0,830		

Nicht erfüllte Gütekriterien sind fett hervorgehoben

Literaturverzeichnis

AGRAWAL, M. K.; PAK, M. H. (2001): Getting smart about supply chain management, in: The McKinsey Quarterly, No. 2, 2001, pp. 22-25.

AGRAWAL, V.; ARJONA, L. D.; LEMMENS, R. (2001): E-Performance: The path to rational exuberance, in: The McKinsey Quarterly, No. 1, 2001, pp. 31-43.

AJZEN, I.; FISHBEIN, M. (1980): Understanding Attitudes and Predicting Social Behavior, New Jersey 1980.

ALBERS, S. (2001): Marktdurchsetzung von technologischen Nutzungsinnovationen, in: Außergewöhnliche Entscheidungen, hrsg. von W. HAMEL; H. G. GEMÜNDEN, München 2001, S. 514-546.

ALBERS, S.; CLEMENT, M.; PETERS, K.; SKIERA, B. (1999): Warum ins Internet? - Erlösmodelle für einen neuen Kommunikations- und Distributionskanal, in: eCommerce: Einstieg, Strategie und Umsetzung im Unternehmen, hrsg. von S. ALBERS; M. CLEMENT; K. PETERS; B. SKIERA, Frankfurt 1999, S. 9-21.

ALBERS, S.; HILDEBRANDT, L. (2006): Methodische Probleme bei der Erfolgsfaktorenforschung - Messfehler, formative versus reflektive Indikatoren und die Wahl des Strukturangleichungs-Modells, in: Schmalenbachs Zeitschrift für betriebswirtschaftliche Forschung, 58. Jg., Nr. 2, 2006, S. 2-33.

ALBERS, S.; PETERS, K. (1998): Diffusion Interaktiver Medien, in: Marketing mit Interaktiven Medien: Strategien zum Markterfolg, hrsg. von S. ALBERS; M. CLEMENT; K. PETERS, Frankfurt am Main 1998, S. 109-122.

AL-GAHTANI, S.; KING, M. (1999): Attitudes, satisfaction and usage: factors contributing to each in the acceptance of information technology, in: Behaviour & Information Technology, Vol. 18, No. 4, 1999, pp. 277-297.

ALLERBECK, M.; HELMREICH, R. (1991): Akzeptanz planen - Wie man die Weichen richtig stellt, in: Bürokommunikation und Akzeptanz - Benutzungsoberflächen richtig gestalten - Technik richtig einführen - Folgen beherrschen, hrsg. von R. HELMREICH, Heidelberg 1991, S. 1-13.

ALT, R.; FLEISCH, E.; ÖSTERLE, H. (2001): Introduction - Chances and Challenges in Business Networking, in: Business Networking - Shaping Collaboration Between Enterprises, hrsg. von H. ÖSTERLE; E. FLEISCH; R. ALT, 2nd Edition, Berlin et al. 2001, pp. 1-13.

AMANN, C.; RIEDL, T. (2005): Phishingwelle ebbt ab, in: Süddeutsche Zeitung, 29.10.2005, S. 29.

AMOR, D. (2002): Geschäftsmodelle im E-Business, in: E-Business-Anwendungen in der Betriebswirtschaft, hrsg. von W. PEPELS, Herne u.a. 2002, S. 36-51.

ANDERSON, J. C.; GERBING, D. W. (1982): Some Methods for Respecifying Measurement Models to Obtain Unidimensional Construct Measurement, in: Journal of Marketing Research, Vol. 19, No. 4, 1982, pp. 453-460.

ANDERSON, J. C.; GERBING, D. W.; HUNTER, J. E. (1987): On the Assessment of Unidimensional Measurement: Internal and External Consistency, and Overall Consistency Criteria, in: Journal of Marketing Research, Vol. 24, No. 4, 1987, pp. 432-437.

ANDRES, J. (1992): Einführung in LISREL, in: Kausalanalysen in der Umweltforschung - Beiträge eines Methodenworkshops am Wissenschaftszentrum Berlin, hrsg. von L. HILDEBRANDT; G. RUDINGER; P. SCHMIDT, Stuttgart u.a. 1992, S. 15-50.

ANSTADT, U. (1994): Determinanten der individuellen Akzeptanz bei Einführung neuer Technologien - Eine empirische arbeitswissenschaftliche Studie am Beispiel von CNC-Werkzeugmaschinen und Industrierobotern, Frankfurt am Main 1994.

ANSTÖTZ, K. (1990): Akzeptanzorientierte Systemgestaltung, dargestellt am Beispiel eines experimentellen Telekommunikationssystems, Nettetal 1990.

ARBUCKLE, J. L. (2005): AMOS 6.0 User's Guide, Chicago 2005.

ARBUCKLE, J. L.; WOTHKE, W. (1995): AMOS 4.0 User's Guide, Chicago 1995.

ARN, S.; CROWDEN, C. (2005): Integriertes Contact-Interaction-Center - ein modulares Multikanal-Serviceportal für das Bankgeschäft, in: E-Finance - Technologien, Strategien und Geschäftsmodelle - Mit Praxisbeispielen, hrsg. von E. PETZEL, Wiesbaden 2005, S. 477-486.

ARNDT, J. (1967): Role of Product-Related Conversations in the Diffusion of a New Product, in: Journal of Marketing Research, Vol. 4, No. 3, 1967, pp. 291-295.

ASCHENBACH, F. (2000): Virtuelle Finanzdienstleistungsunternehmen - Entstehung, organisatorische Gestaltung sowie informations- und kommunikationstechnische Unterstützung, Göttingen 2000.

BACKHAUS, K.; BÜSCHKEN, J. (1998): Einsatz der Kausalanalyse in der empirischen Forschung zum Investitionsgütermarketing, in: Die Kausalanalyse - Ein Instrument der empirischen betriebswirtschaftlichen Forschung, hrsg. von L. HILDEBRANDT; C. HOMBURG, Stuttgart 1998, S. 149-181.

BACKHAUS, K.; ERICHSON, B.; PLINKE, W.; WEIBER, R. (2003): Multivariate Analysemethoden - Eine anwendungsorientierte Einführung, 10. Auflage, Berlin u.a. 2003.

BAGOZZI, R. P. (1980): Causal Models in Marketing, New York et al. 1980.

BAGOZZI, R. P. (1981a): Causal Modeling: A General Method for Developing and Testing Theories in Consumer Research, in: Advances in Consumer Research, Vol. 8, No. 1, 1981a, pp. 195-202.

BAGOZZI, R. P. (1981b): Evaluating Structural Equation Models With Unobservable Variables and Measurement Error: A Comment, in: Journal of Marketing Research, Vol. 18, No. 3, 1981b, pp. 375-381.

BAGOZZI, R. P. (1994a): Measurement in Marketing Research: Basic Principles of Questionnaire Design, in: Principles of Marketing Research, hrsg. von R. P. BAGOZZI, Cambridge 1994a, pp. 1-49.

BAGOZZI, R. P. (1994b): Structural Equation Models in Marketing Research: Basic Principles, in: Principles of Marketing Research, hrsg. von R. P. BAGOZZI, Cambridge 1994b, pp. 317-385.

BAGOZZI, R. P. (1994c): Structural Equation Models: Basic Principles, in: Principles of Marketing Research, hrsg. von R. P. BAGOZZI, Cambridge 1994c, pp. 317-385.

BAGOZZI, R. P.; BAUMGARTNER, H. (1994): The Evaluation of Structural Equation Models and Hypothesis Testing, in: Principles of Marketing Research, hrsg. von R. P. BAGOZZI, Cambridge 1994, pp. 386-422.

BAGOZZI, R. P.; PHILLIPS, L. W. (1982): Representing and Testing Organizational Theories: A Holistic Construal, in: Administrative Science Quarterly, Vol. 27, No. 3, 1982, pp. 459-490.

BAGOZZI, R. P.; YI, Y.; PHILLIPS, L. W. (1991): Assessing Construct Validity in Organizational Research, in: Administrative Science Quarterly, Vol. 36, No. 3, 1991, pp. 421-458.

BAKOS, J. Y. (1991): Information Links and Electronic Marketplaces: The Role of Interorganizational Information Systems in Vertical Markets, in: Journal of Management Information Systems, Vol. 8, No. 2, 1991, pp. 31-52.

BAKOS, J. Y. (1997): Reducing Buyer Search Costs: Implications for Electronic Markets, in: Management Science, Vol. 43, No. 12, 1997, pp. 1676-1692.

BAKOS, J. Y.; NAULT, B. R. (1997): Ownership and Investment in Electronic Networks, in: Information Systems Research, Vol. 8, No. 4, 1997, pp. 321-341.

BAKOS, Y. (1998): The Emerging Role of Electronic Marketplaces on the Internet, in: Communications of the ACM, Vol. 41, No. 8, 1998, pp. 1-14.

BAKOS, Y.; BRYNJOLFSSON, E. (1999): Bundling Information Goods: Pricing, Profits and Efficiency, in: Management Science, Vol. 45, No. 12, 1999, pp. 1613-1630.

BAKOS, Y.; BRYNJOLFSSON, E. (2000): Bundling and Competition on the Internet, in: Marketing Science, Vol. 19, No. 1, 2000, pp. 63-82.

BALDERJAHN, I. (1986): Das umweltbewußte Konsumentenverhalten - Eine empirische Studie, Berlin 1986.

BALDERJAHN, I. (1998): Die Kreuzvalidierung von Kausalmodellen, in: Die Kausalanalyse - Ein Instrument der empirischen betriebswirtschaftlichen Forschung, hrsg. von L. HILDEBRANDT; C. HOMBURG, Stuttgart 1998, S. 371-397.

BALDI, S.; ACHLEITNER, A.-K. (1998): Sicherheit im Internet-Banking, in: Banking und Electronic Commerce im Internet, hrsg. von T. BURKHARDT; K. LOHMANN, Berlin 1998, S. 235-285.

BANDULET, M.; MORASCH, K. (2001): Anreize zur Investition in elektronische Koordination: Digitale vs. nicht-digitale Produkte, in: e-Finance - Innovative Problemlösungen für Informationssysteme in der Finanzwirtschaft, hrsg. von H. U. BUHL; N. KREYER; W. STECK, Berlin u.a. 2001, S. 109-128.

BANNAN, K. J. (2001): E-Marketplaces, in: PC Magazine, Vol. 20, No. 13, 2001, pp. 146-149.

BARTMANN, D. (2001): Das Internet ist die "strategische Waffe" der Großbanken gegen die kleinen Institute, in: Frankfurter Allgemeine Zeitung, 25.01.2001, S. 30.

BARTMANN, D. (2005): Bankvertrieb: Does IT matter?, in: Die Bank, E.B.I.F. - Sonderausgabe, 2005, S. 26-30.

BARTMANN, D.; SEIFERT, F.; MEHLAU, J. I.; WALTER, G. (2000): Welche Möglichkeiten eröffnen IT-Innovationen den Banken im E-Commerce?, in: BIT, Nr. 3, 2000, S. 9-16.

BARTMANN, D.; WÖRNER, G. (1997): Erfolgsfaktoren für die Präsenz im Internet, in: Die Bank, Nr. 4, 1997, S. 222-226.

BAUER, H.; FALK, T.; HAMMERSCHMIDT, M. (2004): Messung und Konsequenzen von Servicequalität im E-Commerce, in: Marketing ZFP, 26. Jg., Spezialausgabe "Dienstleistungsmarketing", 2004, S. 45-57.

BAUER, H.; HAMMERSCHMIDT, M. (2005): Die Beurteilung der Qualität von Finanzportalen aus Nutzersicht - eine empirische Analyse, in: E-Finance - Technologien, Strategien und Geschäftsmodelle - Mit Praxisbeispielen, hrsg. von E. PETZEL, Wiesbaden 2005, S. 741-765.

BAUMGARTNER, T.; KAJÜTER, H.; VAN, A. (2001): A seller's guide to B2B markets, in: The McKinsey Quarterly, No. 2, 2001, pp. 37-41.

BECKER, J. (1999): Marktorientierte Unternehmensführung, Wiesbaden 1999.

BELLA-ADA, J.; LANDVOGT, J. (2005): Onlineberatung - intelligente Systeme für automatisierten Dialog und Kundenservice, in: E-Finance - Technologien, Strategien und Geschäftsmodelle - Mit Praxisbeispielen, hrsg. von E. PETZEL, Wiesbaden 2005, S. 639-667.

BELLGARDT, E. (2004): Statistik mit SPSS, 2. Auflage, München 2004.

BENBYA, H.; PASSIANTE, G.; AISSA BELBALY, N. (2004): Corporate Portal: a tool for knowledge management synchronization, in: International Journal of Information Management, Vol. 24, No. 3, 2004, pp. 201-223.

BENJAMIN, R.; WIGAND, R. (1995): Electronic Markets and Virtual Value Chains on the Information Superhighway, in: Sloan Management Review, Vol. 36, No. 2, 1995, pp. 62-72.

BENSBERG, F. (2001): Web Log Mining als Instrument der Marketingforschung, Wiesbaden 2001.

BENTLER, P. M. (1980): Multivariate Analysis with Latent Variables: Causal Modeling, in: Annual Review of Psychology, Vol. 31, 1980, pp. 419-456.

BENTLER, P. M. (1982): Confirmatory Factor Analysis via Noniterative Estimation: A Fast, Inexpensive Me, in: Journal of Marketing Research, Vol. 19, No. 4, 1982, pp. 417-424.

BENTLER, P. M. (1990): Fit Indexes, Lagrange Multipliers, Constraint Changes and Incomplete Data in Structural Models, in: Multivariate Behavioral Research, Vol. 25, No. 2, 1990, pp. 163-173.

BERNSTEIN, P. L. (1998): Are Networks Driving the New Economy, in: Harvard Business Review, Vol. 76, No. 6, 1998, pp. 159-165.

BERRYMAN, B.; HARRINGTON, L. F.; LAYTON-RODIN, D.; REROLLE, V. (1998): Electronic commerce: Three emerging strategies, in: The McKinsey Quarterly, No. 1, 1998, pp. 129-136.

BERRYMAN, B.; HECK, S. (2001): Is the third time the charm for B2B?, in: The McKinsey Quarterly, No. 2, 2001, pp. 18-22.

BETZ, J. (2003): Die Akzeptanz des E-Commerce in der Automobilwirtschaft - Ausmaß, Konsequenzen und Determinanten aus Sicht von Neuwagenkäufern, Wiesbaden 2003.

BINDER, H.; EBERL, M. (2005): Statistisch unterstützte Spezifikationsprüfung: Die Performance von Tetrad-Test und SEM. Ludwig-Maximilians-Universität München: Schriften zur Empirischen Forschung und Quantitativen Unternehmensplanung. München 2005.

BIRKELBACH, J. (2001): Internet Banking geht in die nächste Runde, in: Cyber Finance - The Next Generation. Finanzgeschäfte im Internet, hrsg. von J. BIRKELBACH, 3. Aufl., Wiesbaden 2001, S. 17-31.

BITZ, M. (2000): Finanzdienstleistungen, 5. Auflage, München u.a. 2000.

BLESSING, M. (2005): Im Gespräch: "Der Kredit muss sich als Stand-alone-Produkt rechnen", in: bank und markt, 34. Jg., Nr. 8, 2005, S. 15-19.

BLIEMEL, F.; FASSOTT, G. (2000): Electronic Commerce und Kundenbindung. Electronic Commerce - Herausforderungen - Anwendungen - Perspektiven. Wiesbaden 2000.

BLIEMEL, F.; FASSOTT, G.; THEOBALD, A. (2000): Einleitung - Das Phänomen Electronic Commerce, in: Electronic Commerce - Herausforderungen - Anwendungen - Perspektiven, hrsg. von F. BLIEMEL; G. FASSOTT; A. THEOBALD, 3. Auflage, Wiesbaden 2000, S. 1-8.

BÖCK BACHFISCHER, N. M. (1996): Interaktive Medien im elektronischen Medienmarkt: Eine theoretische und empirische Analyse - Dargestellt am Beispiel der Akzeptanz eines elektronischen Versandhandelkatalogs, München 1996.

BODENDORF, F. (2000): eServices - Auf dem Weg zur elektronischen Dienstleistungsgesellschaft, in: Entwicklungsperspektiven im Electronic Business - Grundlagen - Strukturen - Anwendungsfelder, hrsg. von W. SCHEFFLER; K. VOIGT, Wiesbaden 2000, S. 153-172.

BOENING, D. (1993): Zukunftsfragen des Vertriebs von Finanzdienstleistungen, in: Bank- und Finanzmanagement - Marketing - Rechnungswesen - Finanzierung - Reflexionen aus der Praxis, hrsg. von D. BOENING; H. J. HOCKMANN, Wiesbaden 1993, S. 157-174.

BÖHLER, H. (2004): Marktforschung, 3. Auflage, Stuttgart 2004.

BÖING, C. (2001): Erfolgsfaktoren im Business-to-Consumer E-Commerce, Wiesbaden 2001.

BOLLEN, K. A. (1989): Strucural Equations with Latent Variables, New York 1989.

BOLLEN, K. A.; LONG, J. S. (1993a): Introduction, in: Testing Structural Equation Models, hrsg. von K. A. BOLLEN; J. S. LONG, Newbury Park 1993a, S. 1-9.

BOLLEN, K. A.; LONG, J. S. (1993b): Testing Structural Equation Models, Newbury Park, London u.a. 1993b.

BOLLEN, K. A.; STINE, R. A. (1993): Bootstrapping Goodness-of-Fit Measures in Structural Equation Models, in: Testing Structural Equation Models, hrsg. von K. A. BOLLEN; J. S. LONG, Newbury Park 1993, pp. 111-153.

BONE, P. F.; SHARMA, S.; SHIMP, T. A. (1989): A Bootstrap Procedure for Evaluating Goodness-of-Fit Indices of Structural Equation and Confirmatory Factor Models, in: Journal of Marketing Research, Vol. 26, No. 1, 1989, pp. 105-111.

BOWERS, T.; SINGER, M. (1996): Who will capture value in on-line financial services?, in: The McKinsey Quarterly, No. 2, 1996, pp. 78-83.

BRAUNSTEIN, S. (2001): Reconsidering Online Marketplaces, in: CIO Magazine, 2001, pp. 1-6.

BROCKHOFF, K. (1999): Forschung und Entwicklung - Planung und Kontrolle, 5. Auflage, München u.a. 1999.

BROUSSEAU, E. (2002): The Governance of Transactions by Commercial Intermediaries: An Analysis of the Re-engineering of Intermediation by Electronic Commerce, in: International Journal of the Economics of Business, Vol. 9, No. 3, 2002, pp. 353-374.

BROWNE, M. W.; CUDECK, R. (1989): Single Sample Cross-Validation Indices for Covariance Structures, in: Multivariate Behavioral Research, Vol. 24, No. 4, 1989, pp. 445-456.

BROWNE, M. W.; CUDECK, R. (1993): Alternative Ways of Assessing Model Fit, in: Testing Structural Equation Models, hrsg. von K. A. BOLLEN; J. S. LONG, Newbury Park 1993, pp. 137-162.

BRYNJOLFSSON, E.; SMITH, M. D. (2000): Frictionless Commerce? A Comparison of Internet and Conventional Retailers, in: Management Science, Vol. 46, No. 4, 2000, pp. 563-585.

BÜCHSEL, C.; HÖFLING, M. (2005): Neuer Angriff auf das Online-Konto, in: Welt am Sonntag, 03. Juli 2005, S. 39.

BÜRKI, K. (2000): Betreuungskonzepte für KMU auf dem Prüfstand, in: Rentabilisierung des Firmenkundengeschäfts, hrsg. von B. BANKENVEREINIGUNG, Bern u.a. 2000, S. 75-96.

BÜSCHGEN, H. E. (1998a): Bankbetriebslehre - Bankgeschäfte und Bankmanagement, Wiesbaden 1998a.

BÜSCHGEN, H. E. (1998b): Banken im Wandel, in: Mitteilungen und Berichte des Instituts für Bankwirtschaft und Bankrecht an der Universität zu Köln, S. 1-31.

CASPAR, M. (2002): Cross-Channel-Medienmarken, Frankfurt am Main 2002.

CHAN, S.-C.; LU, M. (2004): Understanding Internet Banking Adoption and Use Behavior: A Hong Kong Perspective, in: Journal of Global Information Management, Vol. 12, No. 3, 2004, pp. 21-43.

CHAU, P. Y. K.; HU, P. J. (2002): Examining a Model of Information Technology Acceptance by Individual Professionals: An Exploratory Study, in: Journal of Management Information Systems, Vol. 18, No. 4, 2002, pp. 191-229.

CHAU, P. Y. K.; LAI, V. S. K. (2003): An Empirical Investigation of the Determinants of User Acceptance of Internet Banking, in: Journal of Organizational Computing and Electronic Commerce, Vol. 13, No. 2, 2003, pp. 123-145.

CHEN, L.; TAN, J. (2004): Technology Adaptation in E-commerce: Key determinants of Virtual Store Acceptance, in: European Management Journal, Vol. 22, No. 1, 2004, pp. 74-86.

CHIN, W. W.; TODD, P. A. (1995): On the Use, Usefulness and Ease of Use of Structural Equation Modeling in MIS Research: A Note of Caution, in: MIS Quarterly, Vol. 19, No. 2, 1995, pp. 237-246.

CHOI, S.; STAHL, D. O.; WHINSTON, A. B. (1997): The Economics of Electronic Commerce, Indianapolis 1997.

CHURCHILL JR., G. A. (1979): A Paradigm for Developing Better Measures of Marketing Constructs, in: Journal of Marketing Research, Vol. 16, No. 1, 1979, pp. 64-73.

CHURCHILL JR., G. A.; IACOBUCCI, D. (2004): Marketing Research - Mothodological Foundations, Mason 2004.

CLARKE, I.; FLAHERTY, T. B. (2003): Web-based B2B portals, in: Industrial Marketing Management, Vol. 32, No. 1, 2003, pp. 15-24.

CLEMENT, M.; LITFIN, T. (1998): Adoption Interaktiver Medien, in: Marketing mit Interaktiven Medien: Strategien zum Markterfolg, hrsg. von S. ALBERS; M. CLEMENT; K. PETERS, Frankfurt am Main 1998, S. 95-108.

CLEMENT, M.; PETERS, K.; PREIß, F. J. (1998): Entwicklung Interaktiver Medien und Dienste: Electronic Commerce, in: Marketing mit Interaktiven Medien: Strategien zum Markterfolg, hrsg. von S. ALBERS; M. CLEMENT; K. PETERS, Frankfurt am Main 1998, S. 49-80.

CUNNINGHAM, M. J. (2001): B2B - Erfolgreiche Geschäftsbeziehungen im Internet - Kosten senken - Abläufe optimieren - Synergien nutzen, München u.a. 2001.

DAHLKE, B. (2001): Einzelkundenorientierung im Business-to-Business-Bereich - Konzeptualisierung und Operationalisierung, Wiesbaden 2001.

DAI, Q.; KAUFFMANN, R. J. (2002): Business Models for Internet-Based B2B Electronic Markets, in: International Journal of Electronic Commerce, Vol. 6, No. 4, 2002, pp. 41-72.

DAMBMANN, W. (2001): www.firmenfinanzportal.de - Geschäftsmodell im Internet, in: Die Bank, Nr. 3, 2001, S. 200-203.

DAMS, J. (2005): "Die Ausländer sind cleverer" - Unternehmensberater Hölzer über Probleme der Banken mit Firmenkunden, in: Die Welt, 13.10.2005, S. 13.

DAUM, W.; SCHULTE, H.; DEGEL, J. (1998): Anforderungen an die Produktpolitik im Internet, in: bank und markt, 27. Jg., Nr. 4, 1998, S. 31-34.

DAVIDOW, W. H.; MALONE, M. S. (1992): The Virtual Corporation - Structuring and Revitalizing the Corporation For the 21st Century, New York 1992.

DAVIS, F. D. (1986): A Technology Acceptance Model for Empirically Testing New End-User Information Systems: Theory and Results, Cambridge 1986.

DAVIS, F. D. (1989): Perceived Usefulness, Perceived Ease of Use, and User Acceptance of Information Technology, in: MIS Quarterly, Vol. 13, No. 3, 1989, pp. 319-340.

DAVIS, F. D.; BAGOZZI, R. P.; WARSHAW, P. R. (1989): User Acceptance of Computer Technology: A Comparison of two theoretical models, in: Management Science, Vol. 35, No. 8, 1989, pp. 982-1003.

DEPLAZES, C. (2002): Bankloyalität im Internetzeitalter - eine theoretische und empirische Untersuchung, Bamberg 2002.

DEPREZ, F.; ROSENGREN, J.; SOMAN, V. (2002): Portals for all platforms, in: The McKinsey Quarterly, No. 1, 2002, pp. 93-101.

DEWAL, S.; JUNG, H.; LEHMANN, K. (2002): Zukünftige IT-Architekturen im Firmenkundengeschäft der Banken, in: Handbuch Firmenkundengeschäft, hrsg. von K. JUNCKER; E. PRIEWASSER, 2. Auflage, Frankfurt am Main 2002, S. 523-537.

DISHAW, M. T.; STRONG, D. M. (1999): Extending the technology acceptance model with task-technology fit constructs, in: Information & Management, Vol. 36, No. 1, 1999, pp. 9-21.

DOLAN, R. J.; MOON, J. (1999): Pricing and Market Making on the Internet, Harvard Business School, Working Paper, 1999, pp. 1-20.

DRATVA, R. (1995): Telebanking - Dienstleistungen und Wertschöpfungsprozesse von Banken im Wandel durch den Einsatz von Telematik beim Retailkunden, Hallstadt 1995.

DREYER, K.-J. (2001): Mittelständisches Firmenkundengeschäft einer Großsparkasse: heute und morgen, in: Das Firmenkundengeschäft - ein Wertvernichter?, hrsg. von B. ROLFES; H. SCHIERENBECK; S. SCHÜLLER, Frankfurt am Main 2001, S. 43-61.

DUHNKRACK, T. (2001a): E-Banking im Firmenkundengeschäft: neue Ertragsfelder, in: bank und markt, 30. Jg., Nr. 6, 2001a, S. 32-35.

DUHNKRACK, T. (2001b): Segmentierung und ertragsorientierte Ausrichtung des Firmenkundengeschäftes, in: Das Firmenkundengeschäft - ein Wertvernichter?, hrsg. von B. ROLFES; H. SCHIERENBECK; S. SCHÜLLER, Frankfurt am Main 2001b, S. 81-99.

DUHNKRACK, T. (2002): Werteorientierte Steuerung des Firmenkundengeschäfts, in: Handbuch Firmenkundengeschäft, hrsg. von K. JUNCKER; E. PRIEWASSER, 2. Auflage, Frankfurt am Main 2002, S. 153-162.

EBHARDT, N. (2003): Privatbankiers im Elektronischen Markt - Herausforderungen und Strategien, Wiesbaden 2003.

ECKERT-NIEMEYER, V. (2000): Innovative Tools zur Realisierung der virtuellen Beratung, in: BIT, Nr. 1, 2000, S. 23-31.

EIDENMÜLLER, B. (1986): Schwerpunkte der technologischen Entwicklung bei Siemens, in: Soziale Bewältigung der technologischen Entwicklung - Aspekte aus Wissenschaft und Praxis, hrsg. von P. ATTESLANDER, Berlin u.a. 1986, S. 9-18.

EILENBERGER, G.; BURR, W. (1997): Zur Virtualisierung von Banken: Konsequenzen des Electronic Banking für Bankorganisation und Bankwettbewerb, in: Visionen im Bankmanagement - Zukünftige Anforderungen an die Führung von Banken, hrsg. von S. HÖRTER; A. WAGNER, München 1997, S. 183-216.

EINECKE, H. (2005): Die Bank als Fabrik, in: Süddeutsche Zeitung, 15.10.2005, S. 27.

ENGLERT, R.; ROSENDAHL, T. (2000): Customer Self Service, in: Handbuch Electronic Business - Informationstechnologien - Electronic Commerce - Geschäftsprozesse, hrsg. von R. WEIBER, Wiesbaden 2000, S. 319-329.

EVANS, P.; WURSTER, T. S. (1999): Getting Real About Virtual Commerce, in: Harvard Business Review, Vol. 77, No. 6, 1999, pp. 85-94.

EVANS, P. B.; WURSTER, T. S. (1997): Strategy and the New Economics of Information, in: Harvard Business Review, Vol. 75, No. 5, 1997, pp. 71-82.

FAHRHOLZ, B. (2001): www.dresdner-bank.de - Nutzung von strategischen Kommunikationsvorteilen im Internet, in: Management Handbuch eBanking, hrsg. von J. KRUMNOW; T. A. LANGE, Stuttgart 2001, S. 227-241.

FIEDERLING, H. (2001): Sicherheitsaspekte als kritischer Erfolgsfaktor auf B2B-eMarkets, in: B2B-Erfolg durch eMarkets - Best Practice: Von der Beschaffung über eProcurement zum Net Market Maker, hrsg. von M. NENNINGER; O. LAWRENZ, Braunschweig u.a. 2001, S. 191-200.

FILIPP, H. (1996): Akzeptanz von Netzdiensten und Netzanwendungen, Sinsheim 1996.

FISHBEIN, M.; AJZEN, I. (1975): Belief, Attitude, Intention, And Behavior - An Introduction to Theory and Research, Reading et al. 1975.

FORMAN, C. (2005): The Corporate Digital Divide: Determinants of Internet Adoption, in: Management Science, Vol. 51, No. 4, 2005, pp. 641-654.

FORNELL, C.; BOOKSTEIN, F. L. (1982): Two Structural Equation Models: LISREL and PLS Applied to Consumer Exit-Voice Theory, in: Journal of Marketing Research, Vol. 19, No. 4, 1982, pp. 440-452.

FORNELL, C.; LARCKER, D. F. (1981a): Evaluating Structural Equation Models with Unobservable Variables and Measurement Error, in: Journal of Marketing Research, Vol. 18, No. 1, 1981a, pp. 39-50.

FORNELL, C.; LARCKER, D. F. (1981b): Structural Equation Models With Unobservable Variables and Measurement Error: Algebra and Statistics, in: Journal of Marketing Research, Vol. 18, No. 3, 1981b, pp. 382-388.

FORNELL, C.; LARCKER, D. F. (1984): Misapplications of Simulations in Structural Equation Models: Reply to Acito and Anderson, in: Journal of Marketing Research, Vol. 21, No. 1, 1984, pp. 113-117.

FORNELL, C.; RHEE, B.-D.; YI, Y. (1991): Direct Regression, Reverse Regression, and Covariance Structure Analysis, in: Marketing Letters, Vol. 2, No. 3, 1991, pp. 309-320.

FOX, P. (2001): B2B: You Can Find Success in Private Sites, in: Computerworld, Vol. 35, No. 19, 2001, pp. 24-26.

FREIBERGER, T. (2006): Wertorientierung im Firmenkundengeschäft: Auf Gewinnkurs, in: Die Bank, Nr. 2, 2006, S. 24-27.

FRITZ, W. (1995): Marketing-Management und Unternehmenserfolg, 2. Auflage, Stuttgart 1995.

GALIC, R. (2002): E-Business Strategien für Banken - Existenzsicherung in globalen Märkten, Stuttgart 2002.

GARCZORZ, I. (2004): Adoption von Online-Banking-Services, Wiesbaden 2004.

GARCZORZ, I.; SCHWENCKE, M. (2005): Internetstrategien für Firmenkunden - Firmenkundenportale in der Sackgasse?, in: E-Finance - Technologien, Strategien und Geschäftsmodelle - Mit Praxisbeispielen, hrsg. von E. PETZEL, Wiesbaden 2005, S. 707-729.

GARICANO, L.; KAPLAN, S. N. (2000): The Effects of Business-to-Business E-Commerce on Transaction Costs, Cambridge MA 2000.

GEFEN, D.; KARAHANNA, E.; STRAUB, D. W. (2003): TRUST AND TAM IN ONLINE SHOPPING: AN INTEGRATED MODEL, in: MIS Quarterly, Vol. 27, No. 1, 2003, pp. 51-90.

GEFEN, D.; STRAUB, D. (2003): Managing User Trust in B2C e-Services, in: e-Service Journal, Vol. 2, No. 2, 2003, pp. 7-25.

GEFEN, D.; STRAUB, D. W. (1997): Gender differences in the perception and use of e-mail: An extension to the Technology Acceptance Model, in: MIS Quarterly, Vol. 21, No. 4, 1997, pp. 389-400.

GENTRY, L.; CALANTONE, R. (2002): A Comparison of Three Models to Explain Shop-Bot Use on the Web, in: Psychology & Marketing, Vol. 19, No. 11, 2002, pp. 945-956.

GEORGI, F.; MANG, F.; PINKL, J. (2006): Auf dem Weg zum vollwertigen Vertriebskanal - Internet Banking: Verkaufen via WWW, in: Die Bank, Nr. 1, 2006, S. 26-31.

GERBING, D. W.; ANDERSON, J. C. (1984): On the Meaning of Within-Factor Correlated Measurement Errors, in: Journal of Consumer Research, Vol. 11, No. 1, 1984, pp. 572-581.

GERBING, D. W.; ANDERSON, J. C. (1988): An Updated Paradigm for Scale Development Incorporating Unidimensionality and Its Assessment, in: Journal of Marketing Research, Vol. 25, No. 2, 1988, pp. 186-192.

GERBING, D. W.; ANDERSON, J. C. (1993): Monte Carlo Evaluataions of Goodness-of-Fit Indices for Structural Equation Models, in: Testing Structural Equation Models, hrsg. von K. A. BOLLEN; J. S. LONG, Newbury Park 1993, S. 40-65.

GIERING, A. (2000): Der Zusammenhang zwischen Kundenzufriedenheit und Kundenloyalität, Wiesbaden 2000.

GLOYSTEIN, P. (2001): Strategische Herausforderungen für das Firmenkundengeschäft durch das Internet, in: Management Handbuch eBanking, hrsg. von J. KRUMNOW; T. A. LANGE, Stuttgart 2001, S. 105-114.

GNEUSS, M. (2005): Kredite von der Stange, in: Die Welt am Sonntag, 03.04.2005, S. 43.

GRANDON, E. E.; PEARSON, J. M. (2004): Electronic commerce adoption: an empirical study of small and medium US businesses, in: Information & Management, Vol. 42, No. 1, 2004, pp. 197-216.

GREBE, M. (1998): Das elektronische Firmenkundengeschäft der Kreditinstitute mit dem industriellen Mittelstand - Ein strategisches Marketing-Konzept für die Bankpraxis, Heidelberg 1998.

GREEN, P. E.; TULL, D. S. (1982): Methoden und Techniken der Marktforschung, 4. Auflage, Stuttgart 1982.

GRIMM, S.; VOLK, L. (2005): Prozessportale und Multi Channel Management, in: E-Finance - Technologien, Strategien und Geschäftsmodelle - Mit Praxisbeispielen, hrsg. von E. PETZEL, Wiesbaden 2005, S. 377-399.

GROß, T.; MICHAELIS, H. (2002): Wertschöpfungskettenmanagement im Firmenkundengeschäft der Bank, in: Handbuch Firmenkundengeschäft, hrsg. von K. JUNCKER; E. PRIEWASSER, 2. Aufl., Frankfurt am Main 2002, S. 163-175.

GROTE, A. (2005): Internetvertrieb für Firmenkunden: Multikanalansatz, in: Sparkassenmarkt, Sonderheft I, 2005, S. 16-17.

GROTH, T. (2005): Banken unter Druck - ein strategisches Kochbuch für das Überleben, in: E-Finance - Technologien, Strategien und Geschäftsmodelle - Mit Praxisbeispielen, hrsg. von E. PETZEL, Wiesbaden 2005, S. 63-95.

HACK, S. (2001): Optimierung der Wertschöpfungskette durch Collaborative Business Scenarios, in: Strategisches E-Commerce-Management - Erfolgsfaktoren für die Real Economy, hrsg. von B. EGGERS; G. HOPPEN, Wiesbaden 2001, S. 95-124.

HÄCKER, J. (1998): Internet-Banking - Gestaltungsformen - Rechtsfragen - Sicherheitsaspekte, Wiesbaden 1998.

HAERTSCH, P. (2000): Wettbewerbsstrategien für Electronic Commerce - Eine kritische Überprüfung klassischer Strategiekonzepte, 2. Auflage, Lohmar u.a. 2000.

HAGEL, J. (2002): Edging into Web services, in: The McKinsey Quarterly, Special Edition: Technology, 2002, pp. 29-37.

HAGEL, J.; BERGSMA, E. E.; DHEER, S. (1996): Placing your bets on electronic networks, in: The McKinsey Quarterly, No. 2, 1996, pp. 56-67.

HAGEL, J.; RAYPORT, J. F. (1997): The Coming Battle for Customer Information, in: Harvard Business Review, Vol. 75, No. 1, 1997, pp. 53-65.

HAGEL, J.; SINGER, M. (1999a): Net worth - Shaping Markets When Customers Make the Rules, Boston 1999a.

HAGEL, J.; SINGER, M. (1999b): Unbundling the corporation, in: The McKinsey Quarterly, No. 2, 1999b, pp. 147-156.

HAHN, H. (2001): Technologietrends: Konvergenz von IT, Medien und Telekommunikation, in: Handbuch Electronic Commerce - Kompendium zum elektronischen Handel, hrsg. von W. GORA; E. MANN, 2. Auflage, Berlin u.a. 2001, S. 7-15.

HAMEL, G.; SAMPLER, J. (1998): The E-Corporation, in: Fortune, Vol. 138, No. 11, 1998, pp. 80-88.

HAMMANN, P.; ERICHSON, B. (2000): Marktforschung, 4. Auflage, München 2000.

HANSON, W. (2000): Principles of Internet Marketing, Cincinatti 2000.

HARTUNG, J.; ELPELT, B. (1999): Multivariate Statistik, München u.a. 1999.

HECK, K. (2000): Ganzheitliches Customer Relationship bei der Direkt Anlage Bank AG, in: Customer Relationship Management in der Praxis. Erfolgreiche Wege zu kundenzentrierten Lösungen, hrsg. von V. BACH; H. ÖSTERLE, Berlin u.a. 2000, S. 135-152.

HECKL, D.; MOORMANN, J. (2005): Modellierung von Geschäftsprozessen am Beispiel des mittelständischen Firmenkundengeschäfts, in: BIT, Nr. 3, 2005, S. 9-24.

HEELER, R. M.; RAY, M. L. (1972): Measure Validation in Marketing, in: Journal of Marketing Research, Vol. 9, No. 4, 1972, pp. 361-370.

HEIJDEN, H. V. D. (2003): Factors influencing the usage of websites: the case of a generic portal in The Netherlands, in: Information & Management, Vol. 40, No. 6, 2003, pp. 541-549.

HEINEN, M. (2005): E-Finance-Strategien zur Ertragssteigerung im Massengeschäft, in: E-Finance - Technologien, Strategien und Geschäftsmodelle - Mit Praxisbeispielen, hrsg. von E. PETZEL, Wiesbaden 2005, S. 219-246.

HEINTZELER, F. (2001): Zukunft der Bank - Bank der Zukunft, in: Die Bank, Nr. 4, 2001, S. 244-249.

HEITMÜLLER, H.-M. (1991): Auswirkungen von Selbstbedienung auf das Vertriebssystem, in: Handbuch des Bankmarketing, hrsg. von J. SÜCHTING; E. VAN HOOVEN, 2. Auflage, Wiesbaden 1991, S. 191-209.

HENDRICKSON, A. R.; MASSEY, P. D.; CRONAN, T. P. (1993): On the Test-Retest Reliability of Perceived Usefulness and Perceived Ease of Use Scales, in: MIS Quarterly, Vol. 17, No. 2, 1993, pp. 227-230.

HERMANNS, A.; FLEGEL, V. (1992): Einsatzbedingungen, Integrationspotentiale und Perspektiven des Elektronic Marketing, in: Handbuch des Electronic Marketing - Funktionen und Anwendungen der Informations- und Kommunikationstechnik im Marketing, hrsg. von A. HERMANNS; V. FLEGEL, München 1992, S. 906-922.

HERMANNS, A.; SAUTER, M. (1999): E-Commerce - Grundlagen, Potentiale, Marktteilnehmer und Transaktionen, in: Management-Handbuch Electronic Commerce - Grundlagen, Strategien, Praxisbeispiele, hrsg. von A. HERMANNS; M. SAUTER, München 1999, S. 13-29.

HERMANNS, A.; SAUTER, M. (2001): E-Commerce - der Weg in die Zukunft?, in: Management-Handbuch Electronic Commerce - Grundlagen, Strategien, Praxisbeispiele, hrsg. von A. HERMANNS; M. SAUTER, 2. Aufl., München 2001, S. 7-14.

HERRMANN, A.; HOMBURG, C. (2000): Marktforschung: Ziele, Vorgehensweise und Methoden, in: Marktforschung - Methoden, Anwendungen, Praxisbeispiele, hrsg. von A. HERMANN; C. HOMBURG, 2. Auflage, Wiesbaden 2000, S. 15 - 32.

HERTENSTEIN, E. J.; CHAPLAN, M. A. (2005): The effect of training for internet use among local trade union leaders, in: New Technology, Work & Employment, Vol. 20, No. 1, 2005, pp. 74-85.

HEYDEMANN, N.; SEIDEL, G. (2001): Finanzportale - der schwierige Weg zum Firmenkunden, in: Die Bank, Nr. 10, 2001, S. 692-695.

HILDEBRANDT, L. (1998): Kausalanalytische Validierung in der Marketingforschung, in: Die Kausalanalyse - Ein Instrument der empirischen betriebswirtschaftlichen Forschung, hrsg. von L. HILDEBRANDT; C. HOMBURG, Stuttgart 1998, S. 85-109.

HILDEBRANDT, L.; RUDINGER, G.; SCHMIDT, P. (1992): Strukturangleichungsmodelle zur Kausalanalyse, in: Kausalanalysen in der Umweltforschung - Beiträge eines Methodenworkshops am Wissenschaftszentrum Berlin, hrsg. von L. HILDEBRANDT; G. RUDINGER; P. SCHMIDT, Stuttgart, Jena u.a. 1992, S. 3-14.

HOFFMAN, W.; KEEDY, J.; ROBERTS, K. (2002): The unexpected return of B2B, in: The McKinsey Quarterly, No. 3, 2002, pp. 97-105.

HOFFMANN, C. (2005): Sparkassen-Kunden gehen fremd, in: Frankfurter Allgemeine Sonntagszeitung, 08.05.2005, S. 23.

HOLSTE, A. (2003): Erfolgsgrößen von Dienstleisterportalen im Electronic Business, Wiesbaden 2003.

HOMBURG, C. (1995): Kundennähe von Industriegüterunternehmen - Konzeption - Erfolgsauswirkungen - Determinanten, Wiesbaden 1995.

HOMBURG, C.; BAUMGARTNER, H. (1995): Die Kausalanalyse als Instrument der Marketingforschnung - Eine Bestandsaufnahme, in: Zeitschrift für Betriebswirtschaft, 65. Jg., Nr. 10, 1995, S. 1091-1108.

HOMBURG, C.; BAUMGARTNER, H. (1998): Beurteilung von Kausalmodellen - Bestandsaufnahme und Anwendungsempfehlungen, in: Die Kausalanalyse - Ein Instrument der empirischen betriebswirtschaftlichen Forschung, hrsg. von L. HILDEBRANDT; C. HOMBURG, Stuttgart 1998, S. 343-369.

HOMBURG, C.; DOBRATZ, A. (1998): Interative Modellselektion in der Kausalanalyse, in: Die Kausalanalyse - Ein Instrument der empirischen betriebswirtschaftlichen Forschung, hrsg. von L. HILDEBRANDT; C. HOMBURG, Stuttgart 1998, S. 447-517.

HOMBURG, C.; GIERING, A. (1996): Konzeptualisierung und Operationalisierung komplexer Konstrukte - Ein Leitfaden für die Marketingforschung, in: Marketing ZFP, 18. Jg., Nr. 1, 1996, S. 5-24.

HOMBURG, C.; GIERING, A. (1998): Konzeptualisierung und Operationalisierung komplexer Konstrukte - Ein Leitfaden für die Marketingforschung, in: Die Kausalanalyse - Ein Instrument der empirischen betriebswirtschaftlichen Forschung, hrsg. von L. HILDEBRANDT; C. HOMBURG, Stuttgart 1998, S. 111-146.

HOMBURG, C.; HILDEBRANDT, L. (1998): Die Kausalanalyse: Bestandsaufnahme, Entwicklungsrichtungen, Problemfelder, in: Die Kausalanalyse, hrsg. von L. HILDEBRANDT; C. HOMBURG, Stuttgart 1998, S. 15-43.

HOMBURG, C.; KROHMER, H. (2003): Marketingmanagement - Strategien - Instrumente - Umsetzung - Unternehmensführung, Wiesbaden 2003.

HOMBURG, C.; PFLESSER, C. (2000a): Konfirmatorische Faktoranalyse, in: Marktforschung - Methoden, Anwendungen, Praxisbeispiele, hrsg. von A. HERMANN; C. HOMBURG, 2. Auflage, Wiesbaden 2000a, S. 415-437.

HOMBURG, C.; PFLESSER, C. (2000b): Strukturgleichungsmodelle mit latenten Variablen: Kausalanalyse, in: Marktforschung - Methoden, Anwendungen, Praxisbeispiele, hrsg. von A. HERMANN; C. HOMBURG, 2. Auflage, Wiesbaden 2000b, S. 635-659.

HOMBURG, C.; RUDOLPH, B. (1998): Die Kausalanalyse als Instrument zur Messung der Kundenzufriedenheit im Industriegütermarketing, in: Die Kausalanalyse - Ein Instrument der empirischen betriebswirtschaftlichen Forschung, hrsg. von L. HILDEBRANDT; C. HOMBURG, Stuttgart 1998, S. 237-263.

HOMBURG, C.; SÜTTERLIN, S. (1990): Kausalmodelle in der Marketingforschung - EQS als Alternative zu LISREL?, in: Marketing ZFP, 12. Jg., Nr. 3, 1990, S. 181-192.

HONG, W.; THONG, J. Y. L.; WONG, W.; TAM, K. (2001): Determinants of User Acceptance of Digital Libraries: An Empirical Examination of Individual Differences and System Characteristics, in: Journal of Management Information Systems, Vol. 18, No. 3, 2001, pp. 97-124.

HÖPER, J. (2001): Finanzberatung im Internet: Rückkehr zur Realität, in: Cyber Finance - The Next Generation. Finanzgeschäfte im Internet, hrsg. von J. BIRKELBACH, 3. Auflage, Wiesbaden 2001, S. 163-177.

HORN, T. (1999): Internet - Intranet - Extranet - Potentiale im Unternehmen, München u.a. 1999.

HORTON, R. P.; BUCK, T.; WATERSON, P. E.; CLEGG, C. W. (2001): Explaining intranet use with the technology acceptance model, in: Journal of Information Technology, Vol. 16, No. 4, 2001, pp. 237-249.

HUNGER, P. (2000): Die Begründung der Geschäftsverbindung im Internet-Banking, Zürich 2000.

HUNT, S. D. (1991): Modern Marketing Theory - Critical Issues in the Philosophy of Marketing Science, Cincinnati 1991.

HÜTTNER, M.; SCHWARTING, U. (2000): Exploratorische Faktoranalyse, in: Marktforschung - Methoden, Anwendungen, Praxisbeispiele, hrsg. von A. HERMANN; C. HOMBURG, 2. Auflage, Wiesbaden 2000, S. 383-412.

IGBARIA, M.; GUIMARAES, T.; DAVIS, G. B. (1995): Testing the determinants of microcomputer usage via a structural equation model, in: Journal of Management Information Systems, Vol. 11, No. 4, 1995, pp. 87-115.

IGBARIA, M.; ZINATELLI, N.; CRAGG, P.; CAVAYE, A. L. M. (1997): Personal Computing Acceptance Factors in Small Firms: A Structural Equation Model, in: MIS Quarterly, Vol. 21, No. 3, 1997, pp. 279-305.

IKSAL, C.; GASSNER, M. (2001): Prognosen, Potentiale und Typen von Online-Marktplätzen, in: B2B-Erfolg durch eMarkets - Best Practice: Von der Beschaffung über eProcurement zum Net Market Maker, hrsg. von M. NENNINGER; O. LAWRENZ, Braunschweig u.a. 2001, S. 43-58.

JANSSEN, J.; LAATZ, W. (2005): Statistische Datenanalyse mit SPSS für Windows, 5. Auflage, Berlin u.a. 2005.

JIANG, J. J.; HSU, M. K.; KLEIN, G.; LIN, B. (2000): E-commerce user behavior model: an empirical study, in: Human Systems Management, Vol. 19, No. 4, 2000, pp. 265-276.

JOCHIMS, H. (2006): Erfolgsfaktoren von Online-Marketing-Kooperationen, Wiesbaden 2006.

JOCHIMS, M. (2000): Diffusion innovativer Dienstleistungen - Eine empirische Analyse am Beispiel der Direktbanken, Hamburg 2000.

JOHANNSEN, C.; DEIBERT, T. (2001): E-Banking: Die Erwartungen des Mittelstands, in: Die Bank, Nr. 9, 2001, 670-671.

JÖRESKOG, K. G. (1993): Testing Structural Equation Models, in: Testing Structural Equation Models, hrsg. von K. A. BOLLEN; J. S. LONG, Newbury Park 1993, pp. 295-316.

JÖRESKOG, K. G.; SÖRBOM, D. (1982): Recent Developments in Structural Equation Modeling, in: Journal of Marketing Research, Vol. 19, No. 4, 1982, pp. 404-416.

JOSEPH, J. (1990): Arbeitswissenschaftliche Aspekte der betrieblichen Einführung neuer Technologien am Beispiel von Computer Aided Design (CAD), Frankfurt am Main 1990.

JUNCKER, K.; LIPPMANN, I. (2002): Firmenkundenbank der Zukunft - ein Szenario, in: Handbuch Firmenkundengeschäft, hrsg. von K. JUNCKER; E. PRIEWASSER, 2. Auflage, Frankfurt am Main 2002, S. 177-193.

KAISER, H. F. (1970): A SECOND GENERATION OF LITTLE JIFFY, in: Psychometrika, Vol. 35, No. 4, 1970, pp. 401-415.

KAISER, H. F.; RICE, J. (1974): LITTLE JIFFY, MARK IV, in: EDUCATIONAL AND PSYCHOLOGICAL MEASUREMENT, Vol. 34, 1974, pp. 111-117.

KALAFATIS, S. P.; SARPONG JR., S.; SHARIF, K. J. (2005): An examination of the stability of operationalisations of multi-item marketing scales, in: International Journal of Market Research, Vol. 47, No. 3, 2005, pp. 255-266.

KALAKOTA, R.; ROBINSON, M. (1999): e-Business - Roadmap for Success, Reading 1999.

KAMENZ, U. (2001): Marktforschung, Stuttgart 2001.

KAPLAN, D. (2000): Structural Equation Modeling - Foundations and Extensions, Thousand Oaks et al. 2000.

KAPLAN, S.; SAWHNEY, M. (2000): E-Hubs: The New B2B Marketplaces, in: Harvard Business Review, Vol. 78, No. 3, 2000, pp. 97-103.

KAPOUN, J. (2001): Bots und Avatare: Das Internet soll "menschlich" werden, in: bank und markt, 20. Jg., Nr. 9, 2001, S. 30-34.

KARAHANNA, E.; AGARWAL, R.; ANGST, C. M. (2006): RECONCEPTUALIZING COMPATIBILITY BELIEFS IN TECHNOLOGY ACCEPTANCE RESEARCH, in: MIS Quarterly, Vol. 30, No. 4, 2006, pp. 781-804.

KARAHANNA, E.; LIMAYEM, M. (2000): E-Mail and V-Mail Usage: Generalizing Across Technologies, in: Journal of Organizational Computing & Electronic Commerce, Vol. 10, No. 1, 2000, pp. 49-66.

KARAHANNA, E.; STRAUB, D. W.; CHERVANY, N. L. (1999): Information Technology Adoption Across Time: A Cross-Sectional Comparison of Pre-Adoption and Post-Adoption Beliefs, in: MIS Quarterly, Vol. 23, No. 2, 1999, pp. 183-213.

KARASU, I. (2006): Sicherheit im Online Banking, in: Die Bank, E.B.I.F.-Special 2006: Informationstechnologie in Banken, 2006, S. 4-8.

KEAT, T. K.; MOHAN, A. V. (2004): Integration of TAM Based Electronic Commerce Models for Trust, in: Journal of American Academy of Business, Vol. 5, No. 1, 2004, pp. 404-410.

KELLY, K. (1997): New Rules for the New Economy, in: Wired, No. 9, 1997, pp. 140-154.

KELLY, K. (1999): New Rules for the New Economy - 10 Ways the Network Economy is Changing Everything, London 1999.

KERRIGAN, R.; ROEGNER, E. V.; SWINFORD, D. D.; ZAWADA, C. C. (2001): B2Basics, in: The McKinsey Quarterly, No. 1, 2001, pp. 45-53.

KERSCHER, B. A. (1998): Telekommunikation im Bankgeschäft - Ein ganzheitliches Gestaltungskonzept für innovative Telekommunikationssysteme im elektronischen Bankgeschäft, Heidelberg 1998.

KIRCHHOF, F.-E. (2002): Rating im Mittelstand, Stuttgart 2002.

KLEE, H. W. (1989): Zur Akzeptanz von Expertensystemen - Eine empirische Analyse der Relevanz und Angemessenheit der Erklärungskomponente, Bergisch Gladbach 1989.

KLEIN, W. (2000): Informationstechnologie als strategische Herausforderung für die Sparkassen-Finanzgruppe, in: Handbuch Veränderungsmanagement und Restrukturierung im Kreditgewerbe, hrsg. von E. PRIEWASSER; N. KLEINHEYER, Frankfurt am Main 2000, S. 439-452.

KLEIN, W. (2005): Multikanalstrategie der Postbank: Essentielles Online Banking, in: Die Bank, E.B.I.F. - Sonderausgabe, 2005, S. 36-38.

KLEINALTENKAMP, M. (2000): Customer Integration im Electronic Business, in: Handbuch Electronic Business - Informationstechnologien - Electronic Commerce - Geschäftsprozesse, hrsg. von R. WEIBER, Wiesbaden 2000, S. 334-357.

KLINE, R. B. (1998): Principles and Practice of Structural Equation Modeling, New York 1998.

KOCH, J. (2001): Marktforschung - Begriffe und Methoden, 3. Auflage, München u.a. 2001.

KOLLMANN, T. (1998): Akzeptanz innovativer Nutzungsgüter und -systeme, Wiesbaden 1998.

KOLLMANN, T. (1999): Wie der virtuelle Marktplatz funktionieren kann, in: Harvard Business Manager, Jg. 21, Nr. 4, 1999, S. 27-34.

KOLLMANN, T. (2000a): Akzeptanzprobleme neuer Technologien - Die Notwendigkeit eines dynamischen Untersuchungsansatzes, in: Electronic Commerce - Herausforderungen - Anwendungen - Perspektiven, hrsg. von F. BLIEMEL; G. FASSOTT; A. THEOBALD, 3. Auflage, Wiesbaden 2000a, S. 28-46.

KOLLMANN, T. (2000b): Elektronische Marktplätze - Die Notwendigkeit eines bilateralen One to One-Marketingansatzes, in: Electronic Commerce - Herausforderungen - Anwendungen - Perspektiven, hrsg. von F. BLIEMEL; G. FASSOTT; A. THEOBALD, 3. Auflage, Wiesbaden 2000b, S. 123-144.

KOLLMANN, T. (2001): Virtuelle Marktplätze im E-Commerce, in: Management-Handbuch Electronic Commerce - Grundlagen, Strategien, Praxisbeispiele, hrsg. von A. HERMANNS; M. SAUTER, 2. Auflage, München 2001, S. 43-53.

KOLLMANN, T. (2004): Attitude, adoption or acceptance? - measuring the market success of telecommunication and multimedia technology, in: International Journal of Business Performance Management, Vol. 6, No. 2, 2004, pp. 133-152.

KOTLER, P.; BLIEMEL, F. (1995): Marketing-Management. Analyse, Planung, Umsetzung und Steuerung, Stuttgart 1995.

KOUFARIS, M. (2002): Applying the Technology Acceptance Model and Flow Theory to Online Consumer Behavior, in: Information Systems Research, Vol. 13, No. 2, 2002, pp. 205-223.

KRABICHLER, T. (2003): ibi Benchmarking Firmenkundenportale - Stand und Entwicklungspotentiale für profitable Geschäftsbeziehungen mit dem Mittelstand, Regensburg 2003.

KRABICHLER, T. (2005): Lernen von den Besten, in: Die Bank, Nr. 1, 2005, S. 38-41.

KRAFFT, M.; LITFIN, T. (2002): Adoption innovativer Telekommunikationsdienste, in: Schmalenbachs Zeitschrift für betriebswirtschaftliche Forschung, 54. Jg., Nr. 2, 2002, S. 54-83.

KRAUSE, M. (1997): Hat das Relationship-Banking im Firmenkundengeschäft noch Zukunft?, in: Visionen im Bankmanagement - Zukünftige Anforderungen an die Führung von Banken, hrsg. von S. HÖRTER; A. WAGNER, München 1997, S. 311-322.

KRCMAR, H. (1997): Zum Einfluß der Informations- und Kommunikationstechnologien auf Bankbetrieb, in: Banken in globalen und regionalen Umbruchsituationen - Systementwicklungen, Strategien, Führungsinstrumente, hrsg. von D. HUMMEL; W. BÜHLER; L. SCHUSTER, Stuttgart 1997, S. 81-97.

KREUZER, M. (1996): Elektronische Bankvertriebswege - Die zukünftige Entwicklung und Bedeutung elektronischer Kommunikationskanäle und ihre Eignung zum Absatz von Bankleistungen im Privatkundengeschäft, Regensburg 1996.

KROEBER-RIEL, W.; WEINBERG, P. (2003): Konsumentenverhalten, 8. Auflage, München 2003.

KRÖNUNG, H.-D. (1996): Die Bank der Zukunft - Plattformen schaffen, Flexibilität und Leistungsfähigkeit sichern, Wiesbaden 1996.

KÜHLHORN, G.; LANDSECKER, D.; DIESTELMANN, W. (2005): mind - Mittelstand in Deutschland, Köln u.a. 2005.

KUHLMANN, E.; BRÜNNE, M.; SOWARKA, B. H. (1992): Interaktive Kommunikationssysteme in der Marktkommunikation - Entwicklung und experimentelle Untersuchung eines bildorientierten Informationssystems für nicht-professionelle Anwender, Heidelberg 1992.

KUß, A. (2004): Marktforschung - Grundlagen der Datenerhebung und Datenanalyse, Wiesbaden 2004.

LABIN, J. (2001): Erfolgsfaktoren elektronischer B2B-Marktplätze im Finanzdienstleistungssektor, Aachen 2001.

LAI, V. S.; LI, H. (2005): Technology acceptance model for internet banking: an invariance analysis, in: Information & Management, Vol. 42, No. 2, 2005, pp. 373-386.

LAMBERTI, H. (2000): Transformation des Bankwesens unter dem Einfluss der Informationstechnik am Beispiel der Deutschen Bank AG, in: Handbuch Electronic Business - Informationstechnologien - Electronic Commerce - Geschäftsprozesse, hrsg. von R. WEIBER, Wiesbaden 2000, S. 624-642.

LAMBERTI, H.; VOLLAND, C. (2000): Entwicklung einer E-Commerce-Strategie am Beispiel einer Großbank, in: Die Bank, Nr. 7, 2000, S. 444-449.

LAMBERTI, H.-J. (2001): global-e - Die Transformation einer Großbank durch eCommerce, in: Management Handbuch eBanking, hrsg. von J. KRUMNOW; T. A. LANGE, Stuttgart 2001, S. 541-557.

LAMBERTI, H.-J. (2006): Bank und Technik: The perfect match, in: bank und markt, 35. Jg., Nr. 6, 2006, S. 19-24.

LAWRENZ, O.; NENNINGER, M. (2001): Von eProcurement zu eMarkets - eine Einführung, in: B2B-Erfolg durch eMarkets - Best Practice: Von der Beschaffung über eProcurement zum Net Market Maker, hrsg. von M. NENNINGER; O. LAWRENZ, Braunschweig u.a. 2001, S. 1-42.

LAWRENZ, O.; POSSEKEL, M.; VIDOSEVIC, M. (2001): Sicherheitsaspekte als kritischer Erfolgsfaktor auf B2B-eMarkets, in: B2B-Erfolg durch eMarkets - Best Practice: Von der Beschaffung über eProcurement zum Net Market Maker, hrsg. von M. NENNINGER; O. LAWRENZ, Braunschweig u.a. 2001, S. 201-205.

LEBERT, R. (2002): Commerzbank gibt Gewinnziel auf, Financial Times Deutschland, http://www.ftd.de/ub/fi/1033157434501.html, 05.01.2004.

LEDERER, A. L.; MAUPIN, D. J.; SENA, M. P.; ZHUANG, Y. (2000): The technology acceptance model and the World Wide Web, in: Decision Support Systems, Vol. 29, No. 3, 2000, pp. 269-282.

LEE, S.; ZUFRYDEN, F.; DRÈZE, X. (2003): A Study of Consumer Switching Behavior Across Internet Portal Web Sites, in: International Journal of Electronic Commerce, Vol. 7, No. 3, 2003, pp. 39-63.

LEE, Y.; KOZAR, K. A.; LARSEN, K. R. T. (2003): THE TECHNOLOGY ACCEPTANCE MODEL: PAST, PRESENT, AND FUTURE, in: Communications of AIS, No. 12, 2003, pp. 752-780.

LEGRIS, P.; INGHAM, J.; COLLERETTE, P. (2003): Why do people use information technology? A critical review of the technology acceptance model, in: Information & Management, Vol. 40, No. 3, 2003, pp. 191-204.

LETZING, M. (2005): Im Vertrieb der Sparkassen steckt oft noch Wachstumspotenzial, in: Handelsblatt, 16.07.2005, S. 10.

LEUKERT, P.; MATTERN, F.; VOß, U. (2001): Die eRevolution - Banking ohne Banken?, in: Management Handbuch eBanking, hrsg. von J. KRUMNOW; T. A. LANGE, Stuttgart 2001, S. 497-511.

LIPPERT, M.; BASTIAN, F. (2006): Informationstechnologie in Banken: Kostensenkung durch Transparenz, in: Die Bank, Nr. 1, 2006, S. 70-73.

LITFIN, T. (1999): Adoptionsfaktoren - Eine empirische Analyse am Beispiel eines innovativen Telekommunikationsdienstes, Wiesbaden 1999.

LOCAREK-JUNGE, H. (1998): Marketingaspekte neuer Technologien: Chancen für neue Marktformen oder Bedrohung aus dem Netz?, in: Banking und Electronic Commerce im Internet, hrsg. von T. BURKHARDT; K. LOHMANN, Berlin 1998, S. 305-328.

LUXEM, R. (1999): Digital Commerce - Electronic Commerce mit digitalen Produkten, Lohmar u.a. 1999.

MACCALLUM, R. C.; HONG, S. (1997): Power Analysis in Covariance Structure Modeling Using GFI and AGFI, in: Multivariate Behavioral Research, Vol. 32, No. 2, 1997, pp. 193-211.

MAHLER, A.; WILD, C. (2002): Outsourcing von IuK-Leistungen im Bankensektor, in: Handbuch Firmenkundengeschäft, hrsg. von K. JUNCKER; E. PRIEWASSER, 2. Aufl., Frankfurt am Main 2002, S. 538-556.

MAHMOOD, M. A.; HALL, L.; SWANBERG, D. L. (2001): Factors Affecting Information Technology Usage: A Meta-Analysis of the Empirical Literature, in: Journal of Organizational Computing & Electronic Commerce, Vol. 11, No. 2, 2001, pp. 107-130.

MALONE, T. W.; YATES, J.; BENJAMIN, R. I. (1989): The Logic of Electronic Markets, in: Harvard Business Review, Vol. 67, No. 3, 1989, pp. 166-169.

MARIYAPPA, T. (2001): Portal Promises - and Perils, in: Bank Marketing, Vol. 33, No. 2, 2001, pp. 22-25.

MARKILLIE, P. (2004a): A survey of e-commerce: A perfect market, in: The Economist, No. 8375, 2004a, pp. 3-5.

MARKILLIE, P. (2004b): A survey of e-commerce: Spiders in the web, in: The Economist, No. 8375, 2004b, pp. 12-14.

MARTIN, L. (2005): Internet adoption and use in small firms: internal processes, organisational culture and the roles of the owner-manager and key staff, in: New Technology, Work & Employment, Vol. 20, No. 3, 2005, pp. 190-204.

MARTINS, L. L.; KELLERMANNS, F. W. (2004): A Model of Business School Students' Acceptance of a Web-Based Course Management System, in: Academy of Management Learning & Education, Vol. 3, No. 1, 2004, pp. 7-26.

MATHIESON, K. (1991): Predicting User Intentions: Comparing the Technology Acceptance Model with the Theory of Planned Behavior, in: Information Systems Research, Vol. 2, No. 3, 1991, pp. 173-191.

MATTERN, F.; ORLOPP, B. (2002): Wertschöpfungskettenmanagement im Firmenkundengeschäft der Bank, in: Handbuch Firmenkundengeschäft, hrsg. von K. JUNCKER; E. PRIEWASSER, 2. Aufl., Frankfurt am Main 2002, S. 51-62.

MCCLOSKEY, D. (2004): Evaluating Electronic Commerce Acceptance with the Technology Acceptance Model, in: Journal of Computer Information Systems, Vol. 44, No. 2, 2004, pp. 49-57.

MCDONOUGH, B. (2004): Enterprise portal adoption trends in 2003, in: KMworld, Vol. 13, No. 2, 2004, pp. 16-17.

MCKNIGHT, D. H.; CHERVANY, N. L. (2001): What Trust Means in E-Commerce Customer Relationships: An Interdisciplinary Conceptual Typology, in: International Journal of Electronic Commerce, Vol. 6, No. 2, 2001, pp. 35-59.

MEFFERT, H. (1976): Die Durchsetzung von Innovationen in der Unternehmung und im Markt, in: Zeitschrift für Betriebswirtschaft, 46. Jg., Nr. 2, 1976, S. 77-100.

MEFFERT, H. (1992): Marktetingforschung und Käuferverhalten, Wiesbaden 1992.

MEFFERT, H.; BRUHN, M. (2002): Wettbewerbsüberlegenheit durch exzellentes Dienstleistungsmarketing, in: Exzellenz im Dienstleistungsmarketing. Fallstudien zur Kundenorientierung, hrsg. von M. BRUHN; H. MEFFERT, Wiesbaden 2002, S. 1-26.

MEFFERT, H.; BRUHN, M. (2003): Dienstleistungsmarketing - Grundlagen - Konzepte - Methoden, 4. Auflage, Wiesbaden 2003.

MEISTER, E.; HOHL, S. (2002): Bankenaufsichtsrechtliche Anforderungen an das Firmenkundengeschäft nach Basel II, in: Handbuch Firmenkundengeschäft, hrsg. von K. JUNCKER; E. PRIEWASSER, 2. Aufl., Frankfurt am Main 2002, S. 3-22.

MERRICK-BAKKEN, P. (2005): Tomorrow's Technology, in: Credit Union Magazine, Vol. 71, No. 9, 2005, pp. 36-40.

MERZ, M. (1999): Elektronische Dienstemärkte - Modelle und Mechanismen des Electronic Commerce, Berlin u.a. 1999.

MEYER, A.; ERTL, R. (1998): Kundenorientierung als Wettbewerbsvorteil, in: Handbuch Privatkundengeschäft, hrsg. von O. BETSCH; E. VAN JOOVEN; G. KRUPP, Frankfurt am Main 1998, S. 171-188.

MEYER, P. W. (1973): Die machbare Wirtschaft. Grundlagen des Marketing, Essen 1973.

MEYER ZU SELHAUSEN, H. (1992): Elektronisches Bankenmarketing, in: Handbuch des Electronic Marketing - Funktionen und Anwendungen der Informations- und Kommunikationstechnik im Marketing, hrsg. von A. HERMANNS; V. FLEGEL, München 1992, S. 856-876.

MOON, J.; KIM, Y. (2001): Extending the TAM for a World-Wide-Web context, in: Information & Management, Vol. 38, No. 4, 2001, pp. 217-230.

MORAN, N. (2002): Fallout is far from over in electronic marketplaces, in: Financial Times, 13.03.2002, p. 13.

MORGENTHAL, J. P. (2001): Which B2B Exchange Is Right for You?, in: Software Magazine, Vol. 21, No. 1, 2001, pp. 30-34.

MÜHLPOINTNER, H.; WELSCH, A. (2005): CRM als Kernelement einer intelligenten Multikanal-Strategie, in: E-Finance - Technologien, Strategien und Geschäftsmodelle - Mit Praxisbeispielen, hrsg. von E. PETZEL, Wiesbaden 2005, S. 551-564.

MÜLLER-GROTE, D. (2001): eBusiness - Begriffe und Definitionen, in: eBusiness - Wie man's macht und was es kostet, hrsg. von D. MÜLLER-GROTE; F. REYDT; C. SCHMID, Neuwied u.a. 2001, S. 15-19.

MUYLLE, S.; MOENAERT, R.; DESPONTIN, M. (2004): The conceptualization and empirical validation of web site user satisfaction, in: Information & Management, Vol. 41, No. 5, 2004, pp. 543-560.

NENNINGER, M.; LAWRENZ, O. (Hrsg., 2001): B2B-Erfolg durch eMarkets - Best Practice: Von der Beschaffung über eProcurement zum Net Market Maker, Braunschweig u.a. 2001.

NIEMEYER, V.; RILL, M. (2006): Vertriebspotenziale nutzen, in: Die Bank, Nr. 6, 2006, S. 72-74.

NUNES, P.; WILSON, D.; KAMBIL, A. (2000): The All-in-One Market, in: Harvard Business Review, Vol. 78, No. 3, 2000, pp. 2-3.

NUNNALLY, J. C. (1978): Psychometric Theory, 2nd Edition, New York et al. 1978.

NUNNALLY, J. C.; BERNSTEIN, I. H. (1994): Psychometric Theory, 3rd edition, New York et al 1994.

o. V. (1999): Portale als Einstieg in die Bankenwelt, in: bank und markt, 28. Jg., Nr. 12, 1999, S. 45-47.

o. V. (2001a): Daten, Fakten, Argumente - E-Commerce als Bankdienstleistung, 3. Auflage, Berlin 2001a.

o. V. (2001b): Dresdner Bank - Das erste Finanzportal für Firmenkunden in Europa, Frankfurt am Main u.a. 2001b.

o. V. (2001c): Time to rebuild, in: The Economist, 19.05.2001, pp. 67-68.

o. V. (2004a): Commerzbank: dokumentäres Auslandsgeschäft im Internet, in: bank und markt, 33. Jg., Nr. 6, 2004a, S. 36.

o. V. (2004b): Deutsche Großbanken hinken internationaler Konkurrenz hinterher, in: Frankfurter Allgemeine Zeitung, 19.11.2004, S. 22.

o. V. (2004c): Internet- und Online-Banking - Ergebnisse aus repräsentativen Umfragen des Bundesverbandes deutscher Banken, Bundesverband deutscher Banken, http://www.bdb.de/politik/index.asp?channel=131010&ttyp=4&tid=0, 16.04.2004.

o. V. (2004d): Internet- und Online-Banking: Warum Offliner Offliner sind - Zugangsbarrieren bei der Online Nutzung, Bundesverband deutscher Banken, http://www.bdb.de/politik/index.asp?channel=131010&ttyp=4&tid=0, 16.04.2004.

o. V. (2005a): Corporate banking: web delivery spend growing faster in France than UK, in: MarketWatch: Financial Services, Vol. 4, No. 1, 2005a, p. 10.

o. V. (2005b): Online Banking: Der Zuwachs ist ungebrochen, in: Die Bank, Nr. 11, 2005b, S. 68-69.

o. V. (2006a): Berichtsband - Teil 1 zur internet facts 2006-I, Frankfurt am Main 2006a.

o. V. (2006b): Dresdner Bank will durch Wachstum profitabler werden, in: Frankfurter Allgemeine Zeitung, 21.03.2006, S. 17.

o. V. (2006c): Informationstechnologie in Unternehmen - Ergebnisse für das Jahr 2005, Wiesbaden 2006c.

o. V. (2006d): Postbank arbeitet für die HVB, in: Süddeutsche Zeitung, 23.11.2006, S. 30.

o. V. (Hrsg., 2006e): Statistisches Jahrbuch 2006 für die Bundesrepublik Deutschland, Wiesbaden 2006e.

OBERHOFF, M. (2001): Finanzportale im E-Banking, in: Cyber Finance - The Next Generation. Finanzgeschäfte im Internet, hrsg. von J. BIRKELBACH, 3. Auflage, Wiesbaden 2001, S. 193-210.

OEHLER, A. (1990): Die Akzeptanz der technikgestützten Selbstbedienung im Privatkundengeschäft von Universalbanken, Stuttgart 1990.

OEHLER, A. (2005): Zufriedenheit im Retail Banking? Erfolgsfaktoren des Banking der Zukunft, in: E-Finance - Technologien, Strategien und Geschäftsmodelle - Mit Praxisbeispielen, hrsg. von E. PETZEL, Wiesbaden 2005, S. 151-192.

OGASA, G. (2002): Konzeptionierung eines Internetportals für die Website des Landessprachinstituts NRW / Japonicum, Berlin 2002.

ORTSEIFEN, S. (2006): Mittelständisches Firmenkundengeschäft: Trends und Erfolgsstrategien, in: Die Bank, Nr. 5, 2006, S. 20-22.

ÖSTERLE, H. (1999): Prozessportale bei Banken: Vom Finanzdienstleister zum "Rundumservice", in: bank und markt, 28. Jg., Nr. 12, 1999, S. 33-36.

ÖSTERLE, H. (2001): Enterprise in the Information Age, in: Business Networking - Shaping Collaboration Between Enterprises, hrsg. von H. ÖSTERLE; E. FLEISCH; R. ALT, 2nd Edition, Berlin et al. 2001, pp. 18-53.

PATOK, R. (2005): Multikanal-Management - die Vertriebsstrategie für Finanzdienstleister nach dem Internethype?, in: E-Finance - Technologien, Strategien und Geschäftsmodelle - Mit Praxisbeispielen, hrsg. von E. PETZEL, Wiesbaden 2005, S. 529-550.

PAVLOU, P. A. (2003): Consumer Acceptance of Electronic Commerce: Integrating Trust and Risk with the Technology Acceptance Model, in: International Journal of Electronic Commerce, Vol. 7, No. 3, 2003, pp. 101-134.

PENZEL, H. (2001): eBusiness im Banking: Die Revolution beginnt erst!, in: e-Finance - Innovative Problemlösungen für Informationssysteme in der Finanzwirtschaft, hrsg. von H. U. BUHL; N. KREYER; W. STECK, Berlin u.a. 2001, S. 23-41.

PEPELS, W. (2002): Basics zur Struktur des Internets, in: E-Business-Anwendungen in der Betriebswirtschaft, hrsg. von W. PEPELS, Herne u.a. 2002, S. 1-9.

PEPPERS, D.; ROGERS, M. (2001): B2B One to One - Customer Development Strategies for the Business-to-Business World, New York et al. 2001.

PETER, J. P. (1979): Reliability: A Review of Psychometric Basics and Recent Marketing Practices, in: Journal of Marketing Research, Vol. 16, No. 1, 1979, pp. 6-17.

PETER, J. P. (1981): Construct Validity: A Review of Basic Issues and Marketing Practices, in: Journal of Marketing Research, Vol. 18, No. 2, 1981, pp.133-145.

PETER, J. P. (1992): Realism or Relativism for Marketing Theory and Research: A Comment on Hunt's "Scientific Realism", in: Journal of Marketing, Vol. 56, No. 4, 1992, pp. 72-79.

PETER, J. P.; CHURCHILL JR., G. A. (1986): Relationships Among Research Design Choices and Psychometric Properties of Rating Scales: A Meta-Analysis, in: Journal of Marketing Research, Vol. 23, No. 1, 1986, pp. 1-10.

PETER, S. I. (1997): Kundenbindung als Marketingziel - Identifikation und Analyse zentraler Determinanten, Wiesbaden 1997.

PETERS, K.; CLEMENT, M. (1998): Entwicklung Interaktiver Medien und Dienste: Online Dienste, in: Marketing mit Interaktiven Medien: Strategien zum Markterfolg, hrsg. von S. ALBERS; M. CLEMENT; K. PETERS, Frankfurt am Main 1998, S. 19-32.

PETERS, R. (2002): Elektronische Märkte - Spieltheoretische Konzeption und agentenorientierte Realisierung, Heidelberg 2002.

PICOT, A.; BÖHME, M. (1996): Multispezialist im Bankgeschäft, in: Die Bank, Nr. 1, 1996, S. 30-36.

PICOT, A.; BORTENLÄNGER, C.; RÖHRL, H. (1997): Organization of Electronic Markets: Contributions from the New Institutional Economics, in: Information Society, Vol. 13, No. 1, 1997, pp. 107-123.

PICOT, A.; NEUBURGER, R. (2000): Banken und das Firmenkundengeschäft im Internet-Zeitalter - Der Einfluss der Informations- und Kommunikationstechnik auf Bankgeschäft und Bankorganisation unter besonderer Berücksichtigung des Firmenkundengeschäfts privater Banken, 2000.

PICOT, A.; NEUBURGER, R. (2001): Grundsätze und Leitlinien der Internet-Ökonomie, in: Strategisches E-Commerce-Management - Erfolgsfaktoren für die Real Economy, hrsg. von B. EGGERS; G. HOPPEN, Wiesbaden 2001, S. 23-44.

PILLER, F.; DEKING, I.; MEIER, R. (2001): Mass Customization - Strategien im E-Business, in: Management-Handbuch Electronic Commerce - Grundlagen, Strategien, Praxisbeispiele, hrsg. von A. HERMANNS; M. SAUTER, 2. Auflage, München 2001, S. 133-146.

PLOUFFE, C. R.; HULLAND, J. S.; VANDENBOSCH, M. (2001): Research Report: Richness Versus Parsimony in Modeling Technology Adoption Decisions - Understanding Merchant Adoption of a Smart Card-Based Payment System, in: Information Systems Research, Vol. 12, No. 2, 2001, pp. 208-223.

POLYSIUS, K. U. (2002): Das virtuelle Firmenkundengeschäft, in: Handbuch Firmenkundengeschäft, hrsg. von K. JUNCKER; E. PRIEWASSER, Frankfurt am Main 2002, S. 595-506.

POPPER, K. R. (1966): The Logic of Scientific Discovery, 6th Edition, New York 1966.

POPPER, K. R. (1976): Logik der Forschung, 6. Auflage, Tübingen 1976.

POPPER, K. R. (1979): Die beiden Grundprobleme der Erkenntnistheorie, 6. Aufl., Tübingen 1979.

PORTER, M. E. (2001): Strategy and the Internet, in: Harvard Business Review, Vol. 79, No. 3, 2001, pp. 63-78.

PORTER, M. E.; MILLAR, V. E. (1985): How information gives you competitive advantage - the information revolution is transforming the nature of competition, in: Harvard Business Review, Vol. 63, No. 4, 1985, pp. 149-160.

PRÄHLER, K. (1986): Qualitätsmerkmale wissenschaftlicher Theorien, Tübingen 1986.

PRIEWASSER, E. (1998): Bankbetriebslehre, München 1998.

PRIEWASSER, E. (2002): Aus dem Blickwinkel der Zukunftsforschung: Umweltbedingungen und Funktionen des Firmenkundengeschäftes, in: Handbuch Firmenkundengeschäft, hrsg. von K. JUNCKER; E. PRIEWASSER, 2. Auflage, Frankfurt am Main 2002, S. 23-38.

PRIEWASSER, E.; FUHRMEISTER, U.-T. (2005): Die Priewasser-Empfehlung zum Firmenkundengeschäft: Spielräume von der Konsolidierung zur Vorwärtsstrategie, Frankfurt am Main 2005.

PULM, J. (1998): Produkt- und Vertriebspolitik im Internetbanking, in: bank und markt, 27. Jg., Nr. 4, 1998, S. 26-30.

RADYNSKI, F. (2005): Firmenbetreuung - Ganzheitliches Konzept, in: Sparkassenmarkt, Sonderheft I, 2005, S. 18-19.

RAMSDELL, G. (2000): The real business of B2B, in: The McKinsey Quarterly, No. 3, 2000, pp. 174-184.

RAYPORT, J.; WIRTZ, B. (2001): Vergessen wir das "E" und kehren zum Business zurück, um erfolgreich zu sein, in: Frankfurter Allgemeine Zeitung, 22.03.2001, S. 30.

RAYPORT, J. F.; SVIOKLA, J. J. (1994): Managing in the Marketspace, in: Harvard Business Review, Vol. 72, No. 6, 1994, pp. 141-150.

RAYPORT, J. F.; SVIOKLA, J. J. (1995): Exploiting the Virtual Value Chain, in: Harvard Business Review, Vol. 73, No. 6, 1995, pp. 75-85.

REICHARDT, C. (2000): One-to-One Marketing im Internet - Erfolgreiches E-Business für Finanzdienstleister, Wiesbaden 2000.

REUS, P. (1998): Merkmale und ökonomische Effekte elektronischer Märkte unter besonderer Berücksichtigung der Bankenmärkte, in: Banking und Electronic Commerce im Internet, hrsg. von T. BURKHARDT; K. LOHMANN, Berlin 1998, S. 47-82.

REUS, P.; PRINZ, M. (1996): Banken und elektronische Märkte - Entwicklungen und Perspektiven unter besonderer Berücksichtigung des Internet, Göttingen 1996.

RIEMENSCHNEIDER, C. K.; HARRISON, D. A.; MYKYTYN JR., P. P. (2003): Understanding it adoption decisions in small business: integrating current theories, in: Information & Management, Vol. 40, No. 4, 2003, pp. 269-285.

RILL, M. (2005): Ibi Website Rating: Deutsche Bank rutscht ab, in: bank und markt, 34. Jg., Nr. 3, 2005, S. 32-35.

RINGLE, C. M. (2004a): Gütemaße für den Partial Least Squares-Ansatz zur Bestimmung von Kausalmodellen. Industrielles Management - Arbeitspapier Nr. 16. Hamburg 2004a.

RINGLE, C. M. (2004b): Messung von Kausalmodellen - Ein Methodenvergleich. Industrielles Management - Arbeitspapier Nr. 14. Hamburg 2004b.

RODIN, R. (2001): Private marketplaces, authorized sourcing will drive supply, in: EBN, No. 1246, 2001, p. 45.

ROEMER, M. (1998): Direktvertrieb kundenindividueller Finanzdienstleistungen - Ökonomische Analyse und systemtechnische Gestaltung, Heidelberg 1998.

ROGERS, E. M. (1976): New Product Adoption and Diffusion, in: Journal of Consumer Research, Vol. 2, No. 4, 1976, pp. 290-302.

ROGERS, E. M. (1983): Diffusion of Innovations, Third Edition, New York 1983.

ROGERS, E. M. (1995): Diffusion of Innovations, 4th Edition, New York 1995.

ROGERS, E. M.; ALLBRITTON, M. M. (1995): Interactive Communication Technologies in Business Organizations, in: Journal of Business Communication, Vol. 32, No. 2, 1995, pp. 177-195.

ROHDE, M.; GEIßLER, J. (2005): E-Banking 2.0 - Strategien und Konzepte für das E-Banking der Zukunft, in: E-Finance - Technologien, Strategien und Geschäftsmodelle - Mit Praxisbeispielen, hrsg. von E. PETZEL, Wiesbaden 2005, S. 603-626.

RÖHM, A. W. (2000): Sicherheit offener Elektronischer Märkte - Modellbildung und Realisierungskonzept, Lohmar u.a. 2000.

ROLFES, B. (2001): Welche Wertbeiträge liefert das Firmenkundengeschäft der Banken?, in: Das Firmenkundengeschäft - ein Wertvernichter?, hrsg. von B. ROLFES; H. SCHIERENBECK; S. SCHÜLLER, Frankfurt am Main 2001, S. 1-26.

ROLFES, B. (2002): Das Firmenkundengeschäft - ein "Wertevernichter"?, in: Handbuch Firmenkundengeschäft, hrsg. von K. JUNCKER; E. PRIEWASSER, 2. Aufl., Frankfurt am Main 2002, S. 140-152.

ROLL, O. (2002): Internetnutzung aus Konsumentensicht - Eine qualitätiv-empirische Untersuchung auf handlungstheoretischer Basis, Wiesbaden 2002.

ROMETSCH, S. (1996a): Das Firmenkundengeschäft im Zeitalter global vernetzter Kommunikationssysteme: I. Strategische Grundlagen, in: Die Bank, Nr. 10, 1996a, S. 586-592.

ROMETSCH, S. (1996b): Das Firmenkundengeschäft im Zeitalter global vernetzter Kommunikationssysteme: II. Operative Umsetzung, in: Die Bank, Nr. 11, 1996b, S. 659-663.

ROMETSCH, S. (1997): Das Firmenkundengeschäft einer Privatbank: Herausforderungen im Zeitalter global vernetzter Kommunikationssysteme, in: Banken in globalen und regionalen Umbruchsituationen - Systementwicklungen, Strategien, Führungsinstrumente, hrsg. von D. HUMMEL; W. BÜHLER; L. SCHUSTER, Stuttgart 1997, S. 639-655.

ROSE, J. G. (2003): The Joys of Enterprise Portals, in: The Information Management Journal, Vol. 37, No. 5, 2003, pp. 64-70.

RUEKERT, R. W.; CHURCHILL JR., G. A. (1984): Reliability and Validity of Alternative Measures of Channel Member Satisfaction, in: Journal of Marketing Research, Vol. 21, No. 2, 1984, pp. 226-233.

SANGJO OH, M.; JOONGHO AHN, M.; BEOMSOO KIM, M. (2003): Adoption of broadband Internet in Korea: the role of experience in building attitudes, in: Journal of Information Technology, Vol. 18, No. 4, 2003, pp. 267-280.

SCHÄFER, M. A. E.; KLENK, P.; GÖDECKE, J. (2004): Online Kredit: Effizienzgewinn per Internet, in: Die Bank, Nr. 10, 2004, S. 67-69.

SCHEFFLER, H. (2000): Stichprobenbildung und Datenerhebung, in: Marktforschung - Methoden, Anwendungen, Praxisbeispiele, hrsg. von A. HERMANN; C. HOMBURG, 2. Auflage, Wiesbaden 2000, S. 59-77.

SCHEFFLER, W.; VOIGT, K.; THIELL, M.; WEBER, R. (2000): Entwicklungsperspektiven im Electronic Business - Einführung und Überblick, in: Entwicklungsperspektiven im Electronic Business - Grundlagen - Strukturen - Anwendungsfelder, hrsg. von W. SCHEFFLER; K. VOIGT, Wiesbaden 2000, S. 5-18.

SCHIERENBECK, H. (2000): Geschäftspolitische Herausforderungen für die Banken im Firmenkundengeschäft, in: Rentabilisierung des Firmenkundengeschäfts, hrsg. von B. BANKENVEREINIGUNG, Bern u.a. 2000, S. 3-49.

SCHIERENBECK, H. (2001): Relationship-Management als zentraler Erfolgsfaktor im Firmenkundengeschäft, in: Das Firmenkundengeschäft - ein Wertvernichter?, hrsg. von B. ROLFES; H. SCHIERENBECK; S. SCHÜLLER, Frankfurt am Main 2001, S. 187-216.

SCHIFRIN, M.; BERENTSON, B.; LEITZES, A.; MANZO, E.; NATHAN, A.; SOLAN, J. (1999): Financial Portals, in: Forbes, Vol. 164, No. 6, 1999, pp. 32-35.

SCHMID, B. F. (2000): Elektronische Märkte, in: Handbuch Electronic Business - Informationstechnologien - Electronic Commerce - Geschäftsprozesse, hrsg. von R. WEIBER, Wiesbaden 2000, S. 181-207.

SCHMID, F.; CLAUSEN, S.; KLUSMANN, S. (2005): Sparkassen-Präsident kündigt Frontalangriff auf Privatbanken an, in: Financial Times Deutschland, 20.09.2006, S. 23.

SCHMID, R. (2001): Eine Architektur für Customer Relationship Management und Prozessportale bei Banken, Bamberg 2001.

SCHMID, R.; BACH, V.; ÖSTERLE, H. (2000): Mit Customer Relationship Management zum Prozessportal, in: Customer Relationship Management in der Praxis. Erfolgreiche Wege zu kundenzentrierten Lösungen, hrsg. von V. BACH; H. ÖSTERLE, Berlin u.a. 2000, S. 3-55.

SCHMID, R. E.; BACH, V. (1999): Customer Relationship Management bei Banken, St. Gallen 1999.

SCHMIDT, R. (1996): Marktorientierte Konzeptfindung für langlebige Gebrauchsgüter - Messung und QFD-gestützte Umsetzung von Kundenanforderungen und Kundenurteilen, Wiesbaden 1996.

SCHMITT-HAGSTOTZ, K.; PEPELS, W. (1999): Schriftliche Befragung, in: Moderne Marktforschungspraxis - Handbuch für mittelständische Unternehmen, hrsg. von W. PEPELS, Neuwied u.a. 1999, S. 156-169.

SCHMITZ, B. (1990): Die zukünftige Bedeutung von interaktiven Kommunikationssystemen am "Point of Sale", in: Der Handel für die Märkte von Morgen - Perspektiven und Entwicklungen, hrsg. von W. GRUBER; W. A. TITZE, Frankfurt am Main 1990, S. 172-181.

SCHMOLL, A. (1996): Firmenkunden aktiv und erfolgreich betreuen, Wiesbaden 1996.

SCHMOLL, A. (2002): Kundenbindungsstrategien im mittelständischen Firmenkundengeschäft, in: Die Bank, Nr. 5, 2002, S. 319-325.

SCHMOLL, A. (2004): Erweitertes Anforderungsprofil, in: Die Bank, Nr. 10, 2004, S. 40-42.

SCHMOLL, A. (2006): Firmenkundengeschäft: Der Wettbewerb wird im Vertrieb gewonnen, in: Die Bank, Nr. 6, 2006, S. 36-39.

SCHNEIDER, D.; SCHNETKAMP, G. (2001): E-Markets - B2B Strategien im Electronic Commerce: Marktplätze, Fachportale, Plattformen, Wiesbaden 2001.

SCHREIBER, M. (2006a): Sachsens Sparkassen starten Kreditfabrik, in: Financial Times Deutschland, 07.04.2006, S. 23.

SCHREIBER, M. (2006b): Sparkassen droht Stagnation, in: Financial Times Deutschland, 23.03.2006, S. 21.

SCHRÖDER, G. A. (1991): Bürokommunikation, Telekommunikation, Electronic Banking, in: Handbuch Bankorganisation, hrsg. von H. J. VON STEIN; J. TERRAHE, Wiesbaden 1991, S. 357-373.

SCHUBERT, N. (2005): Ertrags- und Kostenfaktoren im E-Banking, in: E-Finance - Technologien, Strategien und Geschäftsmodelle - Mit Praxisbeispielen, hrsg. von E. PETZEL, Wiesbaden 2005, S. 629-667.

SCHUBERT, P. (1999): Virtuelle Transaktionsgemeinschaften im Electronic Commerce - Management, Marketing und Soziale Umwelt, Lohmar u.a. 1999.

SCHUBERT, P. (2003): Extended Web Assessment Method (EWAM): Evaluation of Electronic Commerce Applications from the Customer's Viewpoint, in: International Journal of Electronic Commerce, Vol. 7, No. 2, 2003, pp. 51-80.

SCHULTE, H.; DEGEL, J. (2001a): E-Business im Firmenkundengeschäft: neue Produkte für den Wettbewerb, in: bank und markt, Nr. 6, 2001a, S. 28-31.

SCHULTE, H.; DEGEL, J. (2001b): E-Business im Firmenkundengeschäft: neue Produkte für den Wettbewerb, in: bank und markt, 30. Jg., Nr. 6, 2001b, S. 28-31.

SCHÜRING, R. (1998): Anforderungen an die Produktpolitik im Internet, in: bank und markt, 27. Jg., Nr. 3, 1998, S. 20-24.

SCHWANITZ, J. (2001): Web-Controlling in der Multikanal-Vertriebssteuerung, in: Die Bank, Nr. 8, 2001, S. 589-595.

SCHWANITZ, J. (2005): Controlling digitaler Geschäftsprozesse in Banken, in: E-Finance - Technologien, Strategien und Geschäftsmodelle - Mit Praxisbeispielen, hrsg. von E. PETZEL, Wiesbaden 2005, S. 581-599.

SCHWEDER, T. (1981): A Simple Test for a Set of Sums of Squares, in: Journal of the Royal Statistical Society, Vol. 30, No. 1, 1981, pp. 16-22.

SCHWENCKE, M.; GARCZORZ, I. (2004): Firmenkundenportale: auf den Mittelstand konzentrieren, in: bank und markt, 33. Jg., Nr. 9, 2004, S. 40-43.

SEGARS, A. H.; GROVER, V. (1993): Re-Examining Perceived Ease of Use and Usefulness: A Confirmatory Factor Analysis, in: MIS Quarterly, Vol. 17, No. 4, 1993, pp. 517-525.

SEMINERIO, M. (2000): All Aboard For Private B2B Marketplaces, in: E-Week, 2000, pp. 62-63.

SHAH, J. B. (2001): Companies begin blending private/public exchanges, ebnonline, http://www.ebnews.com/showArticle?articleID=2912530, 13.03.2004.

SHAPIRO, C.; VARIAN, H. R. (1998): Versioning: The Smart Way to Sell Information, in: Harvard Business Review, Vol. 66, No. 6, 1998, pp. 106-114.

SHAPIRO, C.; VARIAN, H. R. (1999): Information Rules - A Strategic Guide to the Network Economy, Boston 1999.

SHIH, H.-P. (2004a): An empirical study on predicting user acceptance of e-shopping on the Web, in: Information & Management, Vol. 41, No. 3, 2004a, pp. 351-368.

SHIH, H.-P. (2004b): Extended technology acceptance model of Internet utilization behavior, in: Information & Management, Vol. 41, No. 6, 2004b, pp. 719-729.

SHIRKEY, E. C.; DZIUBAN, C. D. (1976): A Note on Some Sampling Characteristics of the Measure of Sampling Adquacy (MSA), in: Multivariate Behavioral Research, Vol. 11, No. 1, 1976, pp. 125-129.

SIEDENBIEDEL, C. (2005): Einige Institute sind inzwischen wieder sehr leistungsfähig, in: Frankfurter Allgemeine Zeitung, 13.10.2005, S. 47.

SIEKMANN, M.; SOLF, M. (2001): Auswirkungen der Netzgewerkschaft auf das Tätigkeitsfeld traditioneller Finanzintermediäre, in: Cyber Finance - The Next Generation. Finanzgeschäfte im Internet, hrsg. von J. BIRKELBACH, 3. Auflage, Wiesbaden 2001, S. 133-147.

SILBERER, G.; RENGELSHAUSEN, O. (2000): Die Internet-Auftritte deutscher Unternehmen - Ergebnisse wiederholter Website-Analysen, in: Electronic Commerce - Herausforderungen - Anwendungen - Perspektiven, hrsg. von F. BLIEMEL; G. FASSOTT; A. THEOBALD, 3. Auflage, Wiesbaden 2000, S. 275-296.

SONQUIST, J. A.; DUNKELBERG, W. C. (1977): Survey and Opinion Research - Procedures for Processing and Analysis, New Jersey 1977.

SPECHT, M. (2001): Pioniervorteile für Anbieter von Informationsgütern im Electronic Commerce, München 2001.

STERMANN, D. (1998): Kundenbindung im Virtual-Banking, Bamberg 1998.

STEWART, D.; BARNES, J.; CUDECK, R.; COTE, J.; MALTHOUSE, E. (2001): Factor Analysis, in: Journal of Consumer Psychology, Vol. 10, No. 1/2, 2001, pp. 75-82.

STEWART, D. W. (1981): The Application and Misapplication of Factor Analysis in Marketing Research, in: Journal of Marketing Research, Vol. 18, No. 1, 1981, pp. 51-62.

STOCKMANN, C. (1998a): Die virtuelle Bank: Eine Begriffserklärung, in: Informationssysteme in der Finanzwirtschaft, hrsg. von C. WEINHARDT; H. MEYER ZU SELHAUSEN; M. MORLOCK, Berlin u.a. 1998a, S. 91-104.

STOCKMANN, C. (1998b): Elektronische Bankfilialen und virtuelle Banken - Das Privatkundengeschäft von Universalbanken im elektronischen Markt, Heidelberg 1998b.

STRAUB, D.; LIMAYEN, M.; KARAHANNA-EVARISTO, E. (1995): Measuring system usage: Implications for IS theory testing, in: Management Science, Vol. 41, No. 8, 1995, pp. 1328-1342.

STRAUB, E. (1990): Electronic Banking - Die elektronische Schnittstelle zwischen Banken und Kunden, Bern u.a. 1990.

SUH, B.; HAN, I. (2002): Effect of trust on customer acceptance of Internet banking, in: Electronic Commerce Research and Applications, Vol. 1, No. 3/4, 2002, pp. 247-263.

SUH, B.; HAN, I. (2003): The Impact of Customer Trust and Perception of Security Control on the Acceptance of Electronic Commerce, in: International Journal of Electronic Commerce, Vol. 7, No. 3, 2003, pp. 135-161.

SUKKAR, A. A.; HASAN, H. (2005): Toward a Model for the Acceptance of Internet Banking in Developing Countries, in: Information Technology for Development, Vol. 11, No. 4, 2005, pp. 381-398.

SZAJNA, B. (1994): Software evaluation and choice: Predictive validation of the technology acceptance instrument, in: MIS Quarterly, Vol. 18, No. 3, 1994, pp. 319-325.

SZAJNA, B. (1996): Empirical Evaluation of the Revised Technology Acceptance Model, in: Management Science, Vol. 42, No. 1, 1996, pp. 85-92.

TANAKA, J. S. (1993): Multifaced Conceptions of Fit in Structural Equation Models, in: Testing Structural Equation Models, hrsg. von K. A. BOLLEN; J. S. LONG, Newbury Park 1993, S. 10-39.

TAPSCOTT, D.; TICOLL, D.; LOWY, A. (2001): Digital Capital - Von den erfolgreichsten Geschäftsmodellen profitieren, Frankfurt am Main u.a. 2001.

TAUSCHEK, P. (2000): Internet Technologien für innovative Value Added Services zur Verstärkung der Kundenbindung, in: BIT, Nr. 4, 2000, S. 39-48.

TAYLOR, S.; TODD, P. (1995): Assessing IT usage: The role of prior experience, in: MIS Quarterly, Vol. 19, No. 4, 1995, pp. 561-571.

TAYLOR, S.; TODD, P. A. (1995): Understanding Information Technology Usage: A Test of Competing Models, in: Information Systems Research, Vol. 6, No. 2, 1995, pp. 144-176.

TIMMERS, P. (1998): Business Models for Electronic Markets, in: EM - Electronic Markets, Vol. 8, No. 2, 1998, pp. 3-8.

TIRSCHWELL, P. M. (2003): Portals slowly gain traction, in: The Journal of Commerce, Vol. 4, No. 49, 2003, pp. 40-43.

TOMCZAK, T.; SCHÖGEL, M.; BIRKHOFER, B. (2000): Online-Distribution als innovativer Absatzkanal, in: Electronic Commerce - Herausforderungen - Anwendungen - Perspektiven, hrsg. von F. BLIEMEL; G. FASSOTT; A. THEOBALD, 3. Aufl., Wiesbaden 2000, S. 219-238.

TOURANGEAU, R.; RIPS, L. J.; RASINSKI, K. (2000): The Psychology of Survey Response, Cambridge et al. 2000.

VARIAN, H. R. (1998): Markets for Information Goods, Working Paper, Berkeley 1998.

VARIAN, H. R. (1999): Market Structure in the Network Age, Working Paper, 1999, pp. 1-14.

VEIL, M. (1999): Strategien im Electronic Commerce, in: Die Bank, Nr. 3, 1999, S. 156-162.

VENKATESH, V. (1999): Creation of Favorable User Perceptions: Exploring the Role of Intrinsic Motivation, in: MIS Quarterly, Vol. 23, No. 2, 1999, pp. 239-260.

VENKATESH, V. (2000): Determinants of Perceived Ease of Use: Integrating Control, Intrinsic Motivation and Emotion into the Technology Acceptance Model, in: Information Systems Research, Vol. 11, No. 4, 2000, pp. 342-365.

VENKATESH, V.; DAVIS, F. D. (2000): A Theoretical Extension of the Technology Acceptance Model: Four Longitudinal Field Studies, in: Management Science, Vol. 46, No. 2, 2000, pp. 186-204.

VENKATESH, V.; MORRIS, M. G.; DAVIS, G. B.; DAVIS, F. D. (2003): USER ACCEPTANCE OF INFORMATION TECHNOLOGY: TOWARD A UNIFIED VIEW, in: MIS Quarterly, Vol. 27, No. 3, 2003, pp. 425-478.

VOIGT, K.; THIELL, M.; WEBER, R. (2000): Disintermediation im B2B-Bereich - Herausforderungen des eBusiness für den Großhandel, in: Entwicklungsperspektiven im Electronic Business - Grundlagen - Strukturen - Anwendungsfelder, hrsg. von W. SCHEFFLER; K. VOIGT, Wiesbaden 2000, S. 107-132.

VON AMMON, R.; PAUSCH, W.; SCHIMMER, M. (2005): Moderne Softwarearchitekturen und Plattformen für Finanzportale, in: E-Finance - Technologien, Strategien und Geschäftsmodelle - Mit Praxisbeispielen, hrsg. von E. PETZEL, Wiesbaden 2005, S. 357-376.

VON HAGEN, F.; CHRISTOPHERS, J. (2002): Business-to-Business-Portale im Internet als Kommunikationsplattform und virtuelle Marktplätze, in: Business-to-Business Kommunikation - Neue Entwicklungen im B2B-Marketing, hrsg. von T. BAA-

KEN; M. BUSCHE; T. GINTER; F. VON HAGEN; U. HÖFT; H. LANGNER; U. MANSCHWETUS; J. RIEGER; H. SELINSKI; C. VOGES, Berlin 2002, S. 191-205.

VON HARBOU, J. (2001): Das Firmenfinanzportal der Dresdner Bank - Banking Modelle für den Mittelstand, in: Management Handbuch eBanking, hrsg. von J. KRUMNOW; T. A. LANGE, Stuttgart 2001, S. 127-151.

WAGNER, G. (1999): Virtualisierung von Organisationen - Strategische Relevanz des Einsatzes von Intra- / Extranet, Wiesbaden 1999.

WAGNER, P. (1999): Finanzdienstleister im Electronic Commerce - Erfolgsfaktoren und Marktstrategien, Wiesbaden 1999.

WALLAU, S. (1990): Akzeptanz betrieblicher Informationssysteme - eine empirische Untersuchung, Tübingen 1990.

WALTER, G. (2000): Customer Relationship Management bei Banken - Von reiner Transaktionsorientierung zu einem umfassenden Beziehungsansatz, in: BIT, Nr. 4, 2000, S. 9-22.

WANG, Y.-S.; WANG, Y.-M.; LIN, H.; TANG, T. (2003): Determinants of user acceptance of Internet banking: an empirical study, in: International Journal of Service Industry Management, Vol. 14, No. 5, 2003, pp. 501-521.

WARKENTIN, M.; GEFEN, D.; PAVLOU, P. A.; ROSE, G. M. (2002): Encouraging Citizen Adoption of e-Government by Building Trust, in: Electronic Markets, Vol. 12, No. 3, 2002, pp. 157-162.

WEGERT, S. (2000): Gestaltungsansätze zur IV-Integration von elektronischen und konventionellen Vertriebsstrukturen bei Kreditinstituten, Göttingen 2000.

WEIBER, R.; KOLLMANN, T. (1998): Competitive advantages in virtual markets - perspectives of "information-based marketing" in cyberspace, in: European Journal of Marketing, Vol. 32, No. 7/8, 1998, pp. 603-615.

WEIBER, R.; MCLACHLAN, C. (2000): Wettbewerbsvorteile im Electronic Business, in: Handbuch Electronic Business - Informationstechnologien - Electronic Commerce - Geschäftsprozesse, hrsg. von R. WEIBER, Wiesbaden 2000, S. 118-147.

WERNER, J. (2002): Onlinebanking für Firmenkunden, in: Handbuch Firmenkundengeschäft, hrsg. von K. JUNCKER; E. PRIEWASSER, Frankfurt am Main 2002, S. 507-522.

WIEDEMANN, G. (2001): Business und Consumer Communities, in: Strategisches E-Commerce-Management - Erfolgsfaktoren für die Real Economy, hrsg. von B. EGGERS; G. HOPPEN, Wiesbaden 2001, S. 219-234.

WILD, O. (2000a): Strategische Bedeutung neuer Technologien im Bankgeschäft - Teil I: Technologie-Review, in: BIT, Nr. 1, 2000a, S. 7-16.

WILD, O. (2000b): Strategische Bedeutung neuer Technologien im Bankgeschäft - Teil II: Wettbewerbsvorteile durch Technikeinsatz?, in: BIT, Nr. 1, 2000b, S. 17-32.

WIMMER, A. (2000): Finanzportale - Herausforderungen für traditionelle Finanzdienstleister im E-Commerce, in: BIT, Nr. 3, 2000, S. 17-32.

WINGS, H.; DIEBOLD, D. (2005): Kundengewinnung und Kundenbindung in elektronischen Märkten, in: E-Finance - Technologien, Strategien und Geschäftsmodelle - Mit Praxisbeispielen, hrsg. von E. PETZEL, Wiesbaden 2005, S. 511-528.

WIRTZ, B. W. (2001a): Electronic Business, 2. Auflage, Wiesbaden 2001a.

WIRTZ, B. W. (2001b): Medien- und Internetmanagement, 2. Auflage, Wiesbaden 2001b.

WIRTZ, B. W.; LIHOTZKY, N. (2001): Kundenbindungsstrategien im Electronic Business, in: Strategic E-Business - Strategien, strategische Konzepte und Instrumente aus Sicht von Beratungsgesellschaften, hrsg. von F. KEUPER, Wiesbaden 2001, S. 161-187.

WITTMANN, H. (2000): E-Business im Investmentbanking: Kundenbindung durch Portale, in: bank und markt, 29. Jg., Nr. 1, 2000, S. 25-28.

WIXOM, B. H.; TODD, P. A. (2005): A Theoretical Integration of User Satisfaction and Technology Acceptance, in: Information Systems Research, Vol. 16, No. 1, 2005, pp. 85-102.

WÜBKER, G.; HARDOCK, P. (2002): Online Banking: Weit verbreitet, doch kaum genutzt?, in: Die Bank, Nr. 6, 2002, S. 376-378.

XU, S.; ZHU, K.; GIBBS, J. (2004): Global Technology, Local Adoption: A Cross-Country Investigation of Internet Adoption by Companies in the United States and China, in: Electronic Markets, Vol. 14, No. 1, 2004, pp. 13-24.

YOUNG, E. (2002): Web Marketplaces that Really Work, in: Fortune, Vol. 144, No. 10, 2002, pp. 78-84.

ZERDICK, A.; PICOT, A.; SCHRAPE, K.; ARTOPÉ, A.; GOLDHAMMER, K.; LANGE, U. T.; VIERKANT, E.; LÓPEZ-ESCOBAR, E.; SIVERSTONE, R. (2001): Die Internet-Ökonomie. Strategien für die digitale Wirtschaft. European Communication Council Report, 3. Aufl., Berlin, Heidelberg u.a. 2001.

ZINKHAN, M. G.; HIRSCHHEIM, R. (1992): Truth in Marketing Theory an Research: An Alternative Perspective, in: Journal of Marketing, Vol. 56, No. 4, 1992, pp. 80-88.

ZINNBAUER, M.; EBERL, M. (2004): Die Überprüfung von Spezifikation und Güte von Strukturangleichungsmodellen: Verfahren und Anwendung. Ludwig-Maximilians-Universität München: Schriften zur Empirischen Forschung und Quantitativen Unternehmensplanung. München 2004.

Von der Promotion zum Buch

Sie haben eine wirtschafts-wissenschaftliche Dissertation bzw. Habilitation erfolgreich abgeschlossen und möchten sie als Buch veröffentlichen?

Der Gabler Verlag ist einer der führenden deutschen Wirtschaftsfachverlage. Wir verstehen exzellente Forschungsliteratur als wichtigen Bestandteil unseres Angebots im Bereich Wirtschaftswissenschaft.

Unser Monografien-Programm bietet hervorragenden jüngeren Wissenschaftlern ein Forum, ihre Forschungsergebnisse der interessierten Fachöffentlichkeit vorzustellen. Unser Verlagsprogramm steht vor allem solchen Arbeiten offen, deren hervorragende Qualität durch eine sehr gute Note ausgewiesen ist, dabei sind uns sowohl deutsch- als auch englischsprachige Dissertationen und Habilitationen willkommen. Namhafte Herausgeber renommierter Schriftenreihen bieten hochwertige Publikationsmöglichkeiten in allen wirtschaftswissenschaftlichen Fachgebieten.

Durch umfassende Vertriebs- und Marketingaktivitäten erreichen wir die breite Information aller Wissenschaftler, Fach- und Hochschulinstitute, -bibliotheken und -zeitschriften. Den Autoren bieten wir dabei attraktive Konditionen, die jeweils individuell vertraglich vereinbart werden.

Besuchen Sie uns unter: **www.gabler.de**

Lektorat Wissenschaftliche Monografien |
Gabler Verlag | GWV Fachverlage GmbH
Abraham-Lincoln-Str. 46
65189 Wiesbaden